公務員試験

国家一般職・地方上級レベル対応

郷原豊茂の民法Ⅱ 債権編

新まるごと講義生中継

第2版

TAC公務員講座講師

郷原豊茂

TAC出版

TAC PUBLISHING Group

はじめに

学者の仕事：	真理や正義を探求し、同時に研究者を育成すること
予備校講師の仕事：	受験に必要な内容を、わかりやすく講義すること
読者のニーズ：	公務員試験に最小の努力で受かりたい
合格に必要な学力：	判例と伝統的通説の立場を正確に理解し、記憶する

御存知のように、公務員受験で予備校を利用する人が急増しています。地方都市でもこの2～3年急速に増えています。我々予備校講師は、学界の最先端の議論や外国の文献を踏まえたオリジナルな理論を提供するのは苦手です。反面、わかりやすい講義の提供は得意中の得意です。シャベリのプロが思いを込めて講義します。とすると我々予備校講師の出版物は、そのわかりやすさが生きるように、講義をそのまま提供するいわゆるライブ形式がふさわしい。そのようなコンセプトからこのまるごと講義生中継シリーズは生まれました。

さて、私が担当した民法については、以下のことを心掛けました。

1. つまらない知識（データ）を詰め込むのではなく､民法的なものの考え方（プログラム）が身につくように。
2. そもそも民法なんて、少なくとも公務員試験レベルでは、国家総合職も含めてたいしたことないんだと伝わるように。

まず1ですが、良心的予備校では（TACのことです)、本当のことを教えます。受験上とりあえず覚えなさい、などという教え方はしません。未知の選択肢に直面したとき、自分なりの筋道で推論し正解肢にたどり着けるよう利益状況の分析を極力しているつもりです。逆にいうと、細かい知識は判例付きの六法や過去問集で補う必要があります。でも、知識の補充なんて理論枠組みが身についていれば、すぐですよ。

次に2ですが、これは本当にそう思ってます。TAC受講生は、私の民法を理解し、実際に法学部出身でない人が、裁判所事務官や各種地方上級の法律職に数多く合格しています。

さあ、皆さんも業界最高の講義を堪能してください。

2020年7月
TAC公務員講座
民法担当　郷原豊茂

本書の特長と活用法

本書の特長　～民法的思考法がどんどん身につく！～

●民法学習の基礎

本書は、民法をこれから学ぼうとする方、また、一度は民法に手をつけたものの、いまいち理解が深まらず、「なんだか苦手」と思ってしまっている方に最適の一冊です。

なぜなら…

公務員試験に強い“TACの教室講義”を書籍化

毎年多くの受験生に選ばれている「資格の学校TAC」の教室講義を本にしたものなので、話し言葉で書かれておりスラスラ読み進められます。

郷原ワールドをぜひご堪能ください。

それに…

イメージがつかみやすい

講義ならではの具体例がポンポン飛び出すので、イメージをつかみやすく理解が深まります。

その結果

途中で挫折することなく、民法的な思考法を理解して、活用できるようになる！

だから、民法に強くなる!!

本書の活用法　～用語に慣れ、考えることで記憶にとどめる～

1 とにかく読む

本書は、今回初めて法律科目に触れる方にも読み進めやすいように、講義をできる限り再現したライブ形式でまとめてあります。聞きなれない単語や表現が出てくることもあると思いますが、とにかくどんどん読み進めましょう。

2 基礎を押さえる

丸暗記はしないとは言っても、最低限の単語の意味や、表現方法、定義等は覚える必要があります。最初の説明を読んでも理解できなかったもの、何回も出てくるのに意味の思い出せなかったものは、声に出して読んでみる、書き出してみる等、自分のやりやすい方法できっちり覚えましょう。

基礎は重要です。焦って飛ばしてしまわずに、ここをしっかり押さえれば、後々の理解にも役立ちます。

3 民法的思考法を手に入れる

語彙や定義の暗記は必要ですが、それだけでは民法は攻略できません。条文や判例をただ読むのではなく、「自分ならどう対応するか」を考えながら読むクセをつけましょう。一度読んでも理解できなければ、また読み直して、考える。そうしていくことで、民法的な思考法が身についていきます。

4 基礎が固まったら問題へ！

基礎が固まれば、あとは演習あるのみです。どんどん問題を解き、どんな問題にも対応できる力を養いましょう。

公務員試験ガイド

公務員の職種と仕事内容

世のため人のために働く公務員には、大きく分けて、国家公務員と地方公務員があります。

「国家公務員」とは、国から給与が支給され、司法府・立法府・行政府の各国家機関で活躍する公務員です。国の舵取り役として日本全体を視野に捉えた施策を打ち出します。

○一般職：省庁及びその付属機関で事務や技術の仕事に従事する

○特別職：裁判所職員・国会職員・防衛省職員・特定独立行政法人の役員等

一方、「地方公務員」とは、地方自治体（都道府県庁・市役所等）から給与が支給され、地方自治体の機関で働く公務員です。地方の実情に即した行政サービスを実施します。

○事務職：地方自治体で一般的な事務の仕事に従事

○専門職：教育職・技術職・資格職

○公安職：警察官・消防官…etc

【公務員の種類と対応試験】

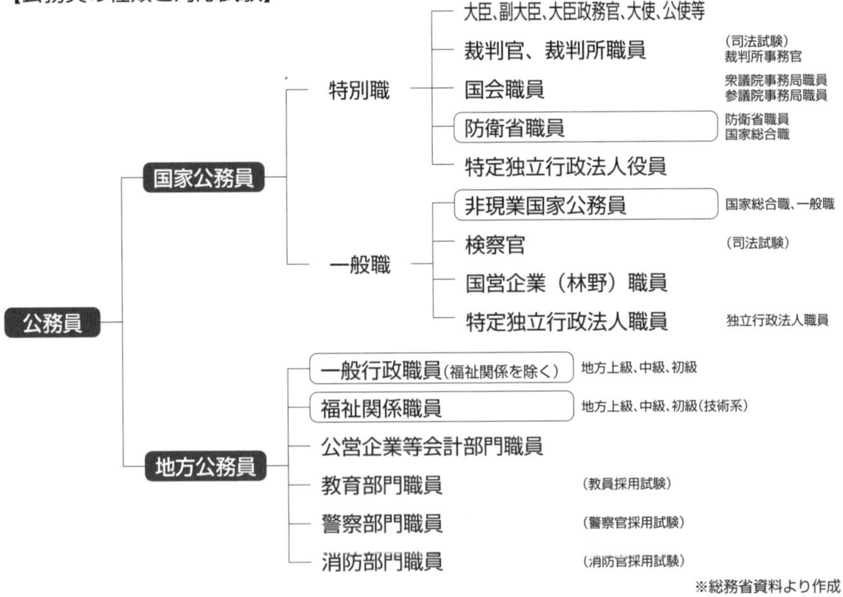

※総務省資料より作成

公務員の試験制度

公務員採用試験の流れ（モデルケース）は次の通りです。

【試験の流れ（モデルケース）】

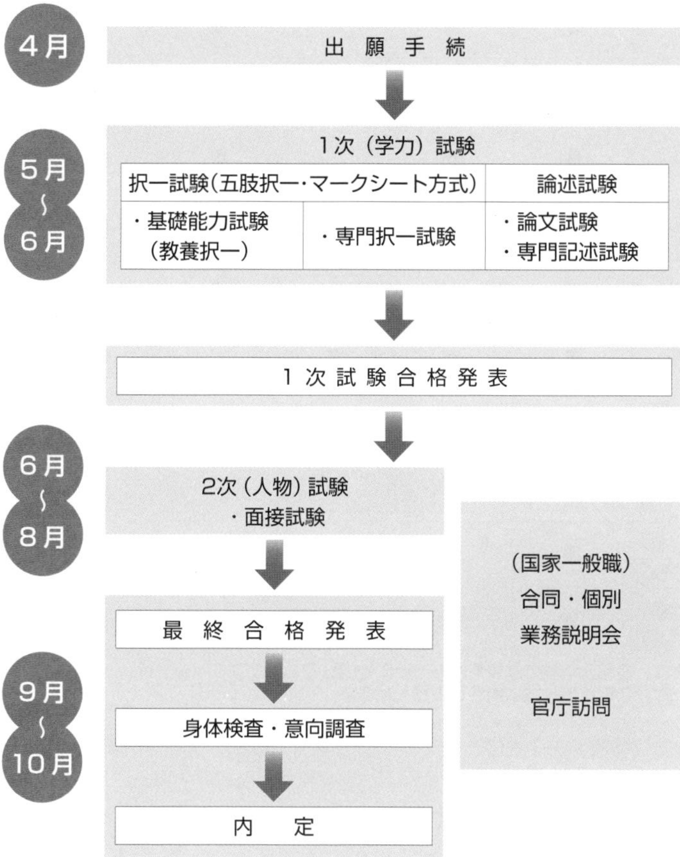

1次（学力）試験について、もう少し詳しく見ておきましょう。

試験種によって異なりますが、基礎能力（教養択一）・専門択一・論文・専門記述から３つ課されることが大半です（次のページの表参照）。併願受験できるよう、教養択一・専門択一・論文に対応すべく、学習を進めましょう。

●実施あり　/　▲一部試験で実施あり

試験種	基礎能力（教養択一）	専門択一	論文	専門記述	面接	集団討論
一般職	●	●	●	−	●	▲
国税	●	●	−	●	●	−
財専	●	●	−	●	●	−
労基	●	●	−	●	●	−
裁判所	●	●	●	●	●	−
東京都	●	−	●	●	●	−
特別区	●	●	●	−	●	−
地方上級（道府県・政令市）	●	●	●	−	●	▲
市役所上級（教養＋専門型）	●	●	●	−	●	▲
市役所上級（教養型）	●	−	●	−	●	▲
国立大学法人等	●	−	●	−	●	▲

※上記の表は、令和元年度の試験案内をもとに作成しています。
受験の際は必ず最新の試験案内をご確認ください。

○基礎能力（教養択一）試験

基礎能力試験は、一般知能分野と一般知識分野に分かれており、出題数に対して、主要な試験種では一般知能60～65％、一般知識が35～40％程度の出題割合となっています。

〈一般知識〉

センター試験で出題されるような難易度・内容が中心となっており、場合によっては中学生で習うレベルの問題も散見されます。

〈一般知能〉

・文章理解：現代文・古文・英文の趣旨把握・内容合致・空欄補充・文章整序が出題されます。エッセイ・随筆・評論・戯曲・科学・思想・実用書など幅広い分野からの出題が見られます。

・数的処理：教養試験の出題数では概ね40％前後の出題数のため、合格のためには避けて通れない科目といえます。攻略のためには、①基礎的計算能力、②論理的思考能力、③経験学習力の３つが必要とされます。

○専門択一試験

大学の専門課程レベルの内容から出題されます。１科目あたりの出題数は多くありませんが、出題科目数が多く、必然的に学習範囲が広くなることが特徴といえます。なお、憲法・民法・行政法・政治学・行政学・ミクロ経済学・マクロ経済学は主要な試験では必ず出題される科目なので、優先的に学習を進めましょう。

なお、択一試験のボーダーラインは得点率が60～70％です。決して満点を狙う試験ではないので、各科目を最低限苦手ではないと言えるレベルにしておくことが大切です。また、配点比率は試験によって異なります。一部の公務員試験では配点比率が採用試験案内で公表されていますので、必ず確認し、どこに重点を置いた学習をすべきか、計画を立てて、効率的な学習をすることが大切です。

○論文試験

与えられた課題に対し、800 ～ 1,500 字程度の論文を 60 ～ 90 分程度でまとめる試験です。社会・経済問題など、社会問題について「自分の考え」を手書きで論述します。レポートと論文の違いを理解して答案を作成することが重要です。

○専門記述試験

内容的には専門択一試験の論述版です。そのため、学習のベースは、専門択一で対応が可能です。専門択一試験では測ることができない「論理展開の一貫性」が試されます。

○面接試験・集団討論（人物試験）

自治体により異なり、個別面接・集団面接・集団討論で人物試験が実施されます。主に志望動機・自己 PR 等の一般的な質問をされますが、付け焼き刃の受け答えでは対応ができないので、日頃から志望先の自治体研究・自己分析を進めておく必要があります。

試験制度の詳細は各試験実施団体の HP 等をご確認ください。国家一般職、国税専門官、財務専門官、労働基準監督官の試験情報は、下記 HP で確認できます。

人事院ホームページ「採用情報 NAVI」

https://www.jinji.go.jp/saiyo/saiyo.html

CONTENTS

第Ⅱ巻　債権編

Chapter 5 債権各論

Section 1
契約総論

Section 2
契約各論（1）売買

Section 3
契約各論（2）賃貸借

Section 4
不当利得・不法行為

Chapter 4

債権総論

債権は人に対する請求権。物権と違い、理論的に自由度の高い分野です。難解な論点はありません。また平成29年改正で判例が明文化されスッキリしました。ただ数が多い。記憶しようとせず、１つずつ納得しながら読み進んでください。債権を勉強することで、今まで理解がぼんやりしていた総則や物権の理解がクッキリしてきます。

Chapter 4
Section 1　債務不履行

今回の学習テーマは、「債務不履行」です。ここでは、債権の相対性についてしっかりと理解したうえで、どのような場合に債務不履行が生じるのかということや、その効果および損害賠償の範囲について学習してください。受領遅滞も重要です。

1　債権とは

ここからは債権の話に移ります。

債権というのは、第Ⅰ巻 **Chapter 1** でも説明したように、一言でいうと「人に対する請求権」のことです。それに対して、復習ですが、物権というのは「物に対する支配権」でした。

では、債権というのがどういうものなのか、簡単に説明しておきましょう。***ボード 1*** を見てください。

ボード 1

債権とは

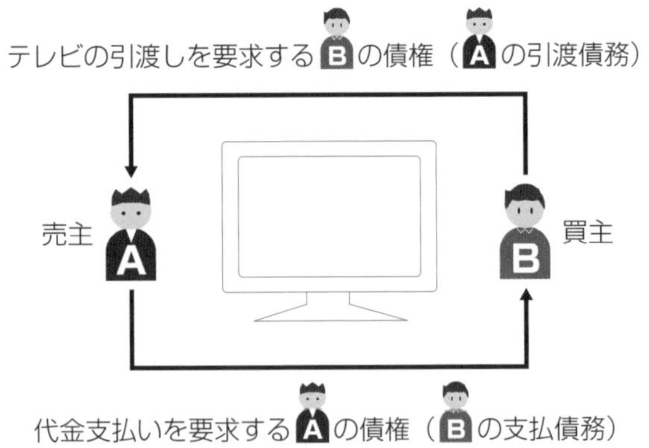

Ａが売主で、Ｂが買主という、いつもの図ですが、このようなＡＢ間で、テレビの売買契約をした場合に、どのような法律上の変化が生じるかという点を見ておきたいと思います。

ＡＢ間で売買契約が成立すると、売主Ａは「テレビの代金を支払ってください」ということをＢに対して請求できる「代金債権」を持つことになりますね。それに対して、買主Ｂは「このテレビを引き渡せ」（客は威張っています）というふうに要求することができる「引渡債権」を持つに至ります。このように債権の世界では、ＡＢ間でお互いに債権債務関係が発生するという変化が生じるわけです。

それとは別に、ＡからＢにこのテレビの所有権が移転するという法律上の変化も生じますが、それは物権の世界の話です。

（1）債権の発生

ざっと債権について概観したところで、では、どのような場合に債権が発生するのか、という点について説明したいと思います。

債権の発生原因としては、次の４つがあります。①契約、②事務管理、③不当利得、④不法行為、です。この中で一番大切なのが①契約で、これは試験にも一番よく出ます。その次に試験によく出るのが、④不法行為です。

ただし、最近は受験界も全体的にレベルが上がっていて、①契約や④不法行為の個所についてきちんと正解が出せるのはもはや当たり前になり、これからは②事務管理や、③不当利得の部分についても、取ってつけたような断片的な知識ではなく、しっかりとした体系的理解というのが要求されてくると思います。

ここでは、債権の発生原因には上の４つがあるということを、しっかりと記憶しておいてください。

（2）債権の性質（通有性）

では、次の「債権の性質（通有性）」に進みたいと思います。

ここは物権との違いというところで、非常に大切な部分です。まず、物権との第1の相違点は「相対性」です。相対性とはどういうことかというと、債権は「特定の人にしか主張することができない」ということです。例えば、私はTACと専任講師契約を結んでいます。そうすると、私はTACに対しては「給料を支払ってください」と請求できるわけですが、私が契約していない、全然関係のないLECさんに対しては、「給料を払ってください」と、そんなことは言えるわけがないですよね。言いたいけど(笑)。

つまり、債権というのは契約で結ばれている特定の人（債務者）に対してのみ主張しうるものなわけです。そのような権利だということを、「相対性」あるいは「相対的権利」と表現するということです。

それに対して、物権は「絶対性」を持っています。この世の中のすべての人に対して、「これは私の所有物です」とか、「この土地には私の抵当権が付いています」という主張ができる絶対的権利なわけです。

このような違いから何が出てきたのかというと、「売買は賃貸借を破る」という物権の対債権、優先的効力なのです。

それから、第2の相違点は「平等性」です。平等性というのは、物権との対比でいうと、「排他性がない」ということなんですね。物権は「これは私だけの物です。あなた方はこれに触らないでください」というように、ある物を独占することができるわけですが、債権の場合は債権者に優劣はなく、みんな平等なんです。

担保物権のところで少し話した「債権者平等の原則」というのがあって、先にお金を貸したから自分の債権のほうが強いとはいえません。債権者が債権額で比例配分するという形で扱われるわけです。

この債権の平等性からは何が出てくるのかというと、契約というのは二重契約をすることができるということです。例えば、私がTACと契約をしておきながら、同じ日の同じ時刻に、別の予備校で講義をするという契約をしたとしても、どちらの契約も有効に成立するんです。

両立しえない二重契約というのも、どちらも有効に成立するんですよ。ただし、もちろんどちらかに対しては、私は履行できませんよね。だから、債務不履行を犯してしまいます。そうすると、そちらの会社から損害賠償請求をされたり、契約を解除されたりします。契約としては、たとえ両立しえないものであっても、どちらも有効に成立するんだということを、ここでは理解しておけばいいんじゃないかと思います。

（3）債権の目的（対象）

①　目的の要件

債権の目的（対象）に共通して必要な要件には、従来、①適法性、②確定性、③可能性の３つがあるとされてきました。

①適法でなければ債権の発生原因としての契約が無効となるから債権は発生しない。②確定していなければ強制がかからず法の世界では無意味だから債権は発生しない。ここまでは従来どおり。でも次です。

③の可能性については重要な改正がありました。例えば、自分が軽井沢に持っている別荘を売る契約をしたけれども、実は契約の前日に、雷が落ちて別荘が燃えてなくなってしまっていたという場合に、その契約はどうなるのかという問題です。

このような場合は、いくら売主が頑張ってみたところで、焼けてなくなってしまった別荘を引き渡すことはできませんよね。だから、契約成立段階から実現不可能、これを「原始的不能」といいますが、このような場合には、その契約は無効ということになるとされてきました。ところが改正民法412条の２第２項でこの場合でも後に見る履行利益の損害賠償請求ができるとされました。つまり原始的不能でも契約は有効。ここ要注意です。つまり改正民法のもとでは目的の要件は①適法性、②確定性の２つとなったのです。

②　目的の内容

次に、債権の「目的の内容」に進みますが、ここは債権にも種類があるという話です。

どのような種類かというと、特定物債権、種類物債権、選択債権の３種類です。選択債権はちょっと地味ですが、特定物債権と種類物債権は非常に大切です。では、これらがどういうものか、順に見ていきましょう。

（ア）特定物債権

まず、**特定物債権**です。これは「この中古テレビをください」というように、特定の物の引渡しを内容とする債権のことです。例えば、**中古品**や**不動産**というのは、この世に１つしかないでしょう。中古車の場合、何とかというメーカーの、何年式の、何とかという車で、グレードはどうで、傷み具合はこういうように、完全に同じ中古車なんてものは、この世の中に１台しかありませんよね。そのような物の引渡しが問題となっている場合の債権のことを、「特定物債権」というわけです。

このような場合に、どのような問題が生じるかというと、特定物の債務者、つまり売主は「**善管注意義務**」というものを負担することになります。善管注意義務というのは、皆さんには耳慣れない言葉だと思いますが、業界ではすっかり成熟した用語として使われていますので、ぜひ覚えてください。正式には「善良なる管理者の注意義務」で、これを略して善管注意義務というわけです。

具体的にどのような義務かというと、特定物の債務者、つまり中古車の売主は、契約の目的物である中古車をなんとなくそのへんに置いておくだけでは不十分で、善良な管理者としての注意義務を尽くさなければならないというわけです。

この善管注意義務に対して、民法上は別の注意義務もあります。これを「自己の財産に対するのと同一の注意義務」といいます。誰がこの自己の財産に対するのと同一の注意義務を負うかというと、無償の受寄者（じゅきしゃ）、つまりタダで物を預かった人です。例えば、トイレに行くときに友人にバッグや上着を預けるような場合のことを「寄託契約」というわけですが、このような無償の寄託の場合は、預かっている人は自己の財産に対するのと同一の注意義務を負うにすぎないわけです。

どちらが高度な注意義務か、皆さんわかりますよね。もちろん善管注意義務のほうが高度な注意義務です。このあたりのことについて、***ボード2***を使って詳しく説明しておきたいと思います。

ボード 2　注意義務の違い

無償の受寄者
　　自己の財産に対するのと同一の注意義務

無償の受任者
　　善管注意義務
　　理由：信頼されて任され、それを引き受けたからには、
　　　　一生懸命やるべき

さて、善管注意義務と自己の財産に対するのと同一の注意義務の問題ですが、まず「無償の受寄者」、つまり寄託を受けて物を預かっている者は、自己の財産に対するのと同一の注意義務を負うにすぎません。これは、いいですね。

ところが、それに対して、次は案外、裁判所事務官の試験などに出るのですが、同じ無償でも「無償の受任者」は、善管注意義務を負います。受

任者というのは、「委任契約」を結んで仕事を引き受けた人のことです。受寄者というのは「寄託契約」だけど、受任者というのは「委任契約」で結ばれているということです。

この無償の受任者が善管注意義務を負うのは、どうしてだかわかりますか。無償というのはノーギャラ、タダってことです。同じ無償なのに、無償の受寄者は比較的低いレベルの「自己の財産に対するのと同一の注意義務」でよくて、なぜ、無償の受任者は善管注意義務を負わされるのでしょうか。

これについては、例を挙げて説明しましょう。例えば、無償の受任者とはどのような場合かというと、私が皆さんから記述試験の答案の添削の委任を受けたような場合です。皆さんから「こんな答案を書いたので、添削してください」という話がきて、「はい、わかりました。いついつまでにお返しします」と、私が添削して皆さんに返すという場合です。

このような場合に、「これは無償なんだから、ガタガタ言うな」ということで、私がいい加減に添削していいかというと、それは許されません。なぜかというと、信頼されて任されたわけで、しかもそれを引き受けたわけです。そうすると、たとえタダでも、一生懸命・誠心誠意やるべきだというわけです。

一方、無償の受寄者、つまりタダで物を預かっている人はというと、あまり預かり方が上手とか下手といった差は生じにくいですよね。ただお預かりして間違いないように置いておくだけなので、それほど預かった人の能力によって仕事の出来、不出来に差がつくわけではありません。だから、まあ自分の財産に対するものと同じ程度に注意しておけばいいですよ、ということで、注意義務のレベルが低くなっているわけです。このあたりも知識として押さえておくといいと思います。

（イ）種類物債権

では、種類物債権に進みましょう。

これはどんな話かというと、「新品の物」を買うような場合です。先ほどの特定物債権は「中古品や不動産」でしたが、種類物債権は「新品の物」であるという点をまずチェックしておいてください。例えば、あるメーカーのノートパソコンを買う場合、この世の中に全く同じ型のノートパソコンは何十万台もありますよね。このような場合に、買主は種類物債権を持っている、売主は種類物債務を負担しているというわけです。

そうすると、売主はどのような義務を負うことになるかわかりますでしょうか。

まず、債務者（売主）は「無限の調達義務」を負うことになります。無限の調達義務というのは、例えばある量販店が地震の被害に遭って、在庫していた100台のノートパソコンが全部壊れたとしましょう。そのような場合でも、その量販店はメーカーから新たに同じノートパソコンを仕入れて、お客さんに引き渡さなければならないということです。

これが無限の調達義務を負っているということの意味ですが、そうすると、その量販店は結構大変ですよね。

そこで、「種類物債権の特定」という制度があるわけです。これはどういうことかというと、債務者がある一定の行為をすれば、そこから先はその物を渡しさえすればいい、それで債務者の債務は履行されたと扱ってあげますという制度です。つまり「特定」は無限の調達義務を、特定物引渡義務に軽減するという意味を持つのです。

「その物を渡しさえすればいい」というのは、例えば店に雷が落ちたり、別の第三者に車でぶつけられたりしてノートパソコンが壊れたような場合でも、債務者がある一定の行為をした後であれば、その壊れたノートパソコンを渡せばいいということです。

債務者がある一定の行為をすれば、その時点で種類物債権が特定物債権に転化する。言い換えれば、債務者は最初、無限の調達義務を負っていたのが、その物を渡せばいいというように、負担が軽くなる。これを「種類物債権の特定」というわけです。では、どのような場合に特定が生じるのでしょうか。

それは、約束の日時に約束どおりの完全な物を、債権者の住所へ持参したような場合です。その持参した時点で、先ほどの「特定」が生じるわけで、その後、その物が壊れても、代わりの新しい物を届ける必要はないということになります。

例えば、酒屋がビールの注文を受けて、お客さんのところへ瓶ビールを１ケース届けるという債務を負担したとします。そして、その酒屋はお客さんのところに、今から持っていきますと電話をして、そのビールを持っていったところが、お客さんが留守で受け取ってもらえなかった。仕方なしに、その酒屋はそのビールを持ち帰りますが、その際、運悪く別の人に車をぶつけられて、ビールが割れてしまった。このような場合には、酒屋は別のビールを用意してお客さんのところへ届ける必要はないということです。

つまり、酒屋はいったんビールを持っていったので、その時点で「特定」が生じたわけです。そして、ビールが割れたのはその後で、それにも酒屋に落ち度はありませんから、もはや酒屋はビールの引渡債務を免れるという扱いになるということです。もっともらしくいうと、「債務者の責めに帰すべからざる事由による履行不能」なので酒屋の引渡債務は消滅するわけです。すぐわかりますよ。

種類物債権については、今の段階ではこの程度のことがわかっていればいいでしょう。

（ウ） 選択債権

続いて、選択債権に移りましょう。選択債権というのは、例えば、「私が持っている２つの家のうち、A家屋かB家屋のどちらかをあなたに贈与しましょう」というように、複数の特定物の中から選択して給付する場合のことです。これについては、「選択権は原則として債務者にある」ということをチェックしておけばいいでしょう。

ここまでをCHECK

①債権の発生原因は、契約・事務管理・不当利得・不法行為の４つ。
②特定物とは当事者が物の個性に着目して取引の対象としたものをいい、特定物債務者は善管注意義務を負う。
③種類物（不特定物）は債務者がなすべきことをしたときに特定する。

では次へ行きましょう！

2　債務不履行

では、次に「債務不履行」のところに入りたいと思います。

（1）債務不履行の態様

債務不履行には、①履行不能、②履行遅滞、③不完全履行、という３つの類型があります。このように３つの類型に分けること、いわゆる三分説については従来から批判があり現在の多数説は一元説、つまり債務不履行は債務の本旨に従った履行がないことである、と包括的に理解しています。でも平成29年改正法にも履行不能、履行遅滞という言葉は残されましたし、要件や効果に独自性もありますから、従来どおり３つの類型に分けて説明します。

①　履行不能

まずは、①の履行不能です。２点注意が必要です。

第１は、従来は「債権が成立した後で、履行が不可能になった場合」のことだとされていました。これを原始的不能ではないという意味で、「後発的不能」と呼んでいます。もともと不能（原始的不能）であれば、従来は、債権が不成立ということだから、債務不履行の問題にはならないとされていたわけ。ところが改正民法では先ほどお話ししたように原始的不能でも契約は有効に成立することになった。したがって後発的不能と同様に履行不能として債務不履行の問題になりますよ。

第２は、履行が不能か可能かの判断は、どうやってするのかという問題です。これは「契約その他の債務の発生原因と取引上の社会通念」によって判断されます。つまり、物理的には履行が可能であっても、法的には履行が不能になったというふうに評価する場合があるということです。

例えば、指輪を川に落としたというような場合、ダイバーさんを何人も雇って何百万円もつぎ込めば、その指輪はおそらく出てくるでしょう。しかし、例えば50万円の指輪を拾うのに何百万円も使うかというと、普通は使わないわけですよ。だから、本件は、物理的には可能だけれど、法的にはそれはもはや不能になったというふうに評価するということです。

履行不能のところでは、「後発的不能のみならず、原始的不能の場合も含む」という点と、「不能は物理的不能なのか、法的不能なのか」という点に加え、もう１つ押さえておいてください。413条の２第１項です。

これは債務者が履行遅滞中に双方の責めに帰することができない事由で履行不能になった場合に、不能について債務者の責めに帰すべき事由によるものとみなす条文です。履行遅滞はこのあとすぐ出てきますが、履行が遅れているという状態。遅れなければ不能にならなかったのだから、不能それ自体については債務者の帰責事由がなかったとしても債務者に責任を負わせるべきですよね。素直な条文です。反対に、履行が遅れなくても履行不能になっていたと考えられるような場合には履行不能を理由とする損害賠償請求は否定されます。因果関係がないからです。

②　履行遅滞

次は、②の履行遅滞です。これは、履行期が過ぎているのに、履行しないことです。

では、いつ履行期を迎えるのかという問題ですが、これは債務の種類によって、次の３つに分かれています。

まず１つ目は、「**確定期限付債務**」です。これは期限が決まっている債務のことですが、この場合は、「その期限が到来した時」が履行期で、それを過ぎると履行遅滞になります。例えば、11月30日に支払うという契約なら、11月30日が履行期ということで、12月１日から履行遅滞になるということです。わりと当たり前ですね。

２つ目は、「**不確定期限付債務**」。これは「私（A）が外国から戻ってきたら、Bさん、貸したお金を返してくださいね」というように、不確定な期限が付いている債務のことです。この場合の履行期はいつかというと、「**債務者が期限の到来後に履行の請求を受けた時または期限の到来を知った時のいずれか早い時**」、つまりAが外国から帰国した後にAからBが請求を受けた時またはBがAが外国から帰国したことを知った時です。Aが帰国した時ではないですよ。そして、Aが外国から帰国した後にAからBが請求を受けたのにBがお金を返さなかった場合は請求を受けた時から、BがAの帰国を知ったにもかかわらずお金を返さなかった場合は知った時から履行遅滞になるということです。

皆さん、これとよく似た話をどこかで見ませんでしたか。**消滅時効の起算点**のときに出てきましたよね。例えば、「Bが帰国した時、BがAに借りたお金を返す」という約束の場合です。これは、主観的起算点については、債権者が不確定期限が到来したことを知った時、つまりこの事例でいうと、Bが帰国したことをAが知った時から消滅時効は進行していきます。また、客観的起算点については、不確定な期限が到来した時、つまりこの事例でいうと、**Bが帰国した時**です。この時から、AがBの帰国を知らなくてもBに対して持っている債権の消滅時効は進行していくというわけです。債権者は自分の権利行使について注意深くしていなければならないわけです。この2つは混同しないようにしてください。

3つ目は、**「期限の定めのない債務」**です。この履行期はいつかというと、「債務者が履行の請求を受けた時」です。

このような履行期を過ぎたのに債務を履行しなかった場合、履行遅滞となるわけですが、注意するべきこととして、履行期を過ぎていても履行遅滞にならない場合があるんです。どんな場合かというと、そもそも履行遅滞が成立するための要件には、全部で3つあるわけ。それを、これから***ボード3***を使って説明したいと思います。

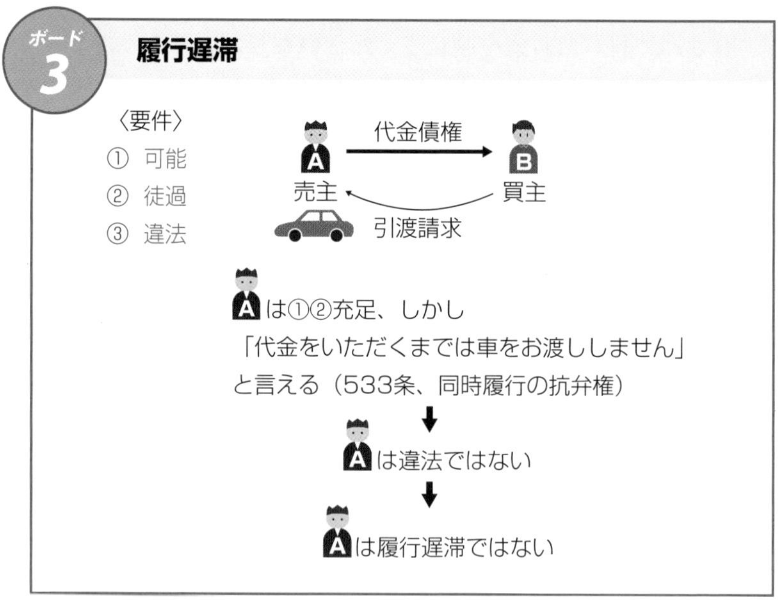

ボード
3
履行遅滞
〈要件〉
① 可能
② 徒過
③ 違法
代金債権
A
B
売主
買主
引渡請求
Aは①②充足、しかし
「代金をいただくまでは車をお渡ししません」
と言える（533条、同時履行の抗弁権）
Aは違法ではない
Aは履行遅滞ではない

では、履行遅滞の３つの要件を順に見ていきましょう。

まず、「履行が可能」であることです。もし履行が不可能なら、履行不能となりますから、まずは履行が可能であることが第１の要件です。第２は、「履行期を徒過」していることです。徒過というのは過ぎ去ってしまったという意味です。第３は、「履行しないことが違法」であることです。

この３つの要件をすべて備えて初めて、履行遅滞となるわけです。少しわかりにくいかもしれないので、具体例を挙げながら、３つの要件を見ていきたいと思います。

今、Ａが車の売主で、Ｂが買主です。そうすると、Ａが代金債権を持っています。Ａは売主として、Ｂに車の代金を払えといえるわけです。それに対して、買主Ｂはこの車を引き渡せといえる引渡債権を持っています。このような状況下で、ＢがＡに対して引渡請求をしてきました。このＢの請求は履行期後、つまり「この日に渡します」という約束の日を過ぎてから、この請求がなされたと考えてください。

さあ、そうすると、今どんな状態になっているのかというと、Ａは第１と第２の要件を充足していますよね。Ａは車を引き渡すことができるし、しかも約束の日を過ぎています。

しかし、Ａは「代金をいただくまでは車をお渡ししません」ということがいえるんです。これを「同時履行の抗弁権」といいます。

どういうことか、わかりますか。***ボード３***の図で説明すると、ＡとＢは車の売買契約という１つの契約で、二重の債権債務関係で結ばれているわけです。つまり、それぞれが債権と債務の両方を持っているわけです。

だから、ＡはＢに車を引き渡すという債務を負っているけれども、車の代金を請求できる代金債権も持っているわけです。したがって、Ａは「私だけが先に車を渡すことはしませんよ。代金を払っていただいたら、引換えに車をお渡しします」とＢに対していえるわけです。逆に、Ｂは「私だけが先に代金を支払うことはしませんよ。車を渡してくれたら同時に代金を払います」といえるわけです。

これが同時履行の抗弁権（533条）で、Aの立場からいうと、代金を払ってもらうまでは車を渡さなくてもいいと、民法が認めてくれているというわけです。

▶ **第533条**
双務契約の当事者の一方は、相手方がその債務の履行（債務の履行に代わる損害賠償の債務の履行を含む。）を提供するまでは、自己の債務の履行を拒むことができる。ただし、相手方の債務が弁済期にないときは、この限りでない。

そうすると、先ほどの事例で、履行期を過ぎた後でBから引渡請求を受けたAは、引渡しが可能で、履行期も徒過しているのに、車を渡しませんでしたね。だけど、そのことが違法かというと、違法じゃないでしょう。売主は買主からお金をもらうまでは、物は渡さなくってもいいと、533条が認めてくれているわけですから。

したがって、Aは履行遅滞に必要な３つの要件のうちの第３要件を満たしていないということで、Aは履行遅滞ではないということになるわけです。

ここでは、まずこの履行遅滞の３つの要件をしっかり覚えたうえで、３つ目の「違法性」のところで、まだ勉強していないけれども「同時履行の抗弁権」との関係を覚えておいてほしいと思います。

③　不完全履行

続いて、債務不履行の第３類型である③の不完全履行について見ていきましょう。

不完全履行というのは、「履行はあったけれども、履行の内容が不完全だったという場合」のことです。これは２つに分類することができます。

１つ目は、給付内容そのものが不完全な場合です。例えば、ある物を持ってきてもらったら、一部が壊れていたというような場合です。これが不完全履行の第１類型ですね。

２つ目は、完全な物（例えば家具）を持ってきたけれども、**運び方**が悪くて、家の中に入れるときに、柱に傷を付けてしまったというような場合です。このようなものも、第２類型として不完全履行に含まれることになります。

（2）債務者の帰責事由

では、次に「債務者の帰責事由」というところに進みましょう。

先ほど、履行遅滞の３つの要件を説明しましたが、債務不履行に基づいて損害賠償請求をするにはもう１つ、４つ目として「債務者の帰責性」というのがあります。これについて、これから説明していきたいと思います。

この個所も平成29年改正によって大幅に変わったところです。従来は「帰責事由＝故意・過失」と考えられていました。ところが改正法では、まず債務者が本旨に従った履行をしない場合や不能の場合は原則として債務者には帰責事由があり債務不履行となると評価し、それを免れたい債務者の側で、免責事由として帰責事由のなかったことを主張立証しなければならないとされました。そして帰責事由がなかったかどうかは、契約その他の**債務の発生原因**と取引上の**社会通念**に照らして判断される。つまり債務者に過失がなくても契約内容次第では帰責事由なしとしてもらえない事態は起きるのです。言ってしまえば、過失責任の原則は改正民法では否定されたということですね。

さて、債務者の帰責事由に関しての論点は、次の２つを確認しておこう。

まず１つは、「**証明責任**」です。つまり、債務者の落ち度をいったい債権者、債務者のどちらが証明しなければならないのかという問題です。結論は**債務者**です。つまり、債務者が「自分には落ち度がなかった」ということを証明できなければ、帰責事由ありと扱われてしまうということです。

2つ目は、「履行補助者の故意・過失」という問題です。では、この2つの論点について、これから***ボード4***を使って説明したいと思います。

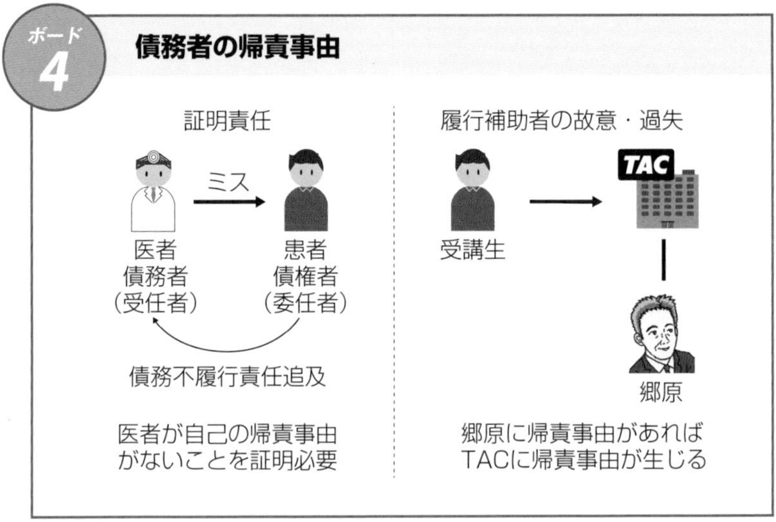

まず左側の図を見てください。

今、医者と患者がいます。この両者の関係は診療契約という「委任契約」で結ばれています。厳密にいうと、法律行為を任せているのではないので「準委任契約」ということになります。そうすると、債務者である医者は、先ほど説明した「受任者」ということになるわけで、患者の病気を診察して治療するという善管注意義務を負っていることになりますね。そして、患者が債権者という状態になっているわけです。

このような状況下で、医者が医療ミスをして、患者に害を与えてしまいました。さあ、この場合にいったいどうなるのかというと、患者は医者に対して、「あなたは債務を履行していませんね。善管注意義務を尽くしていませんね」ということで、債務不履行責任を追及します。具体的には損害賠償請求ができます。あるいは、契約を解除することができます。

そんな形で患者が医者を責めるわけですが、その際に、医者に帰責事由があったということを、いったいどちらが証明する必要があるのか。いい換えれば、どちらが裁判官を説得する必要があるのかということですが、これは先ほど説明したように債務者ですよね。本件でいうと医者です。債務者たる医者が、自分には落ち度がなかったんだということを証明しなければならないというふうに扱うわけです。

ですから、債務不履行で攻めた場合には、患者の救済という点で、非常にいいわけですよ。患者の側から病院サイドの帰責事由を証明するのはすごく大変ですから。これがまず第１の論点である、証明責任の問題でした。

次に、第２論点の「履行補助者の故意・過失」ですが、今度は***ボード４***の右側の図を見てください。ここは債務不履行責任の場面で過失責任の原則が否定された改正民法では説明の仕方がだいぶ変わります。従来の説明も少し聴いてください。皆さんは、私、郷原と直接、契約はしていません。皆さんはTACと契約しているわけです。では、私、郷原はというと、TACの履行補助者として、TACのために皆さんとの契約関係を履行しつつあるわけです。

そうすると、例えば私に落ち度があったとしますよね。皆さんはTACと契約していますからTACに対して、債務不履行に基づく損害賠償請求をするわけです。その際、TACは「皆さん、私には落ち度がありませんよ。あれは郷原が勝手にやったことなので、文句があったら郷原に不法行為責任を追及してください。私に契約上の責任を追及することはできませんよ」と、TACが契約上の責任を逃れようとするわけです。実際には、TACは絶対そんなことはしませんが……。でも、もし、TACがそういうことができるとすれば、それはいかにもおかしいですよね。

だから、郷原の過失はTACの過失だということにして、TACが皆さんに債務不履行をしたと扱うわけです。

ところが改正民法のもとでは、過失は債務不履行の要件ではなく帰責事由がないことが免責事由とされている。そしてその判断は契約その他の債務の発生原因および取引上の社会通念に即してなされる。だから従来の履行補助者の故意・過失の議論は①債務者が自ら処理するべきであったか補助者を用いることが許容されていたかという本旨弁済があったかどうかという問題と、②履行補助者の行為が債務者の帰責事由として評価できるかどうかという免責の問題と捉えることになりました。

債務者の帰責事由のところについては、証明責任の問題と履行補助者の問題の２点がわかっていれば、まずOKだと思いますが、もう１点、「金銭債務の特則」というところも見ておきましょう。

金銭債務について債務不履行があった場合は、債務者の帰責事由は必要ないとされています。つまり、金銭債務の場合は、債務者に落ち度があろうがなかろうが債務不履行という扱いになり、しかも、常に利息分の損害賠償責任を生じるということです。「利息分」というところをチェックしておきましょう。

したがって、不可抗力でも免責されません。例えば、お金を返しに行く途中で雷が落ちて行けなくなったとか、誰かに車で当てられて行けなくなったというような場合でも、責任を免れることはできないということです。

それから、損害金については、まず約定利率（約束して決めてあった利率）で、約定がないか、あるいはあっても法定利率よりも低い場合は、法定利率を損害金として支払えということになっています。ここは、そんなところでいいかと思います。

（3）損害賠償の内容

①　損害となりうるもの

では、次に「損害賠償の内容」です。ここからは債務不履行の効果の話になります。

債務不履行が起こった場合、どのような法律上の変化が生じるのかというと、債権者が債務者に対して損害賠償請求ができるようになります。また、契約を解除したり履行を強制的に実現させたりすることもできるのですが、これらについてはもう少し先で説明しますので、ここでは損害賠償請求に絞って考えていきたいと思います。

まず、その損害には何が含まれるのかというと、例えば精神的損害も含まれます。だから債務不履行をされた場合には、慰謝料請求もできるんですよ。例えば、CS放送サービスへの加入の契約をするとしますよ。なぜ契約するかというと、セリエAの試合が観たいということであったとしますよね。それで、近くの電器店と契約して、この日の試合がどうしても観たいので、何日の何時までに必ずアンテナをセットして観られる状態にしてくださいと言ったとします。

ところが、電器店の工事が遅れて、大切な試合が観られなかったと。そのような場合に電器店に対して慰謝料請求というのは理論的に可能です。もちろん、その試合１試合を観逃したからといって、どれだけ心に傷が生じたのかというと、その金額の算定というのは、ほとんど費用倒れになる程度でしかないと思いますので、実際にはそんな訴訟は生じにくいけれども、債務不履行があった場合には、財産上の損害のみならず、精神的損害も請求できるという点は知っておくべきだと思います。

それと、消極的損害。あなたがこの日までに物を届けてくれなかったせいで商売の機会を逸して、本来これだけ儲かったはずなのに儲け損ないましたという消極的損害も、もちろん請求できることになります。

② 賠償の範囲

続いて、「賠償の範囲」です。ここは、いろんな学者の先生方がいろんなことをおっしゃっていて、あるテキストでは60いくつもの判例が20〜30ページにわたって並んでいるという大変な個所なんですね。それだけに、問題も出しにくいとは思うのですが、１つ知っておいてほしいことは、債務不履行があったがために生じた全損害を賠償しなさいというと、とんでもないことになるということです。

そこで、賠償の範囲を限定する必要があるということで、「通常損害」と「予見すべきであった特別損害」を賠償すれば、それで結構ですというように、賠償の範囲を限定しているわけです。

例えば、先ほどの例でいうと、電器店が忙しくてアンテナを取り付けに行くのが１日遅れたために、サッカーの試合を観逃した人が頭にきて、窓からビールの空き瓶か何かを放り投げたら、たまたま通行人に当たってしまって、その人が中小企業の社長さんで、社長さんが運悪く死亡して、それで会社が倒産して、60人の従業員が職を失い、その従業員の息子が薬を始めたというように、いろんな因果の連鎖があって損害というのは、いくらでも広がっていってしまうわけです。

その全損害を賠償しろというのはあまりにもむごい。そんなことだと、みんな怖くて契約を結べないということになりかねません。すると元気な社会が築けませんよね。だから、通常損害プラス予見すべきであった特別損害だけを賠償すればいいとしているわけです。それが***ボード５***の図になるわけです。

ボード5　損害と損害賠償の範囲

- 事実上の因果関係あり
  - 通常損害
  - 特別損害
    - 予見すべきであったもの
    - 予見すべきとはいえないもの
- 事実上の因果関係なし

※赤字部分が損害賠償の範囲内

ただ、転売利益の問題というところで、通常損害と特別損害の割り振りが少しややこしいので、これについて***ボード6***を使って説明しておきたいと思います。

ボード6　転売利益

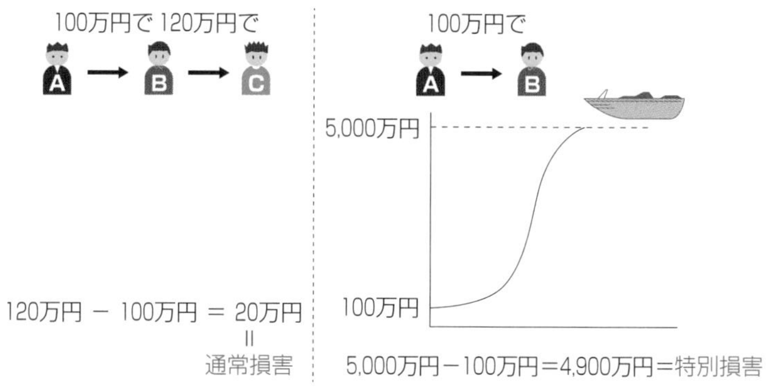

まずは、***ボード6***の左側の図の、通常損害のほうから考えていきたいと思います。

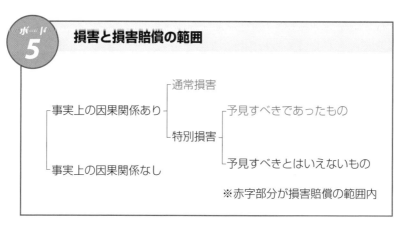

今、AがBに100万円で、ある商品を売りました。このとき、すでにB

はCとの関係で同じ物を120万円で転売するという契約があったわけです。ところが、AがBにその物を持ってきません。そうすると、Bはその物をCに渡せないがために、BはCに契約を解除されて、120万円－100万円＝20万円の利益を儲け損なったわけです。

このように転売契約がすでにあった場合は、差額の20万円が通常損害となります。通常損害だから、このことをAやBが予見していようが予見していまいが、AはBに対して賠償しなければならないという扱いになるわけです。

それに対して、***ボード6***の右側の図が特別損害の例です。

どういうことかというと、同じようにAがBに100万円である物を売ったわけですが、例えば船を売っていたとしましょう。実際にあった話ですが、第一次世界大戦が勃発したときは、船の値段がすごく上がったんですよ。契約当初は100万円だったのが、いよいよバルカン半島で戦争が始まったときには5,000万円になったわけです。

そうすると、今、Aがきちんと Bに船を渡していれば、Bの手もとに5,000万円の価値のある船が存在するという状態になれたわけですよね。ところが、Aが債務不履行をしたために、Bに損害が生じました。

そこで、このBの損害は、通常損害なのか特別損害なのか、どちらとして扱うべきかという問題なのです。結論は、特別損害です。なぜなら、物の値段が50倍に跳ね上がるなんてことはめったにないことですよね。だから、この差額4,900万円は特別損害ということになります。

そうすると、BがAに4,900万円の損害賠償請求をするためには、この特別損害が予見すべきであったことが必要になります。もし、いよいよこれはバルカン半島で戦争が始まるということがABにおいて予見すべきであったといえれば、Bは特別損害4,900万円をAに対して請求することができるということです。

③　賠償額の調整

次は「賠償額の調整」というところです。

民法では、債権者・債務者間の公平を図るために、「過失相殺」と「損益相殺」という２つの方法によって、賠償額を減額することが認められています。相殺というのは、皆さんもおそらく日常用語として使っていると思いますが、金銭債権を対当額で帳消しにするという意味です。

（ア）過失相殺

まず、**過失相殺**ですが、債務不履行について**債権者にも過失**があった場合にまで、債権者が損害の全額を請求できるというのは、ちょっと不公平ですよね。そこで、債権者の側にも落ち度がある場合には、生じた損害の全額ではなく、いくらか請求できる額を減らすことができるというのが、過失相殺という制度です。具体例を***ボード７***で説明しましょう。

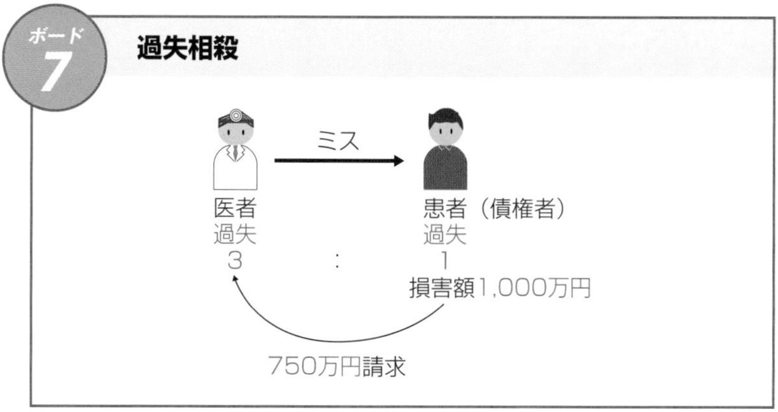

これは先ほどと同じ医者と患者の例で、医者が医療ミスをして、患者に1,000万円の損害が生じているという事例です。まず、あくまで医者には過失がありました。ところが、今、患者の側にも落ち度があったとしましょう。例えば、腕を折っているのに、「そろそろ鍛えるか」といっていき

なり腕立て伏せをやり始めたために悪化したという場合です。

このような場合、患者には例えば1,000万円の損害が生じているんだけれども、患者にも損害の拡大という点で過失が認められます。そこで、**ボード7**に書いてある3：1という数字を見てほしいのですが、これは**過失割合**を表しているわけです。つまり、例えば医者の過失が3で、患者の過失が1の割合で認められたということです。

そうすると、過失のある患者が1,000万円全額請求できるというのはおかしいでしょう。では、このような場合に、この患者は医者に対していくらの損害賠償請求ができると扱えば、この両当事者間の関係を公平に処理したことになるでしょうか。

損害額は1,000万円です。だけど、3対1の割合で債権者たる患者側にも1の過失があります。こんな場合には、過失割合が3と1で全部で4だから、4分の3は医者のせい。4分の1は患者のせいですね。したがって、1,000万円のうち4分の1の250万円は自分がかぶって、4分の3に相当する**750万円**のみ、患者が医者に損害賠償請求ができるとするのが公平ですね。これを過失相殺というわけです。

債務不履行の場合には、**必ず**過失相殺されます。後ほど、不法行為のところで勉強しますが、不法行為の場合には、被害者に過失があっても、過失相殺されないという場合もありうるんです。それは後ほど債務不履行との関係を表にしてご説明するとして、債務不履行の場合は必ず過失相殺されるというあたりも、ここで覚えておくといいでしょう。

（イ）損益相殺

次に、損益相殺について説明したいと思います。

損益相殺というのは、**二重取りの防止**を目的とした制度です。どういうことかというと、例えば、タクシーの乗客が運転手の事故で死亡してしまいました。すると、乗客の遺族はタクシーの運転手やタクシー会社に対して、債務不履行責任の追及をするわけですが、例えば、その乗客が生きていたら今後2億円は稼いだはずだということで、損害は2億円だ、と。しかし、遺族がまるまる2億円の請求ができるというのはおかしいでしょう。

なぜかというと、確かに乗客が生きていれば2億円稼いだかもしれないけれども、生きていれば1億円ぐらいは生活するうえで使いますよ。だから、2億円稼いだとしても、生活費として1億円は使うから、それを差し引いて1億円だけ請求できるというのが、損益相殺というものです。

④　損害賠償額の予定

次は「損害賠償額の予定」というところです。

ここで出題されるのは、次の1点だと考えてもらっていいと思います。それは何かというと、「当事者があらかじめ債務不履行があった場合の損害賠償額を決めておいた場合は、その額が実損害より多くても少なくても、裁判所は当事者の意思に拘束されて、額の増減をすることができない」という点です。ただ、このあと説明しますが、暴利行為として90条により無効とされる場合を除きます。

例えば、原稿の締め切りに遅れた場合は10万円損害賠償請求するという約束が、TACと私との間にあったとしますよね。そして、私がこの締め切りを守らなかった場合、仮にTACに損害が1万円しか生じなかったとしても、私は10万円払わなければならない。逆に、TACに100万円の損害が生じたとしても、私は10万円だけ払えばいいということで、裁判所は損害賠償額を調整することはできないというわけです。もっともこの個所も改正がありまして、従来は「裁判所はその額を増減することはできない」と明文規定があったところ、その個所は削除されています。これは賠償額が極端に高額な定めがある場合に暴利行為として90条無効とする場合の妨げとなる規定ということで削除されました。

ここまでをCHECK

①債務不履行には、履行不能・履行遅滞・不完全履行の3類型がある。
②賠償の範囲は、通常損害と予見すべきであった特別損害である。
③賠償額の調整制度として、過失相殺と損益相殺がある。

では次へ行きましょう！

3 受領遅滞

(1) 意　義

では、「受領遅滞」に進みましょう。受領遅滞については、説の対立があるところなので、両方の説からの当てはめができるように、深く理解してもらいたいと思います。

まず意義ですが、受領遅滞というのは「債務者が債務の本旨に従った履行行為をしたのに、債権者がこれを受け取らないこと」をいいます。

受領遅滞になるとどうなるのかというと、売主が買主のもとにある物を届けたのに、買主が受け取らなかった場合には、もはや債務者である売主は責任を負わない、という扱いになるわけです。ほかにもいろんな効果が生じます。

(2) 性質と効果

① 性　質

まず、受領遅滞の法的性質ですが、ここが一番よく試験に出るところなんです。

受領遅滞の法的性質、つまり受領遅滞とはいったい何なんですか、ということをめぐって、「法定責任説」といわれる立場と、「債務不履行説」という立場との対立があるわけです。ここは少しわかりにくいので、***ボード8*** を使って説明したいと思います。

ボード8

受領遅滞の法的性質

債権者（買主）は、引取義務を負っているか
Yes➡買主の受領遅滞は、債務不履行
No ➡受領遅滞の効果は、法が特に定めた法定責任

債権行使は債権者の権利であって義務ではない
⬇
法定責任説（判例・通説）

受領遅滞の法的性質について「法定責任説」と「債務不履行説」が対立しているわけですが、その対立の根本は何かというと、「債権者（買主）は、引取義務を負っているか」というものです。これについて、「債権者にも引取義務がある」と考えるのが債務不履行説で、「債権者には引取義務がない」と考えるのが法定責任説なんですね。

例えば、ＡＢ間で売買契約がなされて、Ａが売主で、Ｂが買主という状態を考えてください。そうすると、買主Ｂは売主Ａに対して「物を持ってこい」と言えるわけですよね。そこで、売主Ａが物を持っていったときに、債権者たる買主Ｂは、その物を受け取る義務を負っているのか、という問題です。

これについて、皆さんはどう思いますか。

債権者である買主Ｂにも受け取る義務があると考えれば、受領遅滞というのは債権者たる買主Ｂの債務不履行になるわけですよね。買主Ｂは受け取るべき債務を負担しているのに、受け取らなかったら、それは買主Ｂの

債務不履行ということになりますよね。そうすると、売主Aは、買主Bに対して、債務不履行の責任追及ができるので、損害賠償請求、あるいは契約の解除ができることになります。

このように考えるのが「債務不履行説」なわけですが、学説上は2割ぐらいの勢力かなっていう感じですね。判例ではありません。

これに対して、判例・通説はというと、「債権者たる買主Bに引取義務はない」と考えているわけです。債権者に債務（引取義務）があるというのは、概念矛盾だという考え方です。したがって、受領遅滞は債務不履行ではないということになります。しかし、それで終わりとしたのでは、債務者である売主Aが少しかわいそうですよね。

そこで、法定責任説も、売主Aのことを考えているんです。どう考えているかというと、まず買主Bが物を受け取らないことは債務不履行ではない。でも当事者の公平上、売主Aの責任を減らしてあげたり、買主Bにも別の責任を生じさせたりしてバランスをとる。これについては次項で説明しますが、受領遅滞の結果生じるのは、法が債務不履行という一般ルールとは別枠で特別に定めた買主Bの責任である、としています。だから、これを「法定責任説」というわけです。

ここでは、この両説の対立の根本は、「買主に引取義務という債務があるのか、ないのか」という点で、「ない」と考えるのが判例・通説。だから受領遅滞は債務不履行ではない。じゃあ何ですかというと、法が定めた責任です。これが「法定責任説」の立場だという点を、まずはしっかりと押さえておいてください。

② 効　果

さて、受領遅滞の効果です。効果ってのは日常用語と少し違った用いられ方ですが、要するに受領遅滞になったら法的にはどんな変化が生じるのかってこと。それは次の3つです。

第１に注意義務の軽減（413条１項）。例えば売主は売り物を買主に渡すまでの間、売り物について善管注意義務をもって保存しておく必要がありました。ところが売主は買主のもとにいったん売り物を届けた。先述の「債務の本旨に従った履行行為」ですよね。なのに買主が受け取ってくれなかったのだから、それ以降は売主の売り物に関する注意義務は軽くしてもらわないと困る。だから買主の受領遅滞後は善管注意義務から軽減して自己の財産に対するのと同一の注意義務で足りるとされます。

第２に増加費用の債権者負担（413条２項）。売主が買主のもとに持って行ったのに買主が受け取ってくれないから、売主はいったん売り物を持って帰る。そして後日またそれを買主のもとに届ける。この往復というか、復往というかには費用が余分にかかります。ガソリン代とか配送アルバイトの人に対するバイト代とか。これを売主は受領遅滞をした買主、つまり債権者に請求できるというわけ。至極ごもっともって感じです。

第３に危険の移転等（413条の２第２項）。売主が買主のもとに売り物を持って行った後、どちらのせいでもなく履行が不能になったとき、例えば落雷で売り物が壊れてしまった場合、その不能は債権者、つまり買主の責めに帰すべき事由によるものとされます。受け取ってくれてたら履行不能にならなかったのだから不能は買主のせいってわけですね。

あとで出てきますが、こうして買主の責めに帰すべき事由となった結果、さらに２つの効果が生じる。１つは危険負担の債権者主義（536条２項）が適用されるので、買主は代金を払わなければなりません。２つ目に買主は解除ができなくなります（543条）。危険負担と解除は債権各論の契約総論でお話しします。今の段階では受領遅滞の３つの効果を覚えておこう。

ここまでをCHECK

①受領遅滞の法的性質は法定責任説である。
②受領遅滞の効果は、注意義務の軽減、増加費用の債権者負担、危険の移転の３つ。

では次へ行きましょう！

Chapter 4
Section 2　債務者の責任財産の維持

今回の学習テーマは、「債務者の責任財産の維持」です。ここは、公務員試験の頻出分野です。したがって、債権者代位権における無資力要件、その転用の可否、詐害行為取消権における詐害行為、詐害意思などについて、両制度を比較しつつ学習するようにしましょう。

1　責任財産の維持とは

では、ここからは「債務者の責任財産の維持」について説明したいと思います。

責任財産の維持とはどういうことかというと、まず債務者が債務を任意に履行しない場合、債務不履行となり、債権者は債務者に対して、強制的に履行を実現させたり、損害賠償を求めたりすることができる、ということは**Section 1**で説明したとおりですね。そうすることで、債権者は権利を実現するわけです。

その場合、いったい債務者のどの財産から弁済を受けるのかというと、債務者の全財産（一般財産）から弁済を受けることになります。そこで、債務者の一般財産が、債権に対する最終的な責任を担っているという意味で、債務者の財産のことを「**責任財産**」というわけです。

そうすると、**債権者は**債務者の財産がどの程度あるかということについて、**無関心では**いられないわけですね。その点をまず確認です。

しかし、他方では、皆さん憲法でも勉強されているかと思いますが、基本的に我々は**財産権行使の自由**というのを保障されているわけです。だから、債務者は自分の持っている財産を誰にあげてしまおうがどう処分しようが、基本的には自由なわけです。もっとも、他人の人権を侵害しない限度で自由であるにとどまりますが……。内在的制約ですよね。

だから、債権者に迷惑がかかるような債務者の財産権行使の自由は認められない。そこで債権者には一定の限度で、債務者の財産権行使に介入することができる権利が認められているわけです。これを「債務者の責任財産維持」の制度といい、その方法として「債権者代位権」と「詐害行為取消権」という２つの制度があるということです。

では、この２つの制度について、順に概観してみることにしましょう。

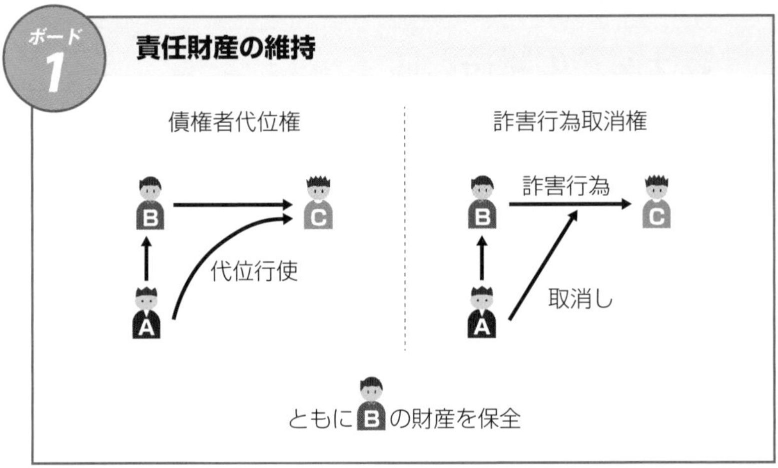

（１）債権者代位権

まず、債権者代位権ですが、これは***ボード１***の左側の図のように示すことができるわけです。どのような状況かというと、ＢがＣに対して債権を持っているんです。だけど、Ｂは借金地獄でいろんな債権者から請求を受けている。ＢもＣに対して債権を持っているんだけれども、Ｃから債権を回収したとしても、どうせ自分の債権者に取られてしまうということで、すっかりやる気を失っている。だから、ＢはＣに対して債権を持っているんだけど、これを積極的に行使しようとしないわけです。

ところが、Bに対して債権を持っているAとしては、BがCに対する債権を回収してくれないと、自分（A）がBから回収できなくなるので困りますよね。そこで、Bに代わってAが、BのCに対する債権を行使することで、Bの手もとに財産を充実させて、AはBから回収しようと考えるわけです。

もちろん、Bは自分の債権を行使しようがしまいが、本来それは自由なんですよ。財産権行使の自由。しかし、他人（A）に迷惑をかけるという自由は認められていません。内在的制約です。だから、例外的にBの財産権行使の自由に対する介入として、必要最小限度でAは「債権者代位権」というものを行使できる。これが、第1の制度なわけです。

（2）詐害行為取消権

2つ目の詐害行為取消権についても概観しておきましょう。今度は、先ほどの***ボード1***の右側の図を見てください。

これはどういう状況かというと、今度のBは単なる無気力というよりも、もっと激しいヤツです。もう完全に投げやり状態で、例えば、どうせ自分（B）は借金地獄なんだからということで、唯一の財産をCに贈与してしまうわけです。これを「詐害行為」といいます。

しかし、そんなことをされると、Bに対して債権を持っているAは困りますよね。そこで、Aが、BがCに対してなした行為（詐害行為）を取り消すことができるんです。すると、物がCからBのもとに返ってきますから、Bの責任財産が維持されることになり、AをはじめとしてBに対して債権を持っている人たちが全員助かるというわけです。

このように、Bがなした詐害行為を、Aが取り消すことができる権利を「詐害行為取消権」という。これが第2の制度です。

この債権者代位権と詐害行為取消権というのは、ともにBの責任財産をより充実させ、ないし保全しましょう、という狙いを持った制度だということです。かなり似ていますので、違いなども意識しながら、順に詳しく説明していきたいと思います。

ここまでをCHECK

①権利者は本来自己の権利を行使する義務はないし、所有者も本来自己の財産を自由に処分できるはず。
②しかし責任財産保全のため、債権者には債務者の財産権行使の自由に対する２種類の介入が許される。

では次へ行きましょう！

2　債権者代位権

（1）行使の要件

それでは、債権者代位権から説明していくことにします。

債権者代位権というのは、債権者が自分の債権を保全するために、債務者が有する権利を、債務者に代わって行使できる権利でしたね。では、どんな場合に、その権利を行使することができるのかということで、それには次の４つの要件があります。

まず、①債権保全の必要性があること。つまり、債務者が無資力であることです。「無資力」にチェックしましょう。次に、②金銭債権の保全のためであること。「金銭債権」というのがキーワードです。それから、③被代位権利が代位行使に適するものであること。「適する」というところが要チェックです。そして最後に、④代位行使の可能な時期にあること。キーワードは「可能な時期」ですね。

では、この４つの要件について、順に***ボード２***を使って確認していきたいと思います。

ボード 2　債権者代位権の要件

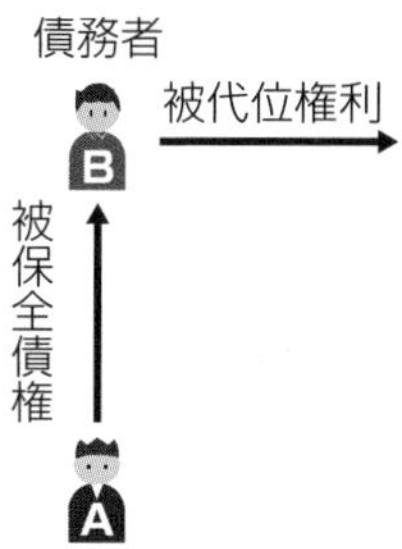

① Bの無資力
② 被保全債権が金銭債権
③ 被代位権利が代位に適する
④ 代位行使の可能な時期

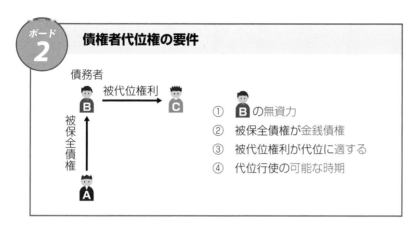

まず最初に、言葉づかいを確認しておきたいと思います。まず、ＡがＢに対して持っている債権を「被保全債権」といいます。なぜかというと、ＡがＢのＣに対する債権を代位行使すると、ＡがＢに対して持っている債権が保全されることになるという意味で、これを「被保全債権」と呼ぶわけです。それに対して、ＢがＣに対して持っている権利は、実際にＡの代位行使の目的となっている権利ということから、これを「被代位権利」といいます。ＢのＣに対する権利は債権に限られず、物権的請求権や形成権も含まれます。

①　債権保全の必要性＝債務者の無資力

それでは、Ａの債権者代位権行使のための要件ですが、***ボード 2***の①Ｂの無資力というところから説明していくことにします。

まず、なぜＢの無資力という要件が要求されているのかというと、先ほどの繰り返しになりますが、本来はＢが自分の権利を行使しようがしまいが自由なはずだけれども、Ａに迷惑をかけることは許されないから、必要最小限度の内在的制約をＢは受けるわけです。だから、Ａの介入も必要最小限度の介入でなければなりません。

そこで、仮に、ＡのＢに対する被保全債権が300万円で、ＢのＣに対する被代位権利が500万円だったとしましょう。ところが、今、Ｂは１億円の現金を持っているとします。そうすると、Ａにとっては、ＢがＣに対して持っている500万円の債権を行使してこれを回収しようがしまいが、どっちでもいいことですよね。ＢがＣに対する債権を放りっぱなしにしていたとしても、Ｂの手もとには１億円の現金があるわけですから、Ａは十分300万円の債権の回収を期待できますよね。それなのに、こんな場合にまで、お節介にもＡがＢの権利を代わって行使するなんてことは許されないはずです。

では、どんな場合にＡが代位行使する必要があるのかというと、Ｂにお金がない場合です。Ｂがお金を持っていないくせに、つまり無資力なのに、Ｃに対して持っている500万円の債権を回収してこない。そんな場合に初めて、Ａの被保全債権が危うくなるから、Ａは債権者代位権を行使してもいいということです。これが第１要件である「Ｂの無資力」という話です。

②　金銭債権の保全のためであること

次は、②被保全債権が金銭債権であること、という要件について見てみましょう。被保全債権というのは、ＡがＢに対して持っている債権のことでしたよね。それが金銭債権でなければならないというのは、なぜなのでしょうか。

これについては、債権者代位権の制度の狙いが何だったかを思い出してほしいのですが、狙いはＢの財産を維持・充実させることでした。では、なぜＡはＢの財産が充実してほしいと思うのかというと、自分（Ａ）もＢに対して金銭債権を持ってるからですよ。お金を払えという債権を持っているからこそ、Ｂが何らかの形で財産を持っていてくれないと強制執行をかけられないということになるわけです。これが、第２要件が要求される理由です。

ただし、後ほど説明しますが、これには「債権者代位権の転用」という例外があるということを、覚えておいてください。

③　被代位権利が代位行使に適するものであること

第３要件の「被代位権利が代位行使に適する」というのは、結構メジャーな論点です。

被代位権利というのは、ＢがＣに対して持っている債権のことでしたね。これがＡによって行使されるにふさわしいものであることが必要だということです。これを理解するためには、ふさわしくない被代位権利の具体例を見るのが一番いいでしょう。

例えば、「**慰謝料請求権**」です。今、ＢがＣに対して持っているのが慰謝料請求権だとしましょう。慰謝料というのは、慰め謝るお金のことですよね。だから、Ｂがこれを行使するかしないかというのは、**もっぱらＢの心の問題**なわけです。もしかしたら、Ｂはこんなヤツ（Ｃ）のお金は１円もいらない、と思っているかもしれません。それなのに、Ａがお節介にもＢの慰謝料請求権をＢに代わって行使するというのは、変な話でしょう。

だから、被代位権利が慰謝料請求権の場合には、**代位行使に適さない**ということになり、原則として、Ａは債権者代位権が行使できないということです。このように、もっぱら債務者のみが行使するかしないかを決めることができる権利のことを、「**（行使上の）一身専属権**」といいます。そして、慰謝料請求権は、原則として、（行使上の）一身専属性を有しています[1)]。

これに対して、親の遺産を相続するような場合の「**遺産分割請求権**」は、**代位行使に適する**とされているんです。なぜかというと、確かに親が死んだ場合は悲しいけれども、この悲しさは、普通は多くの人が味わう悲しさですよね。だから、いつまでもジトジトしていないで、あっさりドラ

1）ただし、慰謝料請求権は、加害者が被害者に対し一定額の慰謝料を支払うことを内容とする合意が成立した場合など具体的な金額の慰謝料請求権が当事者間で客観的に確定した場合や、被害者が死亡した場合には、被代位権利とすることができる。

イに解決しましょうということから、遺産分割請求権については、当事者の気持ちを大切にするということをあまりいわないわけです。

では、離婚の場合の「財産分与請求権」はどうでしょうか。代位行使に適するのか、適さないのか。これは、さっきの慰謝料請求権に近いのか、遺産分割請求権に近いのか、どっちに近いのかということをきちんと考えておくと、思い出しやすくなるんじゃないかと思うんですよ。

確かに、最近は離婚も増えていますけれども、親に死なれることよりは、まだまだ少ないですよね。しかも、普通は別れるのどうのというときは、ドロドロしがちなんです。ドロドロするということは、気持ちの問題になりますよね。だから、財産分与請求権は慰謝料請求権と同じような意味合いを持つものとして、（行使上の）一身専属権であり、原則として、代位行使には適さない債権だというわけです。なお、判例は、財産分与請求権は、協議あるいは審判等によって具体的内容が形成されるまではその範囲および内容が不確定・不明確なので、財産分与請求権を保全するために債権者代位権を行使することはできないとしています。第３要件のところについては、このように押さえておくとよろしいかと思います。

④　代位行使の可能な時期

最後に、第４要件の「代位行使の可能な時期にあること」について見ておきましょう。

これには２つの意味があります。１つは、債務者（Ｂ）が自ら権利を行使する前でなければ代位行使はできないということです。これはわかりやすい。Ｂが自分の権利を行使しないから、Ｂに代わってＡが行使するわけで、Ｂが権利を行使すれば、Ａが代位行使できなくなるのは当たり前です。これは問題ないでしょう。

２つ目の意味は、被保全債権の弁済期が到来していなければならないということです。つまり、ＡがＢに対して「Ｂさん、払ってくださいよ」と言える時期になっていなければならないということです。また、Aが「払ってください」と言える時期ではないのに、お節介にもAがBの債権に介入することは許されないでしょう。これを許すと、どんどん代位行使が乱発されて、Bの財産権行使の自由が不当に侵害されるという問題があるわけです。

ただし、例外的に、被保全債権の弁済期前であっても代位行使ができる場合があります。それは保存行為の場合です。保存行為というのは、例えば、Bの債権の時効を完成猶予・更新させるとか、Bが不動産を購入した場合に、Bに代わって登記を移転してあげるというような形で、Bの財産を守るための行為です。この保存行為は、被保全債権の弁済期前でも、AはBに代わって行使することができるとされているということです。

債権者代位権のところはいろんな出題が予想されますが、一番多いのはこの4つの要件です。したがって、今説明した4つの要件のキーワードをまずしっかりと記憶して、それぞれについてどのような論点があったのかということを、思い出せるようにしておいてもらうといいんじゃないかと思います。

（2）行使の方法

では、続いて「行使の方法」について説明します。

まず、債権者代位権の行使は、裁判外での行使でもOKです。必ずしも訴えによる必要はないということです。後でやる詐害行為取消権と対比して記憶しましょう。

①　権利行使の主体

次に、代位権を行使するのはもちろん債権者Aですが、その際、債権者Aは「自己の名」で権利を行使することになります。つまり、債務者Bの代理人としてではなく、債権者Aが自分の名前で、自分が主体となって権利行使をするという意味です。ただし、Aが行使するのは、あくまでBの権利です。このあたり少しややこしいので、***ボード3***を使って説明しましょう。

ボード3　反対債権による相殺の可否

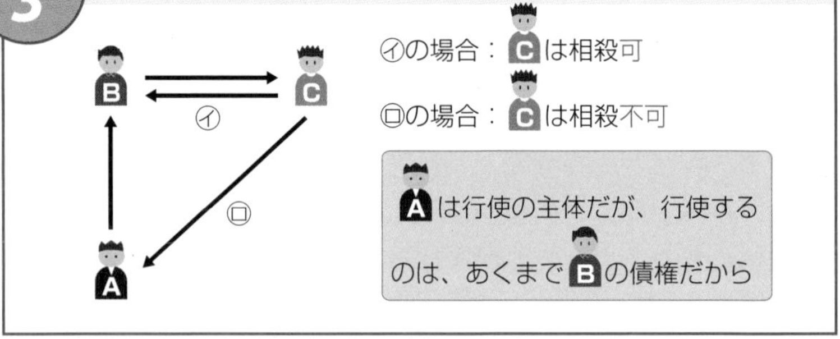

今、Aが債権者で、Bが債務者です。そして、BがCに対して持っている債権を、Aが代位行使するという状況です。このような状況下で、例えば、CがBに対して反対債権㋑を持っていた場合、あるいはCがAに対して反対債権㋺を持っていた場合、果たしてこの㋑と㋺のいずれの場合に、CはAからの債権者代位権行使に対して「相殺」をすることができるのかという問題です。

先ほどの話の流れだと、債権者代位権行使の主体はAだから、㋺の場合にCは相殺できるという感じがしませんか。ところが、結論は、㋑の場合にCは相殺することができて、㋺の場合は相殺できないという扱いになっているわけです。

その理由は、次のようにいわれています。確かに、Aは行使の主体です。しかし、Aが行使するのはあくまでBの債権です。そして、Bの債権と相殺できる関係にあるのは、㋺ではなくて㋑の場合です。だから、㋑の場合、つまりCがBに対して債権を持っている場合にのみ、Cは相殺することができるというわけです。

②　行使の範囲

続いて、「行使の範囲」に話を進めましょう。ここは、わりと皆さんも理解しやすいところだと思います。

例えば、***ボード3***の例でいうと、AがBに対して持っている債権（被保全債権）が300万円だったとします。それに対して、BがCに対して持っている債権（被代位権利）は500万円だったとしましょう。このような状況下でAが代位行使する場合、500万円の被代位権利のうち、いくらまで代位行使できるのかという問題です。

これは皆さんわかりますよね。被保全債権が300万円なんだから、300万円の限度でしか代位行使することはできません。AはCに対して、「300万円払え」としか言えないわけです。これは、他人の財産権行使の自由に対する介入だから、必要最小限度でなければならないということから出てくる理屈です。

（3）行使の効果

ここは、わりと複雑な過去問も出ていますので、正確に理解してほしいところです。何が問題かというと、Aが代位権を行使した場合、Cはいったい誰にお金を支払うべきなのかということです。これについても、***ボード4***で説明しましょう。

ボード4

行使の効果

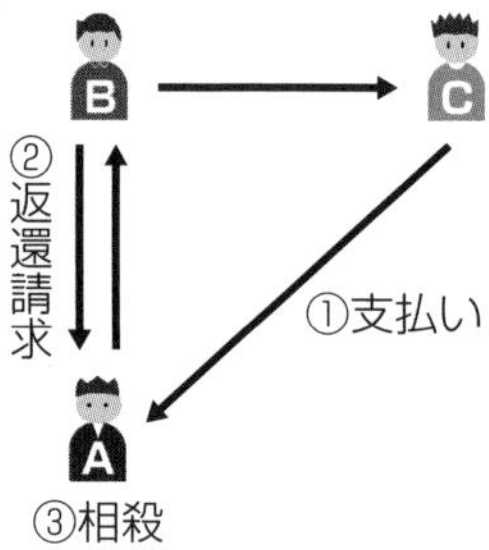

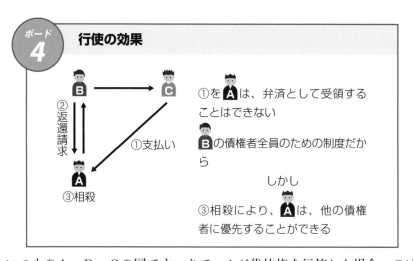

①をAは、弁済として受領することはできない

Bの債権者全員のための制度だから

しかし

③相殺により、Aは、他の債権者に優先することができる

いつものA、B、Cの図です。さて、Aが代位権を行使した場合、Cは誰に支払うべきなのかという問題ですが、**本来はBに支払うべきです。**なぜなら、Aが行使しているのは、あくまでBのCに対する債権だからです。しかし、従来からの判例はBのCに対する債権が金銭の支払いまたは動産の引渡しを目的とするものである場合にCがAに対して支払うまたは引き渡すことを認めており、平成29年改正でそれが明文化されました（423条の3）。なぜかというと、Bは先ほどの要件のところで見たように無資力者です。無資力者の場合、夜逃げをして行方不明になっているというようなことが結構あるんですよ。だから、必ずBに支払いなさいといっていると、話が先に進まない。だから判例は**CがAに支払うことを認めている**わけです。

しかし、債権者代位権という制度の趣旨は、Aのみならずほかにもたくさんいる Bに対する**債権者全員のために**、Bの責任財産を充実させようということでしたよね。だから、AがCから直接支払いを受けて、そのお金で自分の債権を回収してしまうという扱いはできません。だから、AがCからお金を受け取っても、**BはAに対して、これを自分に返せという債権**を持つに至ります。

いいですか。ここは重要ですから、もう一度いいますよ。AはCからの支払いを、弁済として受領することはできません。なぜかというと、債権者代位権は債権者全員のための制度だからです。だから、BはAに対して返還請求をしてくるという話になるわけです。

ところが、もともとAはBに対して被保全債権を持っていましたよね。そこに、新たにBがAに対する返還請求という債権を持つに至ったわけです。そうすると、Aは被保全債権とBへの返還債務とを相殺したいですよね。これは認められているんです。

したがって、結局どういうことになるのかというと、一定のお金がCからきました。でも、それは本来Bに返さなければいけないお金だけれども、Bから返せといわれたら相殺する。そうすると、Bの返還請求債権も消えるし、自分の被保全債権も消えるということで、Cから受け取ったお金をBに返さなくてもいいということになるわけです。

ということは、実質上、Aは他の債権者よりも優先的に弁済を受けたという形になっていますよね。債権者代位権は債権者全員のための制度だといいながら、実質的にはAは優先弁済を受けているわけです。しかし、判例はこれを認めているんです。

それでいいのかというと、私はこれでいいと思うんです。なぜなら、Bに対していろんな債権者がいるわけだけど、その中でも特にAは熱心な人ですよね。せっせと債権者代位権を行使して、勤勉な債権者ですよ。こういう勤勉な人が得をしても、いいんじゃないでしょうか。判例もこのように考えているということです。

ただし、登記は例外です。債権者に直接登記を移転することは認められていません。つまり、登記の場合は、CからA名義に直接移すことはできないということです。これはなぜかというと、先ほどCがAに直接支払ってもよかった理由は、Bが夜逃げして、いない場合が結構あるために、CがBに支払うのは無理があるからだということでしたよね。だから、便宜的にＡに支払ってもいいという扱いがあったわけです。ところが、登記はＢが行方不明の場合でも、**裁判でＢ名義**に移すことはできるわけです。だから、登記の場合は、そのような便宜的な処理をせずに、あくまでＢに移しなさいという扱いになっているということです。

もう１つ、改正民法で従来の判例法理を変更した点を補足しておきましょう。従来の判例は債権者Ａが代位権行使を始めたら、債務者Ｂは自分の権利を処分できなくなる、としていました。ところが改正民法423条の５はこれを改め、債権者Ａの代位権行使後も債務者Ｂは自分の権利の処分ができるとし、相手方ＣもＢに対して履行してもよいとされました。代位権行使に差押えと同様の効果を認めるのは行き過ぎであるとの立場を明確にしたのですね。

（4）債権者代位権の転用

では、次に「債権者代位権の転用」に進みましょう。

この「転用」というのは、「本来の用法とは少し違うけど、似ているし便利だから、借りてきてここでも使います」というような意味です。したがって、債権者代位権の転用というのも、本来なら使えない場合だけれども、便利だからこの場合も使いましょうということなんです。では、どのような場合に使えるのでしょうか。それは、①登記請求権の代位行使と、②不動産賃借人による不法占拠者の排除請求、という２つの場合がありますので、それを順に***ボード５***で見ていきたいと思います。

ボード 5　債権者代位権の転用

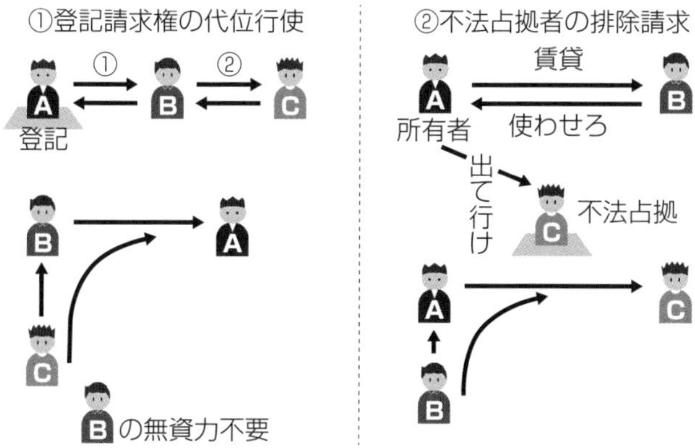

まず、①登記請求権の代位行使から見ていきましょう。***ボード 5*** の左側の図を見てください。

今、Aが不動産をBに売却し、Bがそれを C に転売しました。したがって、現在の土地の所有者は C です。ところが、登記名義はいまだA名義のままになっています。そこで、BはAに「登記をB名義に移転せよ」と請求できる移転登記請求権を持っています。同様に、C も B に対して移転登記請求権を持っているわけです。

この事例を見て、中間省略登記の話を思い出した人も多いのではないかと思います。C の中間省略登記請求が認められるためには、A、B、C 3者の合意が必要でしたよね。だから、A、B が協力してくれなければ中間省略登記請求はできません。

そのような場合に、C が自分名義の登記を得るための手段として、この債権者代位権の転用が使われるというわけです。

どのようにするのかというと、C は B に対して登記をよこせと請求できるので、これを被保全債権にします。被代位権利はというと、B が A に対して持っている登記をよこせという債権です。そして、その被代位権利をＣが代位行使するというわけです。

これが債権者代位権の転用だといわれる意味は、**被保全債権が金銭債権**ではないということです。「登記を私に移転してください」という特定の債権なんです。だから、本来の使い方ではありません。しかし、これを認めると非常に便利なわけです。

どうしてかというと、実体上の権利の変動過程は、Ａ→Ｂ→Ｃですよね。代位権の転用を認めると登記名義は必ずＡからＢに移されるので、登記簿上もＡ→Ｂ→Ｃと登記に記載されることになる。だから、実体上の権利の変動過程と登記簿の記載とが一致するわけです。そのような理由から、本来の用法ではないけれども、便利なのでこれが認められているということです。

もう１つ、普通の債権者代位権は、要件としてＢの無資力が要求されていましたよね。ところが、今、説明している転用では、Ｂの**無資力は必要ありません**。なぜかというと、ＣのＢに対する債権は金銭債権ではないので、たとえＢがキャッシュで10億円持っていたとしても、Ｂがその気になってＡから登記を取ってきてくれない限り、Ｃの登記請求権は満足しようがないわけです。被保全債権が金銭債権ではないから、Ｂの無資力という要件は必要ないと、そのようなつながりになっているわけです。これが第１ケースの登記請求権の話でした。そしてこれは改正民法423条の７で明文規定が置かれました。

では、第２ケースの②不動産賃借人による不法占拠者の排除請求について、説明したいと思います。今度は、***ボード５***の右側の図です。

これは不法占拠者を追い出すときの、追い出し方の問題なんです。こんな事案で考えてみましょう。今、所有者Ａが、Ｂに対して土地を賃貸しました。Ｂは賃借人です。だから、Ｂは本来借りた土地を使いたいわけです。ところが、Ｃが不法占拠してしまっている。そこで、ＢはＣを追い出したいんです。

抵当権のところで少し先取り的に話をしましたし、また後ほど賃貸借のところで説明しますが、Ｂの賃借権が対抗要件を備えていれば、本来は債権にすぎない賃借権が物権化するんです。物権として扱ってもらえる。そうすると、次のような回りくどいルートを通らなくても、Ｂは直接自分が持っている賃借権に基づいてＣを追い出すことができるんですよ。賃借権も物権になれば、物権的請求権として明渡請求をすることができるわけです。

ところが、今、Ｂに対抗要件がない場合、賃借権はあくまで債権にとどまっています。だから、Ａに対しては「その土地を使わせろ」と言えるわけですが、Ｃに対しては「使わせろ」とは言えないわけです。債権は相対的権利にすぎないからです。

一方、Ａは所有者として、Ｃに対して「出て行け」ということはできますよね。根拠は所有権に基づく妨害排除請求です。そこで、この関係をいつもの債権者代位権っぽく図で示すと、***ボード5***の右下の図のような形になりますよね。

つまり、この場合は、ＢのＡに対する「使わせろ」という債権が被保全債権で、ＡのＣに対する「出て行け」という妨害排除請求権が被代位権利になるわけです。そこで、Ｂは代位行使することで、不法占拠者Ｃを追い出すことができるというわけです。

ここまでをCHECK

①債権者代位権の要件は、無資力・金銭債権・適する・行使の可能な時期の４つである。
②代位権を行使すると金銭支払いは直接債権者に対してなされる。
③債権者代位権の転用として、登記請求・賃借人の不法占拠者の排除請求がある。

では次へ行きましょう！

3　詐害行為取消権

（1）取消権行使の要件

では、債権者が債務者の責任財産を維持（保全）するための、第２の制度である「詐害行為取消権」の説明に移りたいと思います。

この制度は、最初に説明したように、無気力な債務者Ｂというよりも、やけっぱちのＢがＣに対して、自分の財産を減らすような行為、例えば、安く売ってしまうとか、ひどい場合は贈与してしまうといった行為をした場合に、債権者ＡがＢの行為を取り消すことができるというものです。

この個所は旧民法では424条から426条という３か条しか規定がなかったのですが、平成29年改正によって要件に関する424条にいわゆる枝番条文が424条の９まで、効果に関する425条が425条の４まで増えて、全部で14か条の規定が置かれています。従来の論点を条文で解決したものが多いところです。

では、この詐害行為取消権を行使するためには、どういう要件が必要なのでしょうか。これは関係当事者ごとに要件を整理するとよいでしょう。関係当事者というのは、まず債権者Ａ。次に債務者Ｂ。３番目に受益者

C。受益者というのは、Bから詐害行為という形で利益を受けた人のことです。そして4番目が転得者D。転得者は、Cからさらにその物を譲り受けた人のことをいいます。

では、これらの関係当事者ごとの要件を、順に見ていくことにしましょう。

①　債権者についての要件

まずは、債権者Aについての要件からです。

（ア）被保全債権が金銭債権であること

債権者Aについては、先ほどの債権者代位権と同じく、第1に「被保全債権が**金銭債権**であること」が必要です。これはAがBに対して金銭債権を持っているからこそ、Bの責任財産が散逸してしまうとまずいというところから出てくる要件です。

なお、判例は、不動産の**二重譲渡**の場合に、第1の譲受人が、債務不履行に基づく損害賠償請求権を保全するために、第2の譲渡行為を取り消すことを認めています。これは、不動産物権変動のところで説明した二重譲渡の話と、今から勉強する詐害行為取消権の話とが融合してきて若干ややこしいので、***ボード6***を使って説明したいと思います。

ボード 6　被保全債権は金銭債権

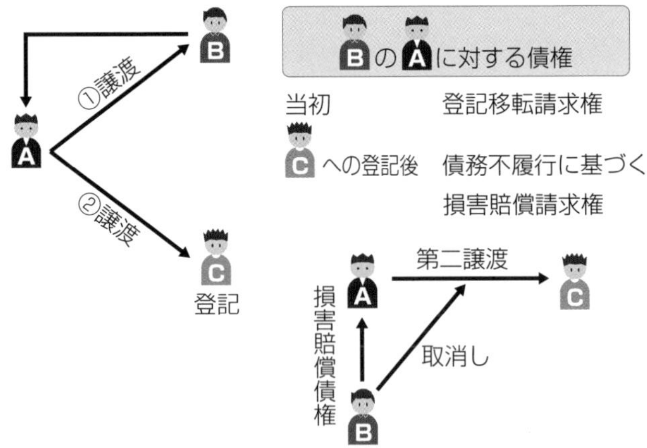

今、AがBに対して不動産を第一譲渡したのに、その後、Cに対しても第二譲渡をして、しかも登記名義をCに移してしまいました。そうすると、皆さんはもう反射的に結論がわかると思いますが、BC間ではCが勝ちますよね。BとCは対抗関係にあるわけだから、177条によって登記の先後で優劣が決まることになり、登記を先に備えたCが勝つという結論になるわけです。

この場合、BがAに対して一定の債権を持っていたんだけど、ある時点から、Bが持っていた債権の性質が変わります。どのように変わるか、皆さんおわかりかな。

当初、AがBに対して土地を売りました。その段階では、Bは土地の買主として「登記を移せ」という登記移転請求権を持っていたはずですよね。ところが、Cに登記が移った段階で、もはやAがBに対して登記を移転するということは、社会通念上不可能になりました。履行不能ですね。Aの責めに帰すべき事由に基づく履行不能なわけだから、AB間で、BはAに対して債務不履行責任を追及するという形になる。具体的にいうと、損害賠償請求権を持つに至るということです。したがって、当初は登記移転債権だったのが、途中で損害賠償債権に性質を変えたというわけです。

さあ、そうすると、今の段階でBはAに対して債務不履行に基づく損害賠償請求権を持っています。損害賠償請求権というのは、金銭債権ですよね。だから、ＡＢＣの関係は、***ボード6***の右下の図のような形になるわけです、いいかな。

いいですか。BはAに対して損害賠償債権を持っている。これは金銭債権だから、詐害行為取消権の被保全債権たりうるわけです。したがって、Bは損害賠償債権を被保全債権として、AからCへの第二譲渡を取り消すことができると、判例はいっているわけです。

ちょっとここはややこしいのでご注意いただきたいと思います。

(イ) 被保全債権が詐害行為よりも前の原因に基づいて生じたものであること

さて、債権者Aについては、もう１つ要件があります。第２の要件ということになるわけですが、それは「被保全債権が詐害行為よりも前の原因に基づいて生じたものであること」。これは改正されて少し要件が広がった個所です。旧民法下では被保全債権は詐害行為よりも前に生じたことが要件と考えられてきました。それはわかる。BがCに向かっていいかげんな行為をしました。その後で、AがBに対して債権を持った場合に、後からノコノコ出てきたAが、以前に行われていたＢＣ間の行為について口出しをするというのはおかしいでしょう。なぜなら、Cに唯一の財産をあげてしまって無一文になったBと、取引関係に入ったAが悪いんですからね。後から現れたんだから、ＢＣ間の行為を取り消すことはできないというのは、皆さんもご理解いただけると思います。でも例えば詐害行為よりも前に締結された保証契約に基づく求償権[2)]が詐害行為後に生じた場合に、保証人はこの求償権を被保全債権として主債務者の行った詐害行為を

2）償いを求める権利。

取り消すことができてもいいはず。そこで改正法は被保全債権の成立時の要件を少し緩めたわけです。**このあたり改正当初出題したくなるポイントですよ。**

さて、従来からある論点2つを説明しましょう。

まず1つは、「被保全債権が詐害行為以前の原因で成立した債権であれば、詐害行為後に譲り受けたものであってもよい」ということです。2つ目は、「逆に、詐害行為が債権の発生原因が生ずる前であれば、そのための対抗要件具備（登記の移転）が債権成立後であっても取消しはできない」ということです。この2つはわかりにくいと思いますので、***ボード7***を使って説明したいと思います。

ボード7 **被保全債権の発生原因が詐害行為以前**

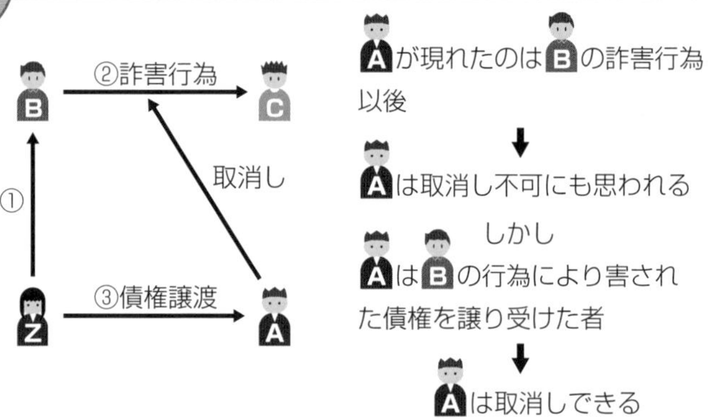

②詐害行為
取消し
①
③債権譲渡
Aが現れたのはBの詐害行為以後
Aは取消し不可にも思われる
しかし
AはBの行為により害された債権を譲り受けた者
Aは取消しできる

最初、ZがBに対して債権を持っていました。このような状況下で、やぶれかぶれ状態のBが詐害行為をしてしまうわけです。具体的にいうと、唯一の財産である土地をCにあげてしまうような行為ですね。

さあ、その次に、今度はZがBに対して持っている債権を、Aに債権譲渡しました。債権譲渡というのは、まだ皆さん勉強していないけれども、金銭債権等を誰かに売ることで、これは認められているんです。

このような場合に、Bの行為が詐害行為だということで、Aが詐害行為取消権を行使することができるということなんですが、ちょっとその問題性をゆっくり見ていきたいと思います。

Aが現れたのは、Bの詐害行為よりも後ですよね。そうすると、Aは取消しはできないんじゃないかなとも思われます。しかし、AはBの行為により害された債権、つまりZがBに対して持っていた債権を譲り受けたわけです。ZがBに対して債権を持っていて、Bの行為によって傷つけられたその債権を、AはZから譲り受けた。だから、結論としてAは取消しができると扱われているわけです。

この論点は、複雑な感じがしているかもしれませんが、このような意味ですので、正確にご理解いただきたいと思います。

第2の論点についても、***ボード7***を使って簡単に話しておくと、BからCへの詐害行為がまずあったとします。その次にAが債権を持ちました。その後で、BがCに登記を移しました。そうすると、Bの詐害行為→Aの債権取得→登記の移転という順番なので、登記の移転を中心に考えると、取消権行使ができるはずですよね。でも、所有権の移転時期で勉強したけれども、登記を移転したから所有権が移るのではなくて、契約時に所有権は移っているわけです。

だから、詐害行為時に債権がなければ、対抗要件具備行為時、つまり登記移転時に債権があったとしても、取消権は行使できませんという話です。ここは、2点とも十分試験に出るレベルなので、しっかりと覚えておきましょう。

第2の要件の「被保全債権の発生原因が詐害行為以前に生じたものであること」との関係で、もう1つ重要なのが、「詐害行為取消権の場合は、債権者代位権の場合と違って、被保全債権が履行期にある必要はない」ということです。

このあたりも結構狙われるところなので、注意をお願いしたいんですが、債権者代位権の場合には、保存行為については、例外的に履行期でなくてもよかったけれども、原則は被保全債権が履行期にあることが要件でしたね。ところが、のちほど説明しますが、詐害行為取消権の場合は、裁判上の行使に限られているという関係から、濫用の危険性は少ないので、必ずしもAのBに対する債権（被保全債権）が履行期にある必要はないとされているわけです。

②　債務者についての要件

続いて、「債務者についての要件」のところに進みましょう。

まず、客観的要件として、「詐害行為性があること」が必要です。ここで試験に出るのは次の部分です。

例えば、Bが自分の唯一の財産を、Cに対して贈与してしまいました。普通に考えれば、これは詐害行為に当たるはずですよね。ところが、その後、Bが例えば宝くじに当たるなどして資力を回復しました。いったん、BはCに対して贈与をしてしまって無資力になったんだけれども、その後、Bの資力が回復しました。

そうすると、AはBC間の行為を取り消す必要はなくなりますよね、Bにお金があるわけですから。そんな場合には、BC間の行為に詐害行為性はなくなったと評価するんだというあたりを、わかってもらえれば十分だと思います。

次に客観的要件の2つ目として、「財産法上の行為を目的とすること」が必要です。つまり、身分法上の行為は取消しの対象にはならないということです。

身分法上の行為というのは、例えば相続放棄。放棄されると債権者は当てが外れるともいえますが、そんな棚ボタは保護しない。放棄は有効です。ただ2点注意。離婚の際の財産分与は額によっては取消可能です。多重債務者が偽装離婚で妻に全財産を分与しちゃうのはずるいからです。あと遺産分割協議も取消可能。また、先ほど説明した行使の仕方も、債権者代位権は裁判外の行使も許されるという扱いになっていたのに対し、詐害行為取消権の場合は必ず裁判上行使せよという扱いになっているという違いがありますよね。

これはどんな理由に基づくのかというと、債権者代位権と詐害行為取消権を比べてみた場合に、債権者ＡがＢの行為に介入する、お節介をやく、その程度が、どちらがきついかという問題なわけです。代位権行使というのは、Ｂが行使すべき権利を行使しないから、Ａが代わりにしてあげるというものでしたよね。それに対して、取消権の場合は、Ｂがやってはいけない行為をしてしまったのを、Ａが潰しにいくわけです。

だから、Ｂの財産権行使の自由に対する**介入の程度**は、**取消権のほうがきつい**んです。きついから、取消権行使の要件のほうが厳しくなっている。そういう形で取消権と代位権を対比していただくとわかりやすいかと思います。

次に、債務者についての**主観的要件**ですが、これは、Ｂが自分の唯一の財産をＣにあげてしまうと、債権者のＡに迷惑がかかるなということを認識していることが要件とされています。これを「**詐害の認識**」というわけです。積極的な詐害の意図までは不要です。Ｂに詐害の認識があれば足りるというあたりを押さえておいてほしいと思います。

③　受益者・転得者についての要件

続いて、受益者・転得者についての要件ですが、改正民法424条の５に規定が置かれました。

まず１号は、転得者に対しても詐害行為取消請求できるのは、**受益者からの転得者**の場合は、その転得者が転得の当時、債務者がした行為が債権者を害することを知っていたとき、としています。Ｂが債務者、Ｃが受益者とすると、Cからの転得者Dの場合ですね。

次に2号は受益者からではなく、その転得者からの他の転得者の場合です。さっきのDからの譲受人Eですね。この場合はその転得者とその前のすべての転得者が、それぞれの転得当時債務者がした行為が債権者を害することをして知っていたときに限って、取消請求ができます。

また、1号2号いずれも、受益者に対して詐害行為取消請求をすることができる場合であることが必要です。

(2) 詐害行為の具体例

では、具体的には、どのような行為が詐害行為として、取消しの対象になるのかというと、問題になるのが3つあります。

① 相当対価を得てなした財産の処分行為

まず第1は、相当対価を得てなした財産の処分行為。改正前の民法では、例えば不動産の売却は原則として詐害行為に当たるとされていました。相当対価が入ってきているのだから債務者の財産状態はプラスマイナスゼロのはずなんだけど、現金に換わると隠匿しやすいから債権者的には債務者には不動産の形で財産を保有していおいてほしい、ということだったんですね。

この点、改正民法は424条の2でより詳細な規定を置いています。原則として相当対価を得ているのだから詐害行為性否定。いいですか、否定ですよ。そのうえで次の3要件をすべて満たした場合にだけ詐害行為取消請求を肯定します。

① 隠匿等の処分をするおそれを現に生じさせるもの
② 債務者が隠匿等の処分をする意思を有していたこと
③ 受益者が債務者の隠匿等の処分をする意思を知っていたこと

②　偏頗行為

第２は、偏頗（へんぱ）行為、これは聞き慣れない言葉ですよね。特定の債権者だけになされる有利な行為のことです。例えば「**一部の債権者への弁済**」です。改正民法でも従来と同様に「**原則として、詐害行為にはならない**」。ただ例外を***ボード 8*** を使って確認しておこうと思います。

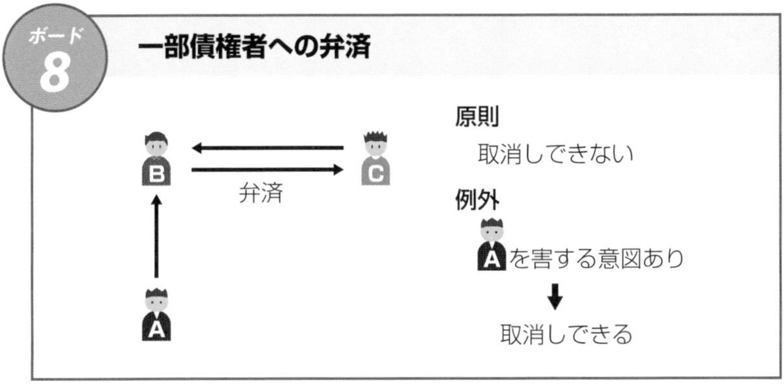

今、ＡがＢに対して被保全債権を持っています。ところが、ＣもＢに対する債権者なんです。いいですか。ＢはＡからお金を借りているし、同じようにＣからもお金を借りているという状態です。このような状況下で、ＢがＡには返さないのに、Ｃに対して弁済しました。これが一部の債権者に対する弁済ということです。

このような場合、ＢのＣに対する弁済は詐害行為だということで、Ａがこの弁済を取り消すことができるんでしょうかという問題なわけです。

結論はというと、原則として取消しはできません。なぜかというと、そもそもＣはどんな人ですか。Ｃも債権者でしたよね。その債権者Ｃに対してＢが弁済をするのは当然のことでしょう。借りたお金を返すのは当然のことですから、原則として取消しはできないということです。

ただし、**例外**的に、「どうもＡだけは気にくわないから」ということで、Ｂが**Ａを害する意図**を持って、ことさらＣだけに弁済をするというような場合には、例外的に取消しすることができると扱われているわけです。

この改正前の議論が改正民法でも基本的には妥当するのですが、もう少し精緻に規定が置かれました。424条の3ですね。偏頗行為を例外的に詐害行為取消請求できるのは、次の条件を両方満たす場合です。

・債務者の行為が**支払不能状態**でなされたこと
・債務者が受益者と**通謀**して他の債権者を害する意図をもってなされたこと

これが改正民法の424条の3第1項です。

続いて第2項では債務者の行為が非義務行為の場合を規定しています。非義務行為というのは代物弁済とか期限前弁済ですね。代物弁済っていうのは本来の債務とは別の物で弁済することです。次の条件を両方満たす場合が該当します。

・その行為が支払不能になる**前30日以内**に行われたこと
・債務者が受益者と**通謀**し、他の債権者を害する意図をもってなされたこと

③　過大な代物弁済等

詐害行為の具体例の第3は、「過大な**代物弁済等**」(424条の4）です。等ってのは、例えば債務者が不動産を相当価格で売却して、その代金で債務の弁済に充てる場合を含むという意味です。さてそもそも代物弁済は非義務行為だからさっきの424条の3第2項の規律を受ける。だから代物弁済が過大でなくても同条項の要件を満たせば全体が取り消される。だから424条の4は、424条の3第2項の要件を満たさなくても、つまり支払不能前30日以内とか、受益者との通謀がなくても過大部分については一部取消しがされるという点に意味を持つわけですね。

（3）取消権行使の方法

では、次に「取消権行使の方法」に進みましょう。これは先ほどちらっと話しましたけれども、債権者代位権の場合と違って、取消権は**必ず裁判上の行使**、つまり自分が原告として詐害行為取消訴訟を提起するというような形で行使することが要求されています。必ず訴えによって詐害行為取消訴訟を提起するという形で行使しなさい、と。これは債権者代位権との違いなので、しっかり覚えてくださいね。

では、訴えだとすると、訴えの相手方はいったい誰になるのでしょうか。誰を**被告**として訴えを始めればいいのかという問題です。これは、債権者Aは、**受益者Cまたは転得者D**のどちらか、あるいはC、Dの双方を被告として訴えを提起するということになります。このあたりは皆さんもおわかりかと思いますが、確認の意味で***ボード9***を使って見ておきたいと思います。

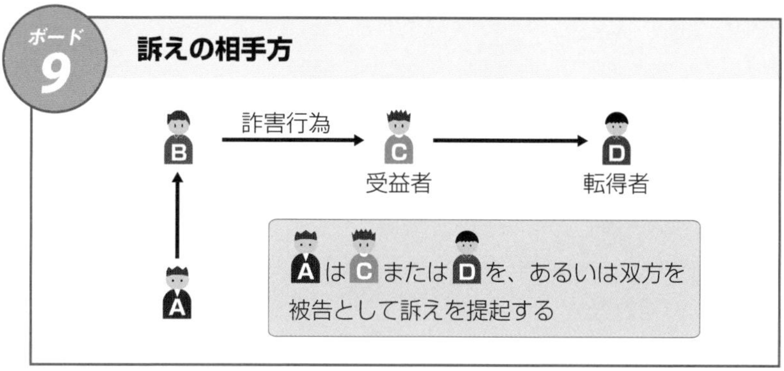

今、AがBに債権を持っていて、BC間に詐害行為があったわけです。この場合、Aはいったい誰を**被告**にするのかというと、**CまたはD**、あるいは**CとDの双方**を被告として、訴えを提起するというふうになっているわけです。だから、実際に詐害行為をしたBを被告にするということはありません。このことは改正民法でも同じなのですが、後で説明するように判決の効力は債務者Bにも及ぶこととされたため、Bにも自分の利益を守

るチャンスは与えられなければならない。だから債権者Aは詐害行為取消訴訟を提起したら、債務者に**訴訟告知**をしなければならなくなりました(424条の7第2項)。訴訟参加の機会を与えるということですね。でも被告はあくまでCまたはD、あるいはCとDの双方です。

ただし、転得者Dがいる場合でも、受益者**Cのみを被告**として、Aが取消訴訟を提起する場合もありえます。なぜかというと、Dに詐害の認識がない場合、Dを相手にしても勝てないからです。

そうすると、そのような場合には、すでに善意の転得者Dのもとに目的物がいってしまっていますから、受益者Cのもとに目的物はありませんよね。となると、Aが取消訴訟で勝った場合、Cはどうなるのかというと、物は返せないので、その物の価値をお金でBに返すという扱いになります。**価格賠償**といいます。

取消しの範囲については、債権者代位権と同じ理屈なのでよろしいかと思います。

(4) 取消しの効果

次は、「取消しの効果」です。ここも平成29年改正でだいぶスッキリしたところです。

① 取消しの相対効

この点は従来の民法では原告被告間でのみ判決の効力が及ぶとされていました。原告は取消債権者A、被告は受益者Cや転得者Dですね。つまり債務者Bには判決の効力が及ばないとされていました。このような法制度では例えばBC間が売買だったとすると、AC2人の世界でBC間が取り消されるのだからCはAとの関係で目的物をBに返さざるを得ないのにCはBからは代金を返してもらえないという不都合が生じていました。そこで改正民法は詐害行為取消請求認容判決は、**債務者**およびそのすべての債権者に対してもその効力を有する、と規定しました（425条）。債務者にも判決の効力が及ぶことになったのです。だからさっきの訴訟告知の制度も入れられたのでしたね。

ここで注意してほしいのですが、Aが転得者Dを被告として勝訴した場合、中間者である受益者Cには判決の効力は及びませんよ。そうすると転得者DがBに目的物を返還してもCに対して代金返還をしてもらえないという不都合が生じます。これに対する手当ては③で説明します。

②　債務者・受益者間の調整

ここは2つ。まず反対給付の返還（425条の2）です。債務者Bのした処分行為（債務の消滅に関する行為を除く）が取り消された場合、CはBに目的物を返還します。この場合CはBに反対給付の返還を請求できる。つまりBC間が売買の場合、CがBに支払った代金を返せと言える。そりゃ判決の効力がBにも及ぶとされたのだからそうなるでしょう。反対給付が金銭でない場合で、その返還が困難な場合はその価額の償還請求ができます。

次に債権の復活（425条の3）です。債務者Bの受益者Cに対する弁済等が取り消されCがBにお金を返した場合、CのBに対する債権は復活します。これも従来、判決の効力がBに及ばないとされていたことで生じていた不都合を、効力をBに及ぼすことで解決できるようになった点を確認するものですね。ただし、過大な代物弁済等の規定（424条の4）により取り消された場合は、受益者Cの債務者Bに対する債権は復活しません。

③　債務者・転得者間の調整

効力の最後は425条の4です。取消債権者A、債務者B、受益者C、転得者Dでいきますよ。AがDを被告として取消訴訟で勝訴しました。判決の効力はABDの間で生じます。つまりCには及ばない。そうするとさっき少し触れましたが、DはBに物を返すがCからお金が返ってこない。それはおかしい。そこでこの場合、DはDがCに支払った代金の限度で、CがBから返してもらえる額をBに対して返還請求できるとされました。

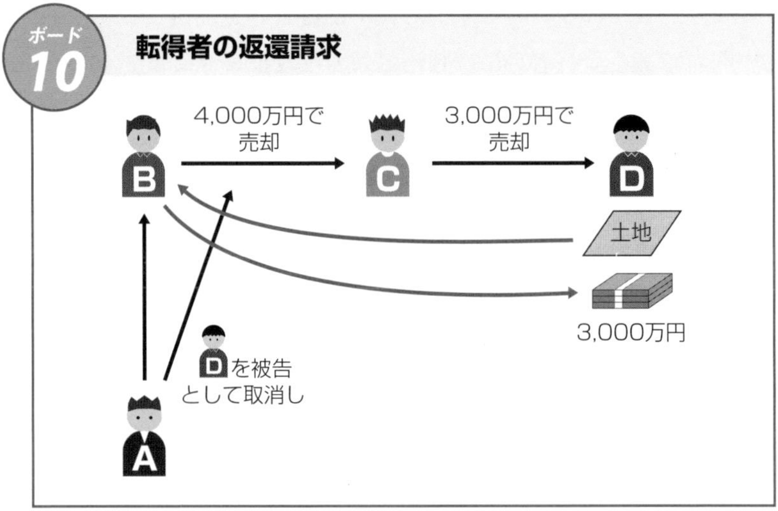

ややこしいですよね。例えばBC間の詐害行為がBの土地のCへの4,000万円での売却として、CがこれをDに3,000万円で転売した。この場合DはBに3,000万円の返還請求ができるということです。

もう1つが債権の復活です。425条の4第2号です。例えばBがCに対する2,000万円の債務を弁済し、Cが自分のDに対する3,000万円の債務の弁済の一部に充てた場合、DはBに対して2,000万円の返還債権を持つに至ると規定されました。ここ、よく考えましょう。

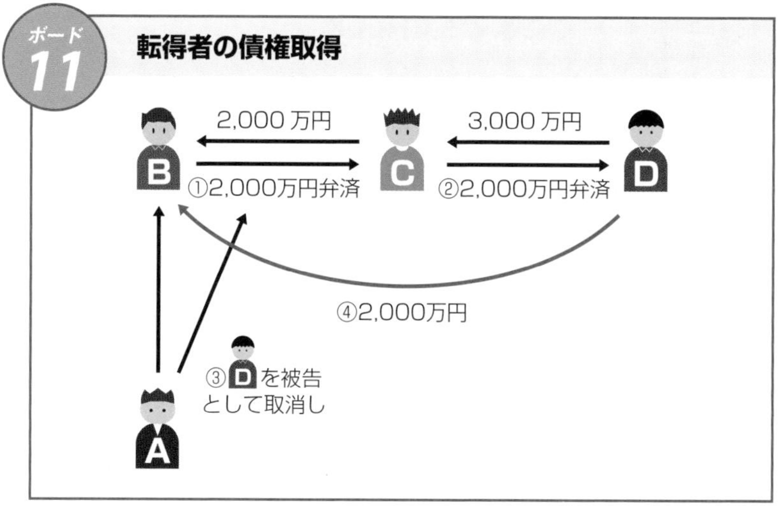

（5）取消権の消滅

取消権の消滅については、若干細かいところですが、知識として押さえておく必要はあります。

詐害行為をされたAは、Bの行為を取り消すことができるけれども、何十年も経った後でAがBC間の行為を取り消すと、ちょっとそれは法的な安定性を害するという問題があるので、詐害行為取消権の行使には期間制限があるということです。

その期間というのは、まず1つは、債務者Bが債権者を害することを知って行為をしたことを債権者Aが知ってから**2年間**。つまり、2年以内に行使せよということです。2つ目は、債務者Bが債権者を害することを知って行為をしたことを債権者Aが知らなかった場合でも、**詐害行為の時から10年**経ったら、詐害行為取消権は行使できません。従来20年だったのが

10年に短縮されました。２年も10年もいずれも出訴期間です。

ここまでをCHECK

①詐害行為取消権の被保全債権は金銭債権であり、かつ詐害行為以前の原因に基づいて発生したものでなければならない。
②不動産売却は原則として詐害性なし。一部債権者への弁済は原則として詐害性なし。
③行使方法は必ず訴えで。債務者は被告にしない。
④取消しの効果は相対効。転得者を被告とする場合、受益者には効力が及ばない（詐害行為取消請求の認容判決は、訴訟当事者・債務者・全債権者に効力が生ずる）。

では次へ行きましょう！

Chapter 4
Section 3　債権の消滅

今回の学習テーマは、「債権の消滅」です。ここでは、第三者の弁済、いつ弁済の提供が生じるか、債権の受領権者としての外観を有する者に対する弁済の効力、相殺における各要件について学習してください。

1　債権の消滅原因

ここからは、債権の消滅についての説明になります。

まず、***ボード1***を見てください。これが債権の消滅原因のフルラインナップですが、ここでは、1段目にある「弁済」と3段目の「相殺」について、詳しく説明していくことになります。

ボード1　債権の消滅原因

- 債権の内容の実現：弁済・代物弁済・供託
- 目的物の滅失等、内容の実現不可能＝履行不能
  - ※ 債務者に帰責事由があれば、損害賠償請求権に転化
- 内容の実現・目的物の滅失以外：相殺・更改・免除・混同
- 権利一般の消滅事由：時効消滅・権利放棄・契約の取消し・無効・解除等

ここまでをCHECK

①メジャーな2つが、弁済と相殺。
②マイナーな5つが、代物弁済・供託・更改・免除・混同。

では次へ行きましょう！

2 弁 済

(1) 意義と問題点

では、早速、「弁済」の説明に入りましょう。

まず、弁済の意義ですが、弁済とは、「債権の本来の内容を実現（履行）して、債権を消滅させること」です。つまり、債務者としてやるべきことを行う、ということです。

ここでは、問題点が3つあります。まず、①行為者（弁済者）。誰が弁済するんですか、という問題です。次が、②行為の相手方。誰に弁済するんですか、という問題です。それから、③行為。これは、どのようにして弁済するんですか、という問題です。この3つの問題点を、これから順に説明していこうと思います。

(2) 弁済者（第三者の弁済）

① 第三者とは

では、まず行為者（弁済者）から、説明していきましょう。

誰が弁済するんですか、というと、もちろん債務者が弁済するということなんだけれども、債務者以外の人（第三者）が弁済するというようなことが許されるのでしょうか。そんなことをここで考えるわけです。これについては、場合分けして考えることになります。

まず、「弁済をするについて正当な利益を有する第三者」はどうでしょうか。この第三者は、「債務者の意思に反しても、無理やり弁済をすることができる」ことになっています。債務者が「やめてください。私が自分で払います」と言っていたとしても、この第三者は、無理やり弁済ができると扱われているわけです。

それに対して、「弁済をするについて正当な利益を有しない第三者（弁済をするについて正当な利益を有する者でない第三者）」というのも存在します。こちらは原則として、「債務者の意思に反した弁済はできない」ことになっています。通常はこちらの方がピンとくるのではないかと思います。

例えば、皆さんがどこかで食事をして、お金を支払おうと思ったら、急に全然関係ない人が後ろから来て、「私がお支払いしますよ」と言って、突然お金を払おうとする。そんな場合、「ちょっと待ってください。自分のものは自分で払います」と言いたいですよね。全然知らない人からおごってもらうというのは、不気味です。だから、これはお断りできるというわけです。これは、皆さんの感覚に合致するのではないかと思うのです。

改正民法では474条２項にただし書が追加され「債務者の意思に反することを債権者が知らなかったときは、この限りではない」とされました。たとえ債務者の意思に反する弁済であったとしても、弁済を受け取った債権者がそのことを知らなかった場合には原則として、弁済を有効と評価するのです。まあ素直な条文ですね。

また、弁済をするについて正当な利益を有しない第三者は、原則として、債権者の意思に反して弁済をすることができません（474条３項本文）。

問題は１つ目のほうです。弁済をするについて正当な利益を有する第三者は、債務者の意思に反しても弁済ができるとされていますね。では、弁済をするについて正当な利益を有するというのは、いったいどんなことなのでしょうか。弁済をするについて正当な利益を有する者とは、「債務者が弁済しないと、法律上不利益を受ける者」ということになっていました[3)]。「法律上不利益を受ける者」という個所、ここは要チェックです。この基準に照らしますと、例えば物上保証人とか担保不動産の第三取得者。そしてＡがＢに貸している土地上のＢ所有建物を借りているＣ。彼はＢの地代債務につき法律上の利害関係を有しているので、Ｂが嫌がってもＣはＡに地代を支払えます。

それから、「債務者の親族というだけでは、法律上の利害関係を有しない」ということも知っておくべきしょう。つまり、自分の身内や親族が借金を返さない場合、これは一族の不名誉だということで、債務者の意思に反して無理やり弁済することはできないということです。なぜなら、こういう場合は、事実上の不利益は受けるけれども、法律上不利益を受けるわけではないからです。

②　第三者が弁済した場合の効果

では、第三者が弁済すると、いったいどのような法律上の変化が生じるのでしょうか。ここで、非常に大切な「弁済」と「代位」という問題が出てくるわけです。***ボード 2*** を見てください。

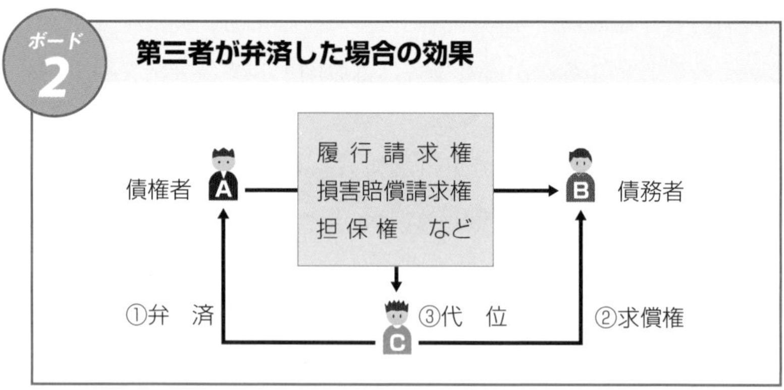

3）平成 29 年改正民法では、「弁済をするについて正当な利益を有する者でない第三者は、債務者の意思に反して弁済をすることができない」と規定されているが（474 条２項本文）、改正前は、「利害関係を有しない第三者は、債務者の意思に反して弁済をすることができない」と規定されており、ここでは改正前での判断について説明している。

今、Aが債権者、Bが債務者です。本来、支払うべき人はBです。BがAに支払うべきところ、第三者弁済ということで、CがAに弁済をしました。そうすると、弁済者Cは、債務者Bに対して償いを求める権利つまり求償権を取得します。この「弁済者が債務者に対して求償権を取得する」というのが、まず１つ目の効果です。矢印で②と示されている個所です。

もう１つ、次が大切なんですが、「求償権を確保するために、債権者Aが持っていた一切の権利が、弁済者Cのものになる」のです。このことを、「弁済による代位」と呼びます。では、今、Aはどんな債権、権利を持っていたのかというと、赤枠の中に入っていますが、履行請求権。これはもともとある債権のことです。原債権ともいいます。それと、損害賠償請求権。さらには、担保権。このようなAがBとの関係で持っていた一切の権利を、弁済者Cが受け継ぐというような変化が生じるわけです。

③　弁済による代位

では具体的に、弁済者はどのような権利を債権者から受け継ぐことができるのかというと、先ほども少し説明しましたが、①債務者に対する履行請求権（原債権）、②損害賠償請求権、③抵当権等の物的担保権、④保証人に対する保証債権。このような、Aが持っていたいろいろな権利が全部、弁済者Cのものになるわけです。

（ア）代位の方法

代位の方法は、若干細かいところですが、見ておきましょう。まず、弁済をするについて正当な利益を有する第三者が弁済をした場合。これは、先ほど説明したように、法律上弁済してもらわないと不利益を受ける人のことですね。具体的にいうと、物上保証人や抵当不動産の第三取得者といった人たちが、債務者の意思に反しても弁済ができる人たちです。

このような人たちが弁済した場合には、法律上、当然に代位します。

「当然に」というのは、「自動的に」という意味で、これを「法定代位」というわけです。

それに対して、弁済をするについて正当な利益を有しない第三者が弁済した場合には、債務者の意思に反しなかったから弁済ができたわけですが、代位するためには、次の手続を備えなければなりません。「債務者Bが承諾する」か、または「Bへの通知」が必要となります。この手続は、債権譲渡について勉強すればしっくりなじんでくると思いますので、今はこの要件があったということを記憶すればいいと思います。

次あたりから、だんだん論点らしくなってきますよ。

(イ) 一部弁済の場合の代位

まず、代位は、全部弁済に限らないということで、一部弁済の場合にも、弁済額に応じて代位は生じるということです。これは後ほど具体的に説明したいと思います。

(ウ) 法定代位権者が複数いる場合の代位

次に、法定代位権者が数人いる場合の問題です。ここはかなり質問が集中する、わりと理解しにくいところです。法定代位権者とはどういう人かおわかりですか。先ほど説明したように、弁済をするについて正当な利益を有する第三者は、嫌がる債務者を無視して弁済できます。また、保証人が保証債務を履行します。そうすると、法定代位が生じます。つまり、例えば保証人や物上保証人が2人以上いる場合に、そのうちの1人が弁済しました。さて、どのような形で代位が生じるのでしょうか、というテーマなわけです。これは3つの場面に分けて考えていくということになりますが、このあたりはかなり事案が錯綜しますので、図解して説明しようと思います。

④　一部弁済の場合の代位

それでは、まず「一部弁済の場合の代位」の様子から、***ボード3***で見ていきましょう。

ボード3　一部弁済と代位

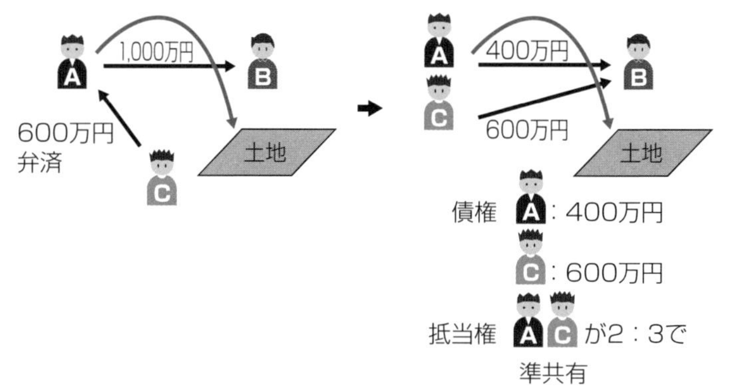

今、AがBに対して債権を持っています。債権額は1,000万円ということで考えたいと思います。また、AはBの土地の抵当権者でもあります。ところが、第三者弁済ということで、CがAに600万円弁済しました。1,000万円のうちの一部分、600万円の弁済だから、一部弁済ということになります。Cが全額弁済したとすると、AのポジションにCが入り込むということになって、なんの問題もないわけですが、一部弁済でしょう。そうすると、AのポジションをAとCとが分け合うという状態になるわけです。

具体的にいうと、***ボード3***の右側の図です。AとCが2人で、Aの法的地位を分け合うという形です。ところで、Aはいったいどんな権利を持っていたのかというのを、きちんと考えていきましょう。

Aは、1つにはBに対する1,000万円の債権を持っていました。それと、

Bの土地に対して抵当権を持っています。こういう形で、Aの1,000万円の債権は担保されているわけです。そうすると、結局、Aは債権と抵当権2種類の権利を持っていたわけです。

それを、AとCがどのように分け合うのかというと、***ボード3***にあるように、債権についてはAが400万円、Cが600万円、Bとの関係で持ちます。これは大丈夫ですね。もともと、Aは1,000万円の債権を持っていて、そのうち600万円はCが支払っているわけですから、CがBに対して600万円、Aは400万円持っているということで、債権の部分を分け合う状態は理解しやすいと思います。

それに対して、抵当権はどのようになるのかというと、今、債権はAが400万円、Cが600万円ということで、2対3という比率になっていますよね。そこで、AとCが1つの抵当権を2対3という割合で準共有します。なぜ、共有の前に「準」というのが付いているかというと、通常、共有というのは所有権を共同で持つ場合のことであり、今の場合は所有権以外の権利である抵当権を2人で持つので、準共有という言葉を使っているわけです。このように、一部弁済の場合の代位は、もともとの債権者Aと弁済者Cが、弁済額に応じて代位が生じる権利を持ち合う、という形になるということです。

一部弁済によって一部代位が生じます。つまり原債権は一部移転し、随伴性により抵当権も一部移転して準共有となった。もっとも、権利行使のきっかけ、債権回収の満足面で、準共有の特則として改正法502条が新しい規定を置きました。

まず第1項です。一部弁済のときは、代位者は債権者の同意を得て割合に応じて債権者とともにその権利を行使することができます。

これに対して第2項では、債権者は単独で権利行使ができる、とされています。

次に、第3項ですが、債権者が行使する権利は、その債権の担保の目的となっている財産の売却代金その他のその権利の行使によって得られる金銭について、代位者が行使する権利に優先します。この例で、抵当権の実行によりBの土地が競売されその代金が500万円だった場合、Aは1,000万円の債権につきCから600万円の弁済をすでに受けていますから、残りの債権額400万円について、Cに優先して配当を受けることができ、Cは100万円の配当を受けることができるということになります。

それと第４項で、解除権は債権者のみが行使できるとされました。

⑤　法定代位権者が複数いる場合の代位

次に、法定代位権者が数人いる場合の３つの場面について、順に見ていくことにしましょう。

（ア）保証人と第三取得者の代位

まず１つ目は、保証人と第三取得者がいる場合です（***ボード４***）。ちょっと図がややこしくなっていますよ。

ボード4 保証人と第三取得者の代位

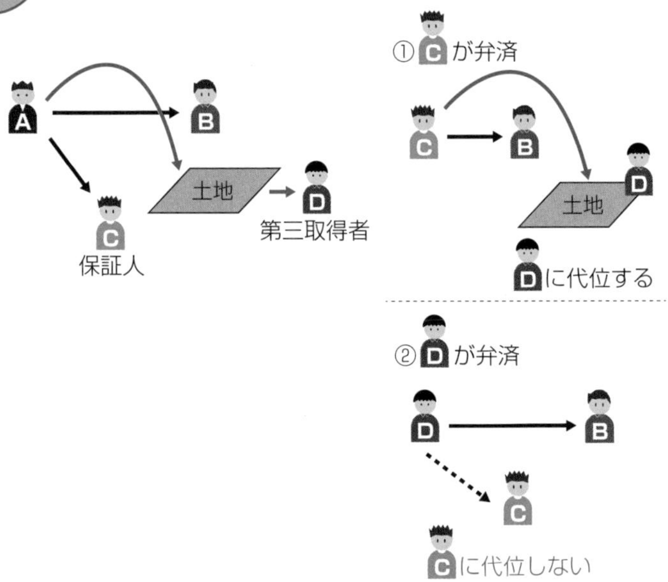

今、AがBに債権を持っていて、B所有の土地に抵当権を付けてもらいました。それとは別に、Cが保証人という形で存在します。つまり、Aの債権は、抵当権（物的担保）と、保証債権（人的担保）の2つによって、二重に担保されているわけです。このような状況下で、債務者BがAの抵当権が付いたままの土地をDに売却しました。

そうすると、Dが第三取得者ということになります。保証人も第三取得者も、ともに弁済をするについて正当な利益を有する者であり、法定代位権者です。つまり、嫌がるBの気持ちを無視してでも、弁済できる人たちです。このCとDがそれぞれ弁済した場合に、どのような形で代位が生じるのか、これを順に見ていこうと思います。

まず、保証人Cからいきましょう。今、Cが**弁済**しました。この場合、どういうことになるかというと、弁済者CがAのポジションに入っていますね。Aはどんな権利を持っていましたか。1つは、もともとの原債権を持っていました。それから、抵当権も持っていました。ですから、CはBに対する原債権を持ちます。と同時に、現在、土地の所有者はDになっているわけだけれども、Dとの関係でもCは代位します。つまり、D所有の土地に付いている抵当権も、Cは代位によって取得するに至るということです。これはわりとわかりやすいと思います。

　では、Aが持っていた保証債権はどうなるんですか、という疑問が生じるかもしれませんが、C自身がAの場所に入るわけだから、自分が自分の保証債権を持っていても無意味ですから、これは消えます。混同[4]による消滅ですね。保証債権は消えるけれども、もとの債権と抵当権をCが持つに至るわけです。

　それに対して、今度は第三取得者Dが弁済した場合は、どうなるのかというと、DはBとの関係で原債権は持ちます。もちろん原債権は、Bとの関係で持つに至るんだけれども、注意してほしいのは次なんです。Cとの関係では代位しません。つまり、DはCに対して保証債権を請求することはできない。そう条文上規定されているわけなんです。ちょっと、アンバランスな感じがしますね。

　もとの状態を見てみると、CもDも、ともに人的担保、物的担保を負担している人たちです。そうすると、Cが代位できるなら、Dが弁済した場合にも、DもCとの関係で代位できてもよさそうでしょう。だけど、CはDに代位するが、DはCに代位しないというふうに規定されているんです。その理由も考えておく必要があると思います。

　なぜ、このように規定されているかというと、Dはいったいどんな人ですか。抵当権が付いていることを承知のうえで、Bから土地を買い受けた人ですよね。Bの資力にもよりますが、抵当権付きの土地ということで、時価よりはいくらか安く買い受けている場合が多いわけです。

　ですから、Cの責任よりもDの責任のほうが重い。抵当権が付いている

4）債権と債務が同一人に帰属するに至った場合、債権は消滅する。これを混同という。

ことをわかっていて購入したのだから、最終的な責任は、ＣではなくＤがかぶりなさい、と。だから、Ｃが払った場合はＤに抵当権の実行ができるけれども、Ｄが払ってもＣに保証債権の請求はできないという、そんな価値判断があるので、こういう違った結論になっているわけです。３つの場面の中で、今のが一番ややこしいところなので、ぜひここは落ち着いてしっかり理解をしておいてほしいと思います。

（イ）保証人と物上保証人の代位

では、第２類型の話、保証人と物上保証人がいる場合にいきたいと思います。***ボード5***を見てください。

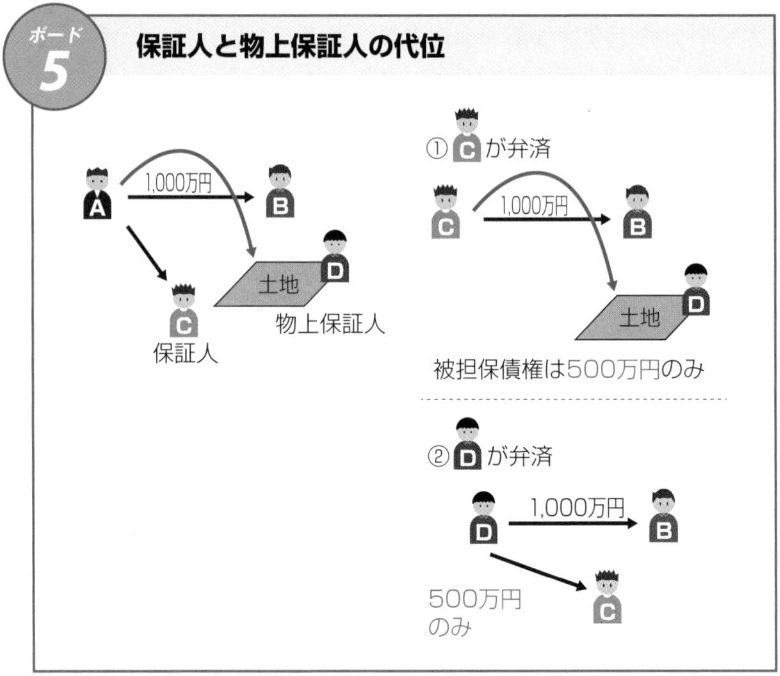

今度も似たような図なんですが、保証人がＣで、物上保証人がＤです。先ほどの事例は、Ｂの所有する土地に抵当権が付いていて、その土地をＤ

が買い受けたわけですが、今度は初めからDが自分の所有する土地に、抵当権を付けてあげたわけです。

このような場合の代位の関係はどうなるのかというと、「保証人と物上保証人がいる場合は、それぞれ弁済額を頭数で割った分だけ代位する」ことになります。これはちょっと意味がピンときにくいかもしれませんが、こういう意味です。

今、Cが弁済したとしましょう。Cが弁済しますと、債権額は1,000万円なので、もちろんBとの関係で1,000万円の債権をCは持ちます。抵当権も不可分性という性質から、もちろんDとの関係で、Cは抵当権も行使できます。ただし、もしここで被担保債権1,000万円の抵当権を持つということになると、先に弁済したCは、結局自分は1円もかぶらずに、保証、あるいは担保ということを、全部Dにかぶらせる結果になってしまうでしょう。

しかし、民法は、保証人と物上保証人の責任は、ここでは対等だと考えています。第三取得者と保証人なら第三取得者の責任を重く考えているけれども、保証人と物上保証人との関係は対等だと考えているわけです。

そうすると、どちらが先に第三者弁済をしても、最終的にかぶるのは500万円ずつということになります。Bの債務が1,000万円で、Bが完全に無資力になってしまった場合には、CとDは対等額の500万円ずつかぶりなさいと考えているわけです。だから、Cは頭数で割った額、被担保債権500万円という形で、抵当権を持つということになるわけです。

そうすると、今度はDが先に弁済した場合、Cに対する保証債権をいくら請求できるのかは、もう皆さんおわかりですよね。Dが弁済すると、Bに対して1,000万円の原債権を持つ。これは、すごくわかりやすいと思うのです。では、保証人Cに対してはというと、Dは500万円のみ代位する。Cからは500万円取れる。自分も500万円かぶる。そんな形で、保証人と物上保証人がいる場合は、同じ額だけかぶるというふうに理解しておくといいでしょう。

（ウ）物上保証人や第三取得者が複数いる場合の代位

３つ目の類型は、物上保証人や第三取得者が２人以上いる場合です。これも***ボード6***を見ながら説明しましょう。

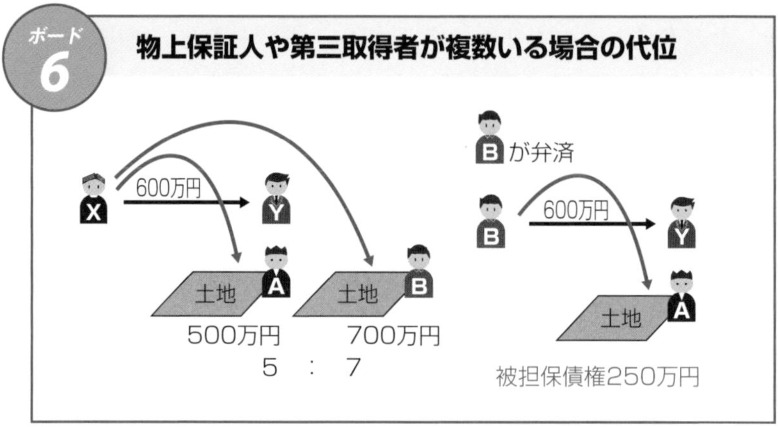

今、Xが債権者、Yが債務者で、債権額は600万円ということで考えます。ＡとＢはどちらも物上保証人ということで、それぞれ自分の土地を担保に差し出しているわけですけれども、Ａの土地は500万円です。それに対してＢの土地は700万円、という事例で考えていきたいと思います。

さて、このような状況下で、今、Ｂが600万円弁済したとしましょう。そうすると、この600万円は、最終的にＡとＢがいくらずつかぶるのが公平なのか、ということを考えたいのです。保証人と物上保証人の場合は、頭数でフィフティフィフティで考えました。だけど、この場合、Ｂの責任のほうを重くしてもいいんじゃないでしょうか。

なぜかというと、Ａが500万円の土地を差し出しているのに対して、Ｂは700万円の土地を担保に差し出しています。そうすると、Ｂの責任のほうがいくらか重くていいという感じがしますよね。担保の価値に比例して、ＡとＢが５対７で責任を分かち合う、痛みを分かち合うと考えるのが公平という気がするわけです。

ですから、Ｂが弁済するとどうなるかというと、Ａの土地についてＢが抵当権を持つわけだけれども、その場合の**被担保債権は250万円**ということになります。250万円というのは、皆さんも出てきますよね。もともと600万円だけれども、それをＡとＢの責任５対７で分け合うわけです。５対７というと、12分の５と12分の７ですから、Ｂは600万円の12分の７に相当する350万円は自分でかぶる。そして、Ａに請求できるのは12分の５だから250万円と考えるわけです。

この３つの類型は、毎年多くの受講生が苦労するところなのですが、今の限度でわかっていれば、もうどんな問題でも解けると思ってもらっていいと思います。

（３）行為の相手方（弁済の受領者）

では、次に進みましょう。ここからは「**弁済の相手方**」の話です。今までは、誰が弁済するのか、という話だったわけですが、ここからは、**誰に**対して弁済するのか、という話になるわけです。

もちろん、これは債権者に対して弁済するのが本来の姿なんだけれども、**債権者以外の人に間違って弁済**してしまった場合、そのような弁済はすべて無効ということにすると、今度はちょっと債務者がかわいそうな局面というのがありうるわけです。そこで、次のような①から④の制度があるというわけです。順に見ていきましょう。

①　受領権者としての外観を有する者への弁済

まず、①受領権者としての外観を有する者への弁済です。**受領権者としての外観を有する者**というのは、**債権者っぽく見える人**という意味です。債権者らしき外観を呈した者に弁済してしまった場合には、弁済した人が本当にその人を債権者だと思っていて、しかも、そう思っていたことについて過失も認められないというような、**善意無過失**の場合には、その**弁済は有効**と扱ってしまうのです。全然関係ない人に払っているのに、弁済を有効と扱う。つまり債権者は弁済を受けていないのに自分の債権を失うんですよ。結構、これも強烈な制度という感じがします。

それと、受領権者としての外観を有する者に当たるとされている人ですが、具体的には、預金証書と印鑑を持っている人、あるいは相続人らしき外観の者、**代理人を詐称する者**。このような人たちが、債権の受領権者としての外観を有する者だということです。そのような人に向かって、善意無過失で弁済した場合には、その弁済は有効とされてしまうというところです。

今の話と、それに加えて「相殺への類推適用」という話の２点について、***ボード７・ボード８***を使って説明しておこうと思います。

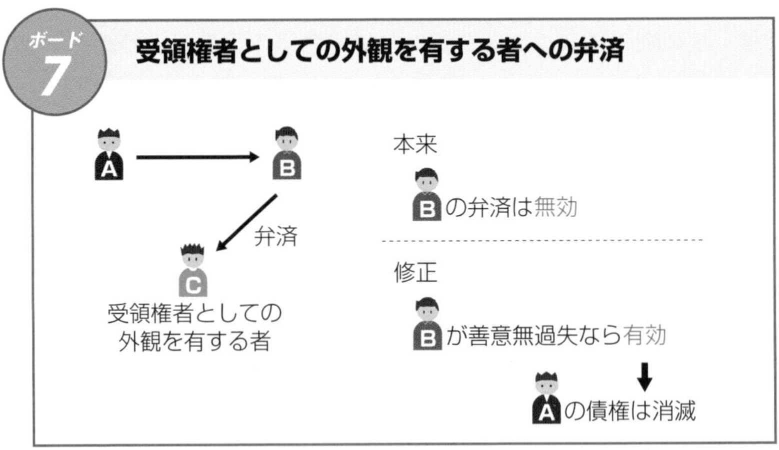

今、債権者がAで、債務者がBです。ですから、弁済をするべきBは、もちろん**本来はAに**支払わなければならないわけです。それなのに、いかにも債権者っぽく見えるC（受領権者としての外観を有する者）に対し

て、善意無過失で弁済をしてしまいました。そのような場合には、全然関係ない人に払っているのだから、本来なら無効のはずです。

だけど、その修正として、債務者Ｂが善意無過失であれば、この弁済が有効となります。弁済が有効というのはどういう意味かというと、Ａの債権が消滅してしまうということです。だから、結構強烈な制度という感じがするわけですね。

Ａにしてみれば、自分は全然受け取っていないのに自分の債権が消されてしまう。もちろんそのような場合、ＡはＣに対して損害賠償請求をすることは可能だけれども、自分（Ａ）がＣを探し出すという大変な手間を負担しなければならないわけです。

Ａにとっては少々酷ですが、民法はこのようにして弁済者Ｂを保護しています。これは支払いを請求されてそれを断ると、どんどん遅延利息が付いていったりするということから、債務者は法的に無理やり弁済を迫られている。だからつい本来の債権者以外の人に支払ってしまうということがあるわけです。だから、そんな場合の弁済者を保護しましょうというのが、この制度なのです。これが478条の受領権者としての外観を有する者への弁済の本来のパターンです。

▶ **第478条**
受領権者（債権者及び法令の規定又は当事者の意思表示によって弁済を受領する権限を付与された第三者をいう。以下同じ。）以外の者であって取引上の社会通念に照らして受領権者としての外観を有するものに対してした弁済は、その弁済をした者が善意であり、かつ、過失がなかったときに限り、その効力を有する。

それに対して、相殺です。相殺の場合にも、類推適用されるという話がありました。これについて***ボード８***で見てみましょう。

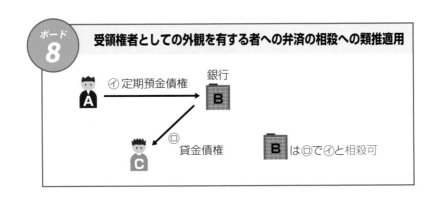

ボード8 受領権者としての外観を有する者への弁済の相殺への類推適用

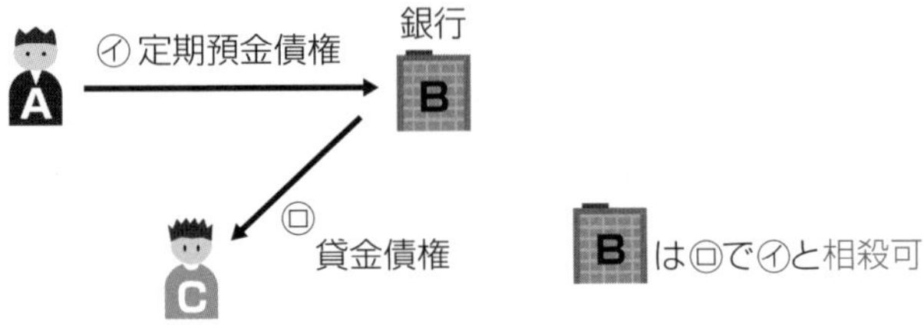

今、Aは普通の銀行Bのお客さんです。定期預金を銀行にしているわけです。そうすると、Aは銀行Bに対して、「定期預金を払い戻してください」という債権を持つわけです。ところが、銀行BはCが定期預金の債権者（お客さん）だと勘違いして、Cに対してお金を貸し付けてしまいました。今、銀行Bは勘違いしていて、本当はCが定期預金をしてくれている人だと思ったわけです。銀行にしてみれば、定期預金をしてくれている人に貸し付けた場合、もし相手が返してくれなければ、定期預金の払戻債務と相殺するということで、必ず貸したお金の回収ができます。だから安心して、定期預金を預けてくれている人にはお金を貸し出すわけです。

銀行Bが善意無過失で、Cが定期預金をしてくれている人だと勘違いして、お金を貸し付けてしまいました。このような場合、判例は、銀行Bから見たAに対する定期預金の払戻債務と、Cに対する貸金債権とで、相殺することを認めているんです。つまり、***ボード8***でいうと、銀行Bは㋺で㋑と相殺することができるわけです。

確かに、銀行BはCに対して弁済したわけではないけれども、お金を貸し付けています。この貸付けは、銀行Bが定期預金をしてもらっているから、間違いなく回収できると思って貸出しをしたんだということで、このような場面でも弁済の理屈を類推適用して、銀行Bが善意無過失の場合には、相殺を認めているということです。

②　差押債権の弁済

これについては、***ボード9***を見ながら説明しましょう。

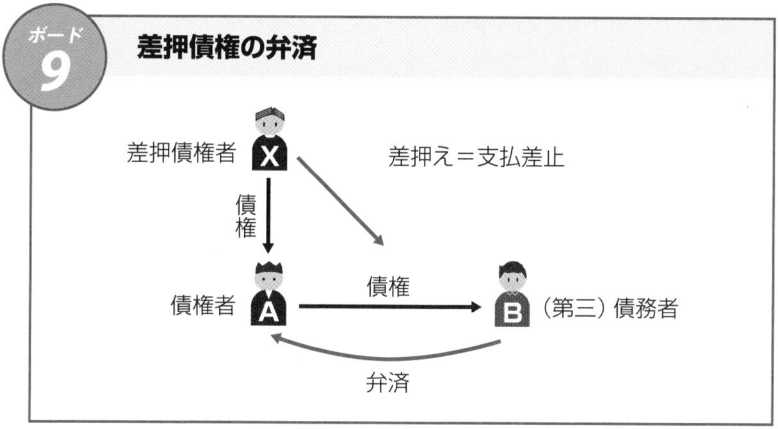

これは、AがBに対して債権を持っていて、AはXに対して債務を負担しているという関係です。こういう状況下で、AがいつまでもXにお金を返さないので、XがAの財産に狙いをつけます。ここではBに対する債権に差押えをかけたわけです。やがて転付命令を取って、俺のものにしてしまいますよ、という準備段階として、差押えをかけたわけです。

そうすると、Aは債権の取立てを禁止され、債務者BはAに弁済してはいけなくなるのです。なぜなら、BがAに弁済すると、Aの債権が消えてしまいますから、Xが困りますよね。だから、Xが債権を差し押えたら、BはAに弁済することができないわけです。

それなのに、Bが弁済してしまった場合どうなるのでしょうか。この場合には、BはXに対して、改めて弁済しなければならないということになります。

（4）行為（弁済の提供）

では、次の「行為」に進みますが、これは「どのように弁済するんですか」ということです。ここは論点はないと思ってもらってもいいでしょう。

① 弁済の提供の方法

まず、弁済の提供の方法ですが、第１は「現実の提供」です。これは普通に、本当にお渡しするということです。

第２の方法は「口頭の提供」。口頭の提供というのは、「弁済の準備をしたことを債権者に通知して、その受領を催告する」ことです。これをすれば、弁済の提供をしたことになります。つまり、それ以降は債務不履行責任を負わない、というふうに扱ってもらえるということです。ただし、どんな場合でも、口頭の提供で足りるわけではなく、以下の２つのような場合に限って、口頭の提供が認められています。１つは「債権者があらかじめ受領を拒んだ場合」で、もう１つが「債務の履行につき、債権者の行為を要する場合」です。

さらに、債権者が「絶対に受け取りません」と断言している場合。つまり、「あなたからの弁済は絶対に受け取りません」と債権者が言っているような場合には、口頭の提供さえなくても債務不履行にならない、という判例があります。

② 弁済の充当

弁済の充当というのは、弁済額が債権全額に満たない場合に、その弁済をどのような順番で割り当てていくのかという問題です。これは、「費用→利息→元本」の順で充当していくことになります。

例えば、100万円借りていて、100万円返せば全部消えるとしましょう。ところが、100万円のうち、いくらかは利息、いくらかは費用としますよね。そのような場合、80万円だけ返したら、元本と利息と費用の中の、どの部分が消えるんですかという話です。ここは順番を覚えておく程度で結構です。

ここまでをCHECK

①債務者の意思に反した弁済ができるのは、弁済をするについて正当な利益を有する第三者など。
②第三者弁済すると弁済者は債権者に代位する。
③受領権者としての外観を有する者に善意無過失で弁済すると、その弁済は有効となる。
④弁済は口頭の提供で足りるとされる場合がある。

では次へ行きましょう！

3　相　殺

(1) 意　義

では、次に「相殺」のところに入りたいと思います。相殺はかなり重要なところで、しかも比較的ややこしいところです。ここは、初めて聞いたときに、きちんと基本をわかることが大切です。あとあと苦手意識を持たないように、頑張ってもらいたいと思います。では、***ボード10***をご覧ください。これはかなり完成度の高い図で、いろいろなことが凝縮されています。

ボード10　相殺

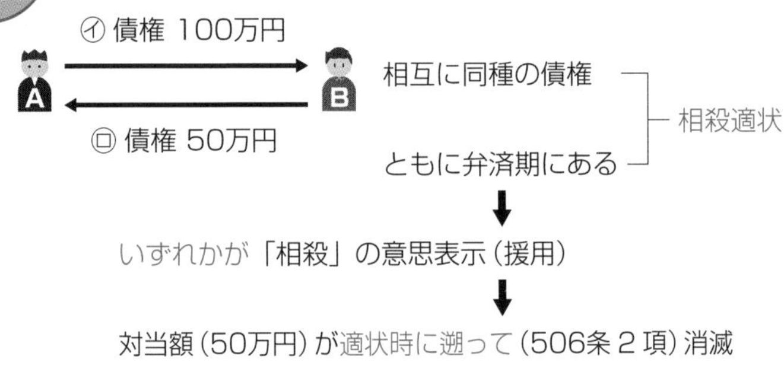

今、ＡがＢに対して100万円の債権を持っていて、ＢもＡに対して50万円の債権を持っています。このような場合、実際にＢがＡに100万円を返し、ＡがＢに50万円を返すというのは、面倒くさいですよね。だから、50万円の限度、対当額で打ち消し合ってしまって、結局ＢがＡに50万円支払うことで、ＡＢ間の関係をきれいにするほうが便利でしょう。そんなことから、打ち消し合うという「相殺」が行われるというわけです。

そのための要件としては、「相殺適状」にあることが必要です。相殺することが可能な状況、という意味です。相殺適状となるためには、まず１つは「相互に同種の債権」であること。「同種」というところにチェックしてください。２つ目は、「ともに弁済期にある」ことです。ここにもチェックしましょう。

この２つの状態が備わっていて、いつでも相殺できますよという状態にあることを、「相殺適状」というわけです。変な言葉ですけれども……。

それから、図の下から２行目の「いずれかが」というところもチェックしてください。相殺は単独行為なので、相手方の承諾は必要ありません。一方的に「相殺します」と言えば、ピュッと両債権が消えるということになるわけです。その下の行の「適状時に遡って」というところも、チェックしておくといいんじゃないでしょうか。

さらに、言葉づかいとして、「自働債権」と「受働債権」という言葉があります。これになじんでもらいたいわけですが、相殺の意思表示をした人の債権のことを「自働債権」といい、それに対して、相殺の意思表示をした人の債務、つまり相殺の意思表示をされた人の債権を「受働債権」といいます。このあたりの基本構造を、***ボード 11*** を使って説明しておきましょう。

ボード 11　相殺の基本構造

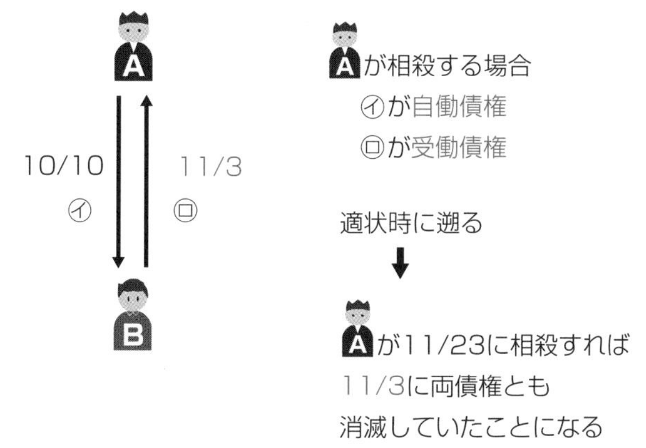
A
10/10
㋑
11/3
㋺
B
Aが相殺する場合
㋑が自働債権
㋺が受働債権
適状時に遡る
Aが11/23に相殺すれば
11/3に両債権とも
消滅していたことになる

今、AがBに対して債権を持っています。これを仮に㋑と名前を付けておきたいと思います。それに対して、BがAに対して㋺という金銭債権を持っています。この日付は履行期、弁済期と思ってもらえばいいと思います。

相殺の場合は普通このように上下に書くわけで、上に書いた人が相殺するというのが基本パターンだと思ってください。この場合は、Aが相殺するわけです。そうすると、言葉づかいの確認ですが、Aの債権㋑は「自働債権」か、「受働債権」か、すぐにピンと来るようになってほしいのです。

Ａが相殺する場合、㋑が自働債権です。それに対して㋺が受働債権となります。これは自働債務と呼ぶようにすると、もっとわかりやすくなるという気もするんですけども、受働債権というふうにいうわけです。まず、この言葉づかいにしっかりなじんでもらう必要があるかと思います。

ここでもう１つ、***ボード10***の下のところで見てもらいましたけれども、相殺は一方的意思表示でよく、相手方の承諾はいりません。そして、相殺すると適状時に遡って債権が消えるという話がありました。それがどういうことなのか、ちょっとこの事案で考えてみたいと思います。

Ａの債権の弁済期は10月10日で、Ｂの債権の弁済期は11月３日ですよね。ともに弁済期が来て、初めて相殺適状になります。そこで、「**適状時に遡る**」ということの意味を考えたいわけですけれども、例えばＡが**11月23日**に相殺をしたとしましょう。そうすると、どの瞬間に債権債務が消えるのかというと、あくまで適状時です。いつ適状になるのかというと、両債権ともに弁済期となる11月３日です。

だから、11月23日に相殺した場合に、適状時に遡って債権が消滅するというのだから、**11月３日**に消滅していたという扱いになるわけです。これが適状時に遡るという意味です。まず、こういう相殺の基本構造を理解したうえで、もうちょっと複雑な論点について、次から見ていきたいと思います。

（2）機　能

まず、相殺の機能についてです。ここは言葉を押さえておく程度でいいと思うわけですけれども、なぜ相殺なんてことをするんですかというと、面倒くささの回避、もっともらしくいうと「**決済の簡易化**」です。これが一番の根本でしょう。それから、２番目として「**当事者間の公平**」という機能もありますね。さらに、「**担保的機能**」。これもぜひ言葉として知っておく必要があると思います。

相殺の担保的機能というのは、先ほど銀行は定期預金を預かっているお客さんに対しては、安心してお金を貸すという話をしましたが、例えば、銀行が1,000万円の定期預金を預かっているお客さんに800万円を融資するとします。そのような場合に、もしそのお客さんが800万円返してくれなければ、定期預金と相殺するという形で800万円を回収できるわけです。しかも、抵当権実行なんていう面倒くさい手続を取らずに、電話１本かけて「相殺」といえば、その時点で債権を回収できます。つまり、最も強力な担保権として、相殺は機能するわけです。

ここでは、「決済の簡易化」と「当事者間の公平」と「担保的機能」という相殺の３つの機能を押さえておけばいいでしょう。次からが論点です。

（3）成立要件

次は、相殺の成立要件というところです。

成立要件は３つあります。まず１つ目は、①相殺適状にあること、２つ目は、②相殺禁止の場合に当たらないこと。３つ目が、③当事者が相殺の意思表示をすること、です。この３つの要件について、順に説明していくことにしましょう。

①　相殺適状

まず、相殺適状からです。相殺適状とは、「相互に同種の債権で、それがともに弁済期になければならない」ということですが、「相互に同種の債権」というのは、通常99.99％は**金銭債権**でしょうね。だから、同種の債権なわけですが、それ以外でも同じであれば可能です。例えば、お米。新潟産のササニシキを５kgずつお互いに貸し借りしていたというような場合、実際に返さなくても相殺できるということです。そんなことが今どきあるのかどうか、よくわかりませんが、理屈上はお金とは**限らない**ということです。

「ともに弁済期」ということについては、若干考える必要があります。自働債権については、弁済期になければいけません。受働債権についてはどうでしょうか。弁済期までまだ期間が残っているとき、債務者にとってのこの時間的猶予を「期限の利益」といいますが、受働債権についてもこの期限の利益の放棄などにより、弁済期が現実に到来していることが必要です。

なぜかというと、受働債権というのは自分の債務のことですよね。自分の債務だから、例えば12月31日までに返せと言われている場合に、別に12月1日に返してもいいわけでしょう。12月31日までは返さなくてもいいよというのだから、早めに返してもいいわけです。これは後ほど***ボード12***で確認的に説明したいと思います。

次の相殺適状の存在時期については、若干意外だと思われるかもしれません。今度は自働債権です。自働債権、つまり自分が相殺をしようと思っている債権が、時効で消えてしまっていても、その消滅以前に相殺適状になっていた場合には、なお相殺可能だということになっています。「なお相殺可能」というところもしっかりチェックしておいて、なぜそうなのかという理由を考えてみましょう。これも***ボード12***で説明します。

ボード 12　相殺適状

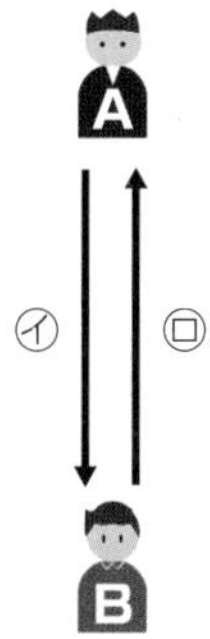

A は㋑が弁済期にあれば
㋺がまだでも期限の利益放棄により
弁済期を到来させて相殺可

A は㋑が時効消滅していても消滅
以前に相殺適状にあれば相殺可

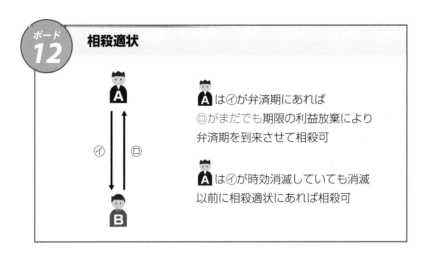

このあたりから、だんだん理屈が入り込んできて、やりがいがあるところになるわけですけれども、まず相殺適状について、先ほど申し上げていたところをお話ししたいと思います。***ボード 12*** は、いつものＡとＢが㋑と㋺を持ち合っているという相殺の基本形です。これをもとに考えていきます。実際に、この図を使ってきちんと確認したいと思います。

毎回申し上げていますが、こんなものは言葉で覚えるものではなくて、利益状況を分析したら「それはもっともです」と納得してもらえるところなんです。いいですか。今、㋑が弁済期にあります。つまり、自分の債権が弁済期に来れば、ＡはＢに対して「支払え」と言えるわけです。だけど、ＡはＢに対して、㋺の弁済期はまだなので、支払わなくてもいいんです。払わなくてもいいけれども払ってもいいでしょう。期限の利益というのは債務者のためにあるのだから、債務者が期限の利益を放棄するのはOKですよね。だから、このような状況下で、Ａから見て自働債権が弁済期に来ていれば、Ａは㋺について期限の利益を放棄して弁済期を現実に到来させて相殺できるということなんです。

だけど、Ｂからは相殺できません。自分は払わなければならないけど、相手に対して払えとはいえない。払えとは言えないのに相殺するというのはおかしいですね。相殺するということは、ともに消える。ともに消えるということは、自分も払って相手にも支払わせるということです。

ところが、今、Bから見て自働債権となる㋺の債権は、弁済期が未到来なわけです。Aに支払わせることを要求できない立場にあるのに、相殺できたらおかしいでしょう。そういうことから、このあたりは簡単に選択肢として作れるわけです。例えば、「自働債権が弁済期未到来でも、受働債権が弁済期にあれば相殺できる」とか、あるいは自働と受働をひっくり返した形で出題されますので、しっかりなじんでおく必要があるのではないかと思います。

では、次の時効消滅の問題です。今、Aは自分の債権㋑が時効消滅してしまうのですが、それでも時効消滅以前に相殺適状にあれば相殺することができるとなっています。㋑が消えてなくなってしまっているのに、相殺することができるというのは、いったいどういうわけなのでしょうか。

普通、取引社会では、AとBが金銭債権㋑と㋺を持ち合ったとして、いずれも弁済期が到来し、相殺適状にある場合、具体的な相殺の意思表示はしていなくても、AにしてもBにしても、このような状況になれば㋑と㋺は対当額で清算済みだと考えるのが一般的なんです。取引社会の常識です。

だから、ついAは㋑の債権について、請求を怠るのです。ところで、消滅時効の趣旨はというと、権利の上に眠っているものは保護しませんということです。でも、こういう状況下なら請求しないのがむしろ当たり前です。だから、㋑の債権が時効で消えたとしても、Aは権利の上に眠っていたということで非難できますか。できません。請求しないのが通常なんです。たとえ㋑が先に消えたとしても、お互いがつまり相手方Bも、やがて相殺するということで、清算済みと思っているんだから、㋑が時効で消えた後でも、Aは相殺の意思表示をし、㋑と㋺とで相殺をすることができるとされているわけです。

さて、ここでさきほど出てきた、受働債権弁済期未到来だったとしても期限の利益を放棄することで両債権とも弁済期にする、という話ですが、通常は相殺の意思表示には受働債権についての期限の利益の放棄という意思が含まれています。だからわざわざ期限の利益の放棄なんてしません。ところが、時効消滅後の相殺の場合には、受働債権期限の利益放棄をわざわざしておかないと、時効消滅時に相殺適状にあった、と言えないことになります。ですから、期限の利益放棄についての意思表示の有無が問題になるのは、自働債権時効消滅後の相殺の場合だということになりますね。

②　相殺が禁止される場合

先ほどの「受働債権は弁済期でなくてもいい」ということと、「自働債権が時効消滅していても相殺可能」ということの２つと同じように、大切なのが「相殺が禁止される場合」です。ここは結構出題されます。中でも２番目が大切なんだけれども、順番にいきましょう。

（ア）相殺を禁止するという当事者の意思表示がある場合

まず１番目です。「相殺を禁止するという**当事者の意思表示**がある場合」です。「当事者の意思表示」というところはチェックです。相殺を禁止しましょう。実際にお金を払い合いましょう。相殺なんてなしにしましょう。そういう約束はもちろん有効だということです。

ただし、そのような相殺禁止の特約があることにつき**善意無重過失**でこの債権を譲り受けた人との関係では、相殺は禁止だとはいえません。ＡＢ間では相殺禁止にしましょうね、と言っていたのだけれども、Ａから債権を譲り受けた人が、相殺禁止という特約が付いていることを重過失なく知らなかった場合、Ｂは相殺禁止とは言えません。相殺されてしまうということです。改正前は単に善意、とされていたのですが、もうじき出てくる譲渡制限特約付き債権の個所と平仄（ひょうそく）、つまりつじつまを合わせるため、このように改正されました。

（イ）自働債権に相手方の抗弁権が付着している場合

問題はその次です。これははっきりいってややこしいです。2番目は「自働債権に、相手方の抗弁権が付いている」場合には、相殺はできません。これについては図解しようと思います。では、***ボード 13*** を見てください。

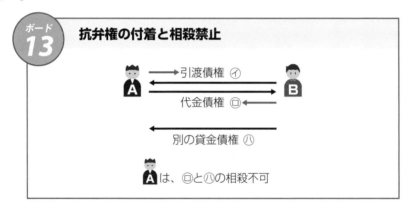

ボード 13

抗弁権の付着と相殺禁止

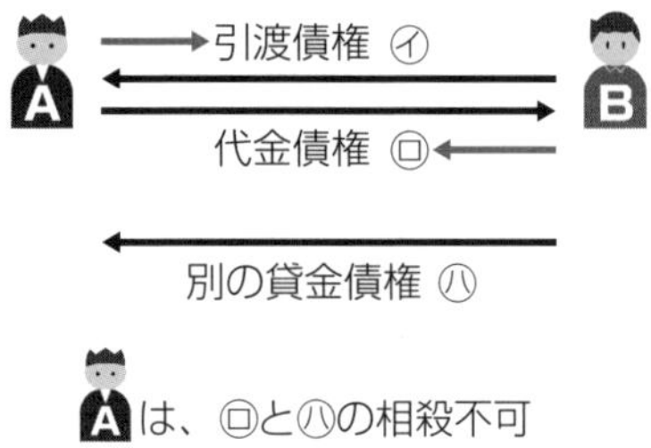

これは、なかなか大変な問題のところなんですが、抗弁権が付着している場合です。同時履行の抗弁権については、履行遅滞のところで少しお話ししました。今、売買契約の両当事者はA、Bです。売主Aが代金債権を持っていて、買主Bは引渡債権を持っていて、これらが同時履行の関係にある。つまり、Bは「お金を払え」と請求された場合に、「物をいただくまでは、お金を払いません」と言えるわけです。Bは今、どんな法的立場にいるか、きちんと確認してください。

ところで、今、たまたまBはAに対して、全く別にお金を貸していたとします。そうすると、Bは代金を支払わなければならないけれども、貸したお金は返してもらえるという状態です。AとBが金銭債権を持ち合っているという状況になっているわけです。このような場合に、Aは㋺と㋩で相殺することはできません。いいですか。相殺できないのはAですよ。

なぜかというと、もしこのようなAの相殺を許すならば、Bは物をもらうまではお金を払わなくていいはずなのに、Aが相殺してしまうと、物をもらっていないのに、代金を支払わされたのと同じ結果になってしまいます。それはまずいでしょう。だから、相殺したがっているAの自働債権に、相手方Bの同時履行の抗弁権という抗弁が付いている場合には、相殺はできないことになっているわけです。これもかなりややこしいところです。でも、何度か頭の中でなぞってみると自然に定着してきますので、復習の際にここは少し時間を使っていただきたいと思います。

（ウ）政策上相殺が禁止される場合

では、「相殺が禁止される場合」の続きにいきましょう。これまで、1番目「相殺を禁止するという当事者の意思表示がある場合」、2番目「自働債権に相手方の抗弁権が付着している場合」の2つを説明してきたわけですが、もう1つ相殺が禁止される場合があります。それが3番目の「政策上相殺が禁止される場合」です。

a．不法行為等による損害賠償請求権を受働債権とする相殺

政策上相殺が禁止される場合としては、3つのものがあります。まず、1つ目は509条です。

> ▶ **第509条**
> 　次に掲げる債務の債務者は、相殺をもって債権者に対抗することができない。ただし、その債権者がその債務に係る債権を他人から譲り受けたときは、この限りでない。
> 一　悪意による不法行為に基づく損害賠償の債務
> 二　人の生命又は身体の侵害による損害賠償の債務（前号に掲げるものを除く。）

よく、これは自働債権と受働債権とを変えて、選択肢として○になった

り×になったりするわけだけれども、ここも言葉で覚えようとしない。なぜそのような相殺が政策上許されないのか、その趣旨を考えるという形でやってもらうといいと思います。

まず１号。悪意による不法行為に基づく損害賠償債務の債務者、つまり加害者ですね。加害者からの相殺はできない。選択肢っぽくいうと「悪意による不法行為に基づく損害賠償債権を受働債権とする相殺は許されない」となるわけです。その趣旨は「**不法行為の誘発防止**」。つまり条文がわざわざ「悪意による」と不法行為に限定をかけているのは、第一不法行為の被害者が、加害者から金銭による賠償を受ける見込みがない場合、仕返しに不法行為をして加害者に対する損害賠償債務と相殺する、ということを防止しようとする趣旨です。だからここでいう「悪意」というのは単なる故意ではなく積極的な害意をいいます。「どうせ賠償金を払ってもらえないなら苦痛で返してもらおうか」というのを阻止する狙いですね。

次に２号。単なる物損ではなく、人身事故。生命、身体の侵害の場合は被害者は、たちまちお金に困ることが多いから「**賠償は現金で**」という趣旨です。だからこれも加害者からの相殺が禁止されているだけです。被害者からの相殺はできます。選択肢っぽくいうと「人の生命または身体の侵害による損害賠償請求権を自働債権とする相殺は許される」。つまり被害者からの相殺は許されるわけですね。

改正前の民法では単に「債務が不法行為によって生じたときは、その債務者は（つまり加害者は）相殺をもって債権者に対抗することはできない」と規定されているだけで、改正民法１号の復讐目的（悪意による）とか、２号の人身事故という限定がなかった。改正民法は２つの限定を加えるとともに２号は不法行為に限らず**債務不履行**に基づく損害賠償の債務にも適用されることになりました。

もう一度平成29年改正による変更を整理すれば次のようになります。

ボード14　不法行為等に基づく損害賠償債権の場合

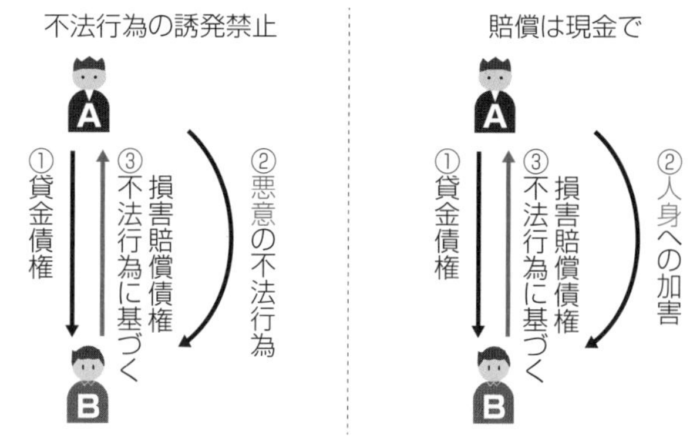

①　同一事故で相互に物損を負ったにとどまる場合、従来の判例はこの場合も相殺を否定していたが改正民法ではこの相殺は許される。

②　人身事故で債務不履行責任が問われている場合も、債務者（つまり加害者）は相殺できない。

さてここで趣旨がわかれば推論で解けるっていう話をしておきましょう。***ボード15*** をご覧ください。

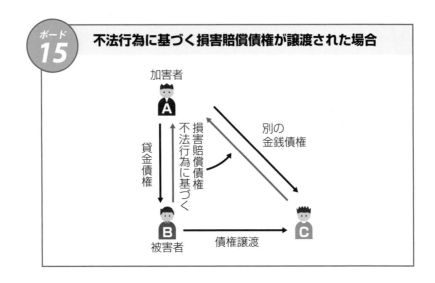

ボード 15 不法行為に基づく損害賠償債権が譲渡された場合

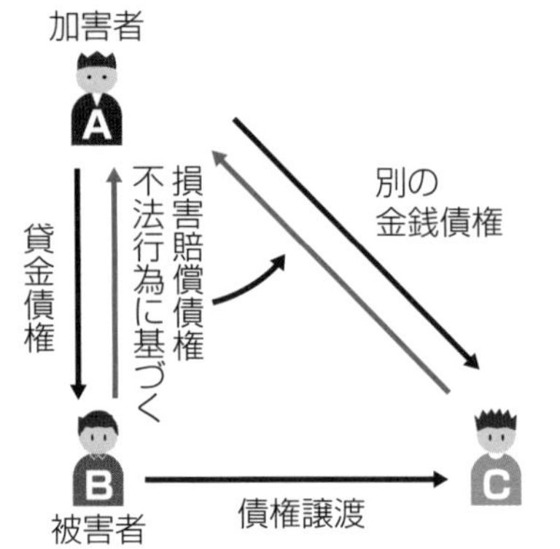

加害者AはBが債権者でいる間は相殺できません。でもBが不法行為に基づく損害賠償債権をCに譲渡した場合、BにはCから債権の代金という形で現金が入ります。ですからこの場合、AはCとの債権債務で相殺できることになりますね。条文の字面ではなく推論で解く、データではなくプログラムで解く、というのがかっこいい私の手法です。

b．差押禁止債権を受働債権とする相殺

では、政策上相殺が禁止される場合の２つ目、３つあるうちの２つ目はどんな場合かというと、510条です。「差押禁止債権を受働債権とする相殺」、これもできないことになっています。差押禁止債権というのは例えば「給料債権」です。ということはこれを受働債権とする相殺、つまり給料債権の債務者、さあどっちですか？　社員か、会社か。給料を払わなければならない側なので会社ですよね。会社からの相殺は許されない。例えば会社が社員にお金を貸していて、月々10万円の返済を受けている、社員は給料を月20万円もらっている。これを会社から相殺し、月10万円しか払わないと社員が困るという政策的な理由に基づくものです。ですから社員からの相殺はできます。「差押禁止債権を自働債権とする相殺は許される」となりますね。

c．支払差止を受けた債権の相殺

3つ目は「支払差止（差押え）を受けた債権の相殺」です。ここもややこしい論点なので、***ボード 16*** を使って説明したいと思います。

ボード 16　**差押えと相殺**

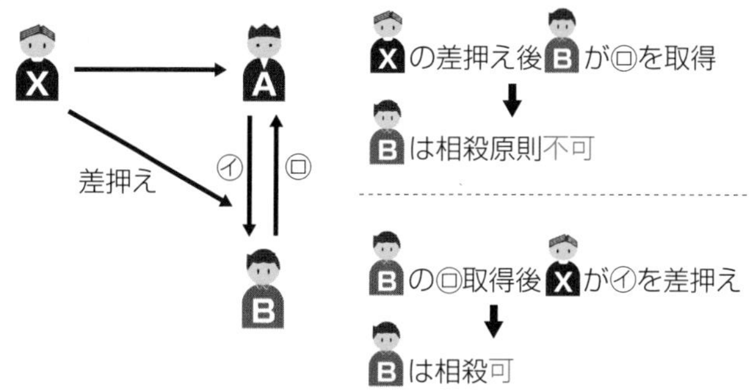

今、AとBとでいつもの相殺の基本形を縦に書きました。そして、その横からXが、Aの債権㋑を狙っているわけです。XはAに対する債権者です。AがXにお金を返さないものだから、Aの財産であるBに対する債権㋑を差し押さえてくるわけです。他方で、BはAに対して反対債権㋺を持っています。このような場合、Bが相殺をして、㋑と㋺を消してしまっていいのでしょうか、という問題です。これが「差押えと相殺」と呼ばれる論点です。実社会ではBはほぼすべて銀行です。だから今お話ししている㋑は預金債権、㋺は銀行による貸付けで生じた貸金債権です。

まず第1事例。Xの差押え後、Bが㋺を取得しました。時間的な先後関係です。Xが差押えをした後で、Bが㋺を取得しました。今は、そういう場合を考えたいと思います。このときに、Bは相殺ができるかできないか、ということを皆さんに考えてもらいたいのです。

これは相殺の前の弁済のところで、似たような考え方をしていますね。差押えをすると、Xは㋑について「やがて自分のものにしますよ」という下準備をしてしまっているわけでしょう。それなのに、後からBが㋺を取得し、相殺で㋑を消してしまうと、Xにとっては大損害です。したがって、このような場合には、つまり先後関係がXの差押えが、Bの㋺取得よりも早い場合には、原則として、Bによる相殺はできない、ということになるわけです。預金債権を差し押さえられたAにお金を貸す銀行なんてありませんので、原則として、差押えを禁止しても特に問題ないですよね。

では、第2事例。逆の場合はどうでしょう。Bが㋺を取得した後で、Xが差押えをしました。この場合は、皆さんも予想がつくと思いますが、Bは相殺ができます。Bが相殺しても、Xに対して不当な損ではありません。どういう理由で不当な損ではないか立論できますか。

今、先にBが㋺を持ちました。そうすると、㋑と㋺はいつ相殺されるかもしれません。一方的意思表示で瞬時に消えてしまう、そういう、はかない債権なんです。そのようなはかない債権を、Xは差し押さえているにすぎない。だから、Bが相殺して両方消してしまったとしても、「結局、Xさん、あなたの差押えは無意味でしたね。でも、仕方ないですね」ということになるわけです。

Xにとっては、もともといつ消えるかわからない、はかない債権を差し押さえているだけなので、Bが㋺を持った後でXが㋑を差し押さえた場合は、皆さん予想どおりかと思うのですが、Bは相殺することができるという結論になるわけです。511条1項ですね。

さて、この第2事例をもう少し正確にいうと511条2項です。先ほどXの㋑差押えよりも先でなければならないのは、Bの反対債権㋺の取得であると申し上げましたが、より正確にはBの㋺取得がXの㋑差押えよりも後であったとしても㋺の**発生原因**が㋑差押えよりも**先**の場合、Bは相殺できます。***ボード 17*** をご覧ください。

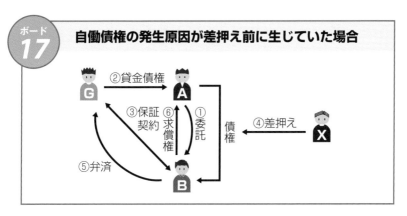

ボード 17　自動債権の発生原因が差押え前に生じていた場合

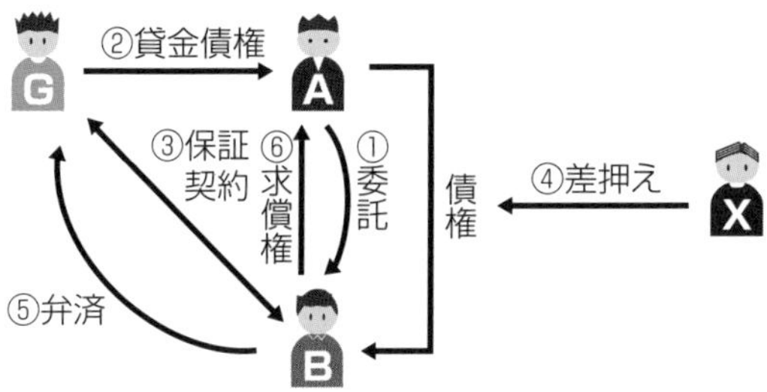

AがGからお金を借りるに際してBに対し①保証人になってくれるように頼みました。Bはこれを受けて債権者Gと③**保証契約**を結びます。これがBのAに対する反対債権の発生原因です。そのあとでXがAのBに対する債権を④**差し押さえ**ます。その後BがGに⑤弁済し、その結果Aに対して⑥**求償権**という反対債権を取得します。

この事案でBの反対債権取得はGの差押えの後ですよね。でもBの反対債権の発生原因（③保証契約）はGの差押えよりも先に生じていた。こんな場合、Bは相殺できるという条文。

債権の発生は後でも発生原因が先にあった場合はOKという理屈。詐害行為取消権の個所でもありました。同じ原理ですね。

③　相殺の意思表示

では、相殺の成立要件の３つ目、相殺の意思表示についてです。

相殺の意思表示については、最初に説明したとおり、**一方的**意思表示でOKです。「一方的」にチェックしましょう。つまり相殺は**単独行為**なわけ。相手方の承諾は不要です。それだけに、この意思表示に条件や期限を付けることはできません。条件や期限を付けると、相手方が不安定になるからです。相手方は承諾をしないという形で自分が不安定な立場に立つことを阻止することができないからです。

以上で、相殺はおしまいです。弁済と相殺を比べてもらうと、相殺のほうがちょっとややこしいかなという感じがありますので、皆さん、しっかりと復習してください。

ボード 18

相殺が禁止される場合

禁止の性質	内　　容	注 意 点
当事者の意思	相殺禁止の特約付債権は相殺できない	善意無重過失の第三者に対抗できない
債権の性質上	自働債権に相手方の抗弁権が付着している場合は相殺できない	受働債権としてなら相殺可能
政　策　上	悪意による不法行為または人身への不法行為による損害賠償請求権を受働債権とする相殺はできない	自働債権としてなら相殺可能
	差押禁止債権を受働債権とする相殺はできない	自働債権としてなら相殺可能
	受働債権の差押え後に自働債権を取得したときは、第三債務者は原則として相殺できない	受働債権の差押え前に自働債権を取得したとき、または受働債権の差押え後でも、自働債権の発生原因が差押え前に生じていたときは、第三債務者は相殺可能

ここまでをCHECK

①Ａが相殺するということは、Ａが自分の債権を回収し、自分の債務を履行するということと同じである。
②自働債権に相手方の抗弁が付着していると相殺できない。
③悪意による不法行為に基づく損害賠償債権や人の生命または身体の侵害による損害賠償債権を受働債権とした相殺は、原則許されない。
④反対債権取得が、受働債権の差押えよりも早い場合は、両債権の弁済期の先後を問わず相殺できる。

では次へ行きましょう！

Chapter 4

Section 4　多数当事者の債権関係

今回の学習テーマは、「多数当事者の債権関係」です。ここは面倒くさいところですが、きっちりやれば必ず得点できる分野です。連帯債務における絶対効、保証債務における付従性、補充性、主債務者に生じた事由が保証人にも影響を及ぼすか、というあたりをしっかりと学習するようにしましょう。

1　多数当事者の債権関係とは

(1) 問題点

今までは、債権者と債務者が1人ずつというようなモデルで話をしてきたわけですけれども、ここは「多数当事者の債権関係」ということで、債権者・債務者が2人以上いる場合には、どういう問題が生じるのか、という話です。

最初に問題点を見ておくと、①債権者と債務者の間の関係、②債権者どうし・債務者どうしの内部関係、の2つがあります。①は「対外的効力の問題」といって、債権者に対して複数いる債務者との問題です。それに対して②は「内部関係の問題」といい、2人以上いる債権者あるいは債務者仲間の問題です。この2つの場面に分けて、これから話が進んでいくことになります。

(2) 多数当事者の債権関係の形態

多数当事者の債権関係には、①分割債権・債務、②不可分債権・債務、③連帯債権・債務、④保証債務と、全部で4つの形態があります。大切なのは第3類型の連帯債権・債務と、第4類型の保証債務ということになるんですけれども、まず①分割債権・債務から順に見ていくことにしましょう。

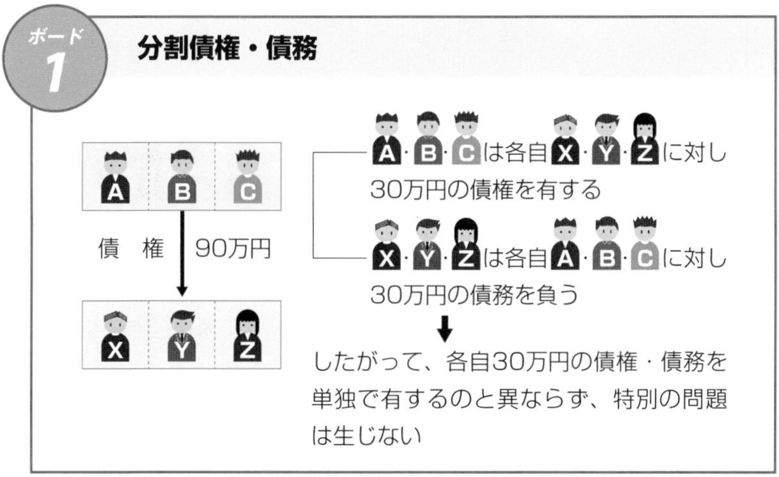

ボード 1
分割債権・債務
A B C
債　権　90万円
X Y Z
A・B・Cは各自X・Y・Zに対し30万円の債権を有する
X・Y・Zは各自A・B・Cに対し30万円の債務を負う
したがって、各自30万円の債権・債務を単独で有するのと異ならず、特別の問題は生じない

まず、①分割債権・債務ですが、***ボード 1*** をご覧いただきますと、A・B・CがいてX・Y・Zがいるという形で、債権者・債務者がいずれも3人ずつ登場しています。このように、債権者・債務者が複数ずついても、民法では、原則として「各自が分割された債権・債務を有する」というように扱われます。これを「分割債権・債務の原則」といい、特に、当事者の意思や、民法上の条文の規定がない場合には、分割債権・債務という形で扱われます。だから複数当事者がゆえの特殊性は特に問題になりません。

続いて、②の不可分債権・債務ですが、ここからは後ほど本論で詳しく説明しますので、今はざっと見るにとどめますけれども、「不可分」ということですから、分けることができない債権・債務ということです。

ボード 2 の左側の図を見ていただくと、A・B・CとXが矢印で結ばれていて、不可分債権とありますね。これはどのような場面かというと、左端に土地があります。A・B・CとXのうち、どちらが買主かおわかり

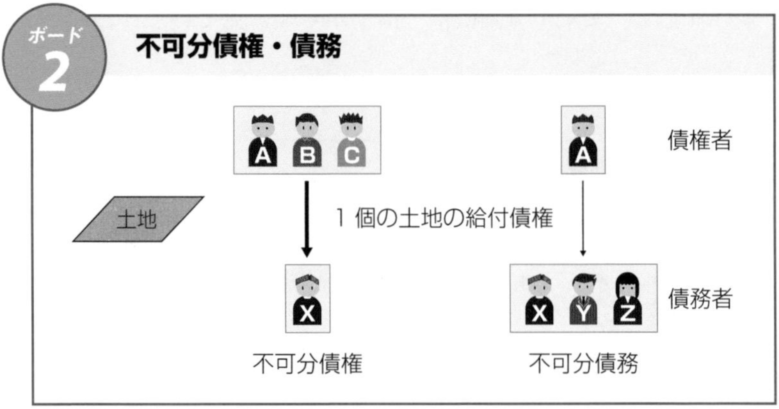

でしょうか。A・B・CからXに矢印が出ていて、給付債権とあります。つまり、A・B・CがXに「土地をよこせ」と請求するわけですから、A・B・Cのところに買主と書き込んでもらうといいと思います。

それに対して、右側の不可分債務。これは債務者が複数いる場合で、しかも、分けることのできない債務を、3人が負担しているという状態ですね。ここも、Aのところに買主、X・Y・Zのところには売主と書き込んでおくといいでしょう。土地というのは3分の1ずつ割ってお渡しするということはできません。性質上分けることができないので、不可分債権とか不可分債務というふうに呼ばれるわけです。

③の連帯債権・債務、④の保証債務についても、本論の中で詳しく説明することになりますので、ここでは1点だけ話をしておきます。***ボード3***は④保証債務の関係を示した図で、Xが主債務者、Yが保証人です。今まで、保証人というのはいろんな個所で少しずつ出てきていましたけれども、ここで本格的に勉強することになるわけです。

保証人Yというところの右側に、保証人は第二次的弁済義務とありますが、この「第二次的」というところをチェックしておくといいと思います。あくまで主債務者はXで、Xが弁済しない場合に、初めてYの出番が生じるというふうに理解しておくといいでしょう。

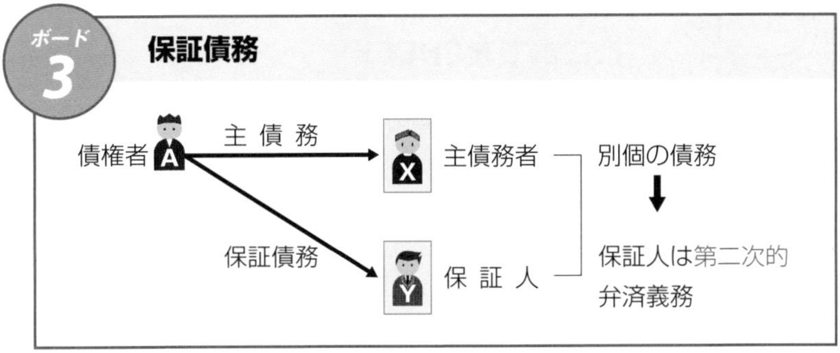

（3）人的担保

人的担保というのは、とりわけ保証人などを念頭に置いてもらうといいと思います。抵当権のように、不動産を担保として差し出すものを「物的担保」と呼びます。これに対して、保証人のように「私の財産すべてで、債権者にご迷惑はおかけしません。必ず私がカバーします」という場合も、債権者の債権を担保しているわけで、これを「人的担保」と呼ぶわけです。このあたりは言葉の意味程度でいいでしょう。

（4）絶対効・相対効・負担部分

絶対効・相対効・負担部分については、自然にわかってきますので、今はあまり詳しくやりませんが、絶対効とは、債務者の１人について生じた事由が、他の債務者にも連動するという意味で、「他の債務者にも影響する」という点は、今、チェックしておくといいと思います。

それに対して、相対効はこの逆で、債務者の１人について生じた事由は、「他の債務者に影響しない」。１人ずつ個別に考えることを、相対効というんだということです。以上で、前置きは終わったということで、ここから本論に入っていくことになります。

ここまでをCHECK

①分割債権・債務関係が原則である。
②保証債務を人的担保という。

では次へ行きましょう！

2　不可分債権・債務

第１類型の分割債権・債務は、基本的に試験には出にくいので、第２類型の不可分債権・債務から説明していきたいと思います。まず、***ボード４***を見てください。

ボード 4　不可分債権・債務

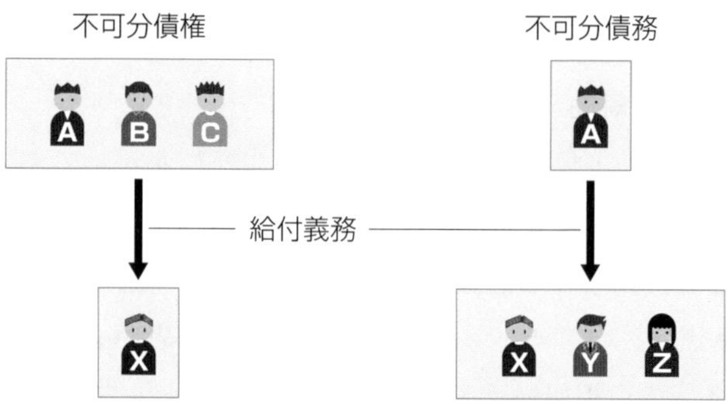

先ほどと同じような図ですが、Ａ・Ｂ・Ｃの左側に「土地の買主」と書いておくと、イメージがわくでしょう。Ｘは売主です。Ｘに対して、「土地を明け渡せ」という請求ができる債権を、Ａ・Ｂ・Ｃの３人で持っているわけです。これは分けることができない債権ですから、「不可分債権」

と呼ぶわけです。右のほうも、もうおわかりでしょうが、Aが土地の買主で、X・Y・Zが売主ですから、X・Y・Zは「土地を引き渡す」という債務を3人で負っているわけです。これを「不可分債務」と呼びます。

では、どんな場合に、このような不可分債権・債務関係が生じるのかというと、今、説明した土地の売買などが典型的で、「性質上不可分」の場合です。つまり、土地は3分の1に分けて、それだけを引き渡すことができませんよね。だから不可分なわけです。

(1) 不可分債権

次からが試験に出るところになるわけですが、不可分債権から見ていきましょう。債権者が3人いるという場合から考えていこうと思います。

> ▶ **第428条**
> 次款（連帯債権）の規定（第433条及び第435条の規定を除く。）は、債権の目的がその性質上不可分である場合において、数人の債権者があるときについて準用する。

連帯債権を準用する、と規定されたので連帯債権を説明しないとどうしようもないですね。ざっくり言うと不可分債権者の1人について生じた事由が他の不可分債権者仲間にどう影響するかというと原則相対効ということです。影響しません。ここでは準用が除外されている433条と435条との関係だけ説明しましょう。

433条は連帯債権の更改・免除[5]の制限絶対効を定めた規定、435条は連帯債権の混同の完全絶対効の規定です。これが準用されない。つまり相対効ですね。

更改・免除については、429条に規定が置かれています。

> ▶ **第429条**
> 不可分債権者の一人と債務者との間に更改又は免除があった場合においても、他の不可分債権者は、債務の全部の履行を請求することができる。この場合においては、その一人の不可分債権者がその権利を失わなければ分与されるべき利益を債務者に償還しなければならない。

5）更改とは、給付内容の変更や債権者・債務者の交代が生じたときに、それまでの債務が消滅することをいう。免除とは、債権者からの一方的な意思表示によって債務が消滅することをいう。

例えばA・B・CがXに対して不可分債権、例えば土地明渡請求債権を有しており、AがXに免除しました。この場合連帯債権だとAの持分部分(権利を失わなければ分与されるべき利益に係る部分)についてB・Cにも影響が生じます。でも不可分債権では債権が不可分なのですからそのような扱いはできない。だから相対効とされ、B・CはXに全部の請求をすることができるのです。この場合B・CはXにAの分の利益を償還しなければなりません。

これに対し、弁済・相殺には絶対効があり、また請求にも絶対効があります。

(2) 不可分債務

これはシンプルで、混同を除き連帯債務の規定が準用されます(430条)。連帯債務では混同は絶対効事由ですが不可分債務では相対効です。

つまり不可分債務では1人について生じた事由は更改・相殺以外は別段の意思表示がない限り相対効です。もっとも弁済は絶対効ですよね。例えば不可分債務者XがAに弁済しました。内容が不可分なのだからXは土地全部をAに明け渡したわけ。そうなら他の不可分債務者仲間Y・ZもまたAに引き渡したことになる。そりゃそうだ。結局不可分債務の個所では、いまの弁済とさっきの更改・相殺だけが絶対効と覚えておけばよいでしょう。

なんだかちまちまとして、面倒な感じがするかもしれません。要するに、不可分債権・債務はそれぞれ3つの絶対効がある。共通する絶対効は弁済、相殺で、あと1つが不可分債権では請求、不可分債務では更改。これでまず大丈夫です。

ここまでをCHECK

①不可分債権には、弁済・請求・相殺に絶対効がある。
②不可分債務には弁済・更改・相殺に絶対効がある。

では次へ行きましょう！

3　連帯債権

(1) 意　義

これは平成29年改正で明文化された新しい類型です。複数の債権者が同一内容で可分な給付を内容とする債権を有する場合です。例えばAとBがXに対して150万円の金銭債権を有する場合です。どんな場合にこれが生じるのかというと、法律の規定や当事者の意思表示による場合です。法律の規定って例えば、***ボード5***に示すような、復代理人Cが本人Aのため

ボード5　連帯債権

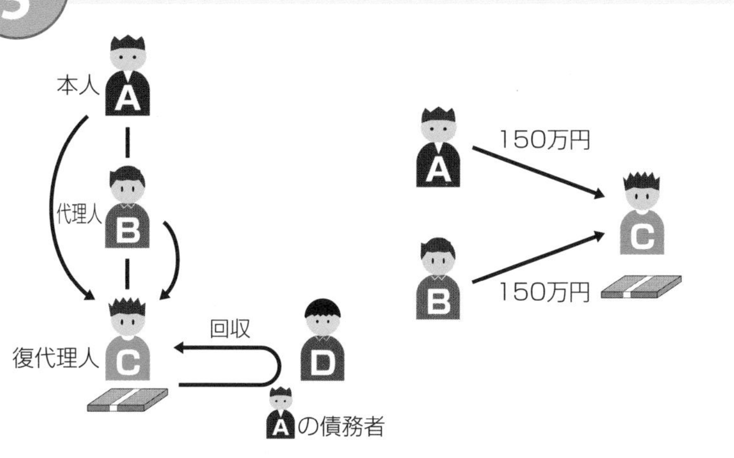

にＡの債務者Ｄから債権回収をしてきた場合、Ａは本人としてＣに対してその金銭を引き渡せ、との債権を持ちます。そしてこれと並行的に復代理人に対して委任者の立場にある代理人ＢもＣに対してその金銭を引き渡せ、との債権を持ちますよね（106条２項）。このＡの債権とＢの債権の関係が連帯債権です。

さて連帯債権者はすべての債権者のために全部または一部の履行を請求できます（432条）。つまりＡがＣに請求すればＢも請求したことになる。請求に絶対効があるわけですね。ここまでは先ほどの不可分債権と違いはありません。

（２）対外的効力

まず相対効が原則（435条の２）です。連帯債権者の１人に何かが生じても他の連帯債権者仲間に影響を生じない。次に例外的絶対効事由が６つ。これをきちんと覚えましょう。弁済・請求（432条）、更改・免除（433条）、相殺（434条）、混同（435条）です。

①　弁済・請求

これらはいわゆる完全絶対効と呼ばれるものです。今、ＡとＢはＣの連帯債権者という状況で、ＣがＡに弁済した。そうするとＡの債権は消滅する。そして弁済には完全絶対効があるのだからＢも弁済を受けたことになる。このためＢの債権も消滅します。あとは債権者仲間ＡＢ間の調整ですね。おわかりのように、この場合ＢがＡに75万円の利益分与請求をすることになります。

請求も同様です。ＡがＣに請求する。その効果としてＡの債権の時効が完成猶予されます。そして請求には完全絶対効があるのだからＢも請求したことになる。このためＢの債権も完成が猶予されます。

ボード 6　弁済・請求

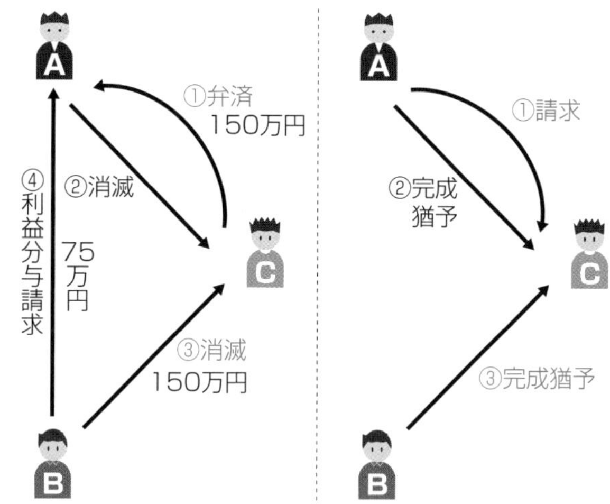

② 更改・免除

これらはいわゆる**制限絶対効**と呼ばれるものです。例えば連帯債権者の１人であるＡが債務者Ｃに対し、150万円の債権につき全額免除をするとしますよね。そうするとＡの**持分割合**（権利を失わなければ分与されるべき利益に係る部分）２分の１について免除の効果がＢにも**影響**する。その結果Ｂの債権額は**75万円**になる、というものです。ではなんでこのように規定されたのでしょう。それは免除が相対効だとするとＡの免除はＢには影響しないこととなり、ＢのＣに対する債権額は相変わらず150万円のままです。だからＣはＢに150万円支払う。Ｂはそのうちの75万円をＡに渡す。ところでＡはＣに免除したのだからこの75万円をＣに返す。この手続きは**迂遠**（うえん）です。回りくどい。だから免除をした連帯債権者の**持分割合**だけ、減額の効果を他の連帯債権者に及ぼすことにしたわけです。

ボード 7 **更改・免除**

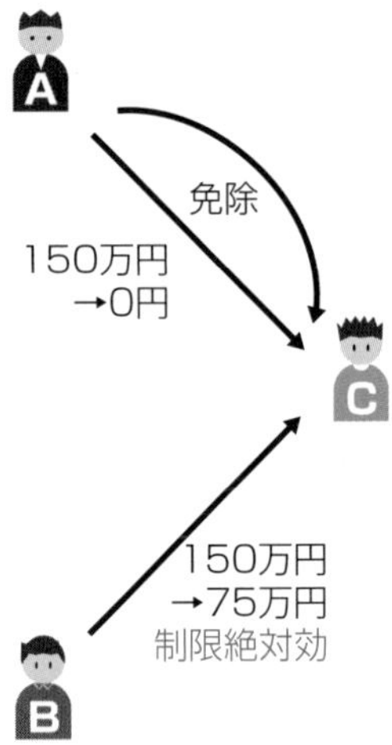

③ **相　殺**

例えば150万円の連帯債権者Aが債務者Cに対して同額150万円の反対債務を負担していて、債務者Cが相殺した場合、A・Cそれぞれの債権はゼロになります。このとき、Bの債権だけ残るのはおかしいですよね。債務者Cは全額支払ったのと同じ結果になってるんですから。だからこの場合**Bの債権もゼロ**になる。まあ、当たり前の条文でした。このことは債権者Aが相殺した場合も同じです。

さてその後の連帯債権者相互の調整はというと、今Aが自分だけ全額回収したのと同じ結果になっているのですから、BがAに対して75万円の**利益分与請求**をすることになります。この利益分与請求というのは、連帯債務者間で問題となる「求償権」の逆バージョンですね。

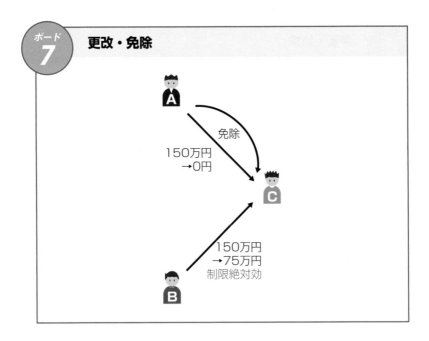

ボード8　**相　殺**

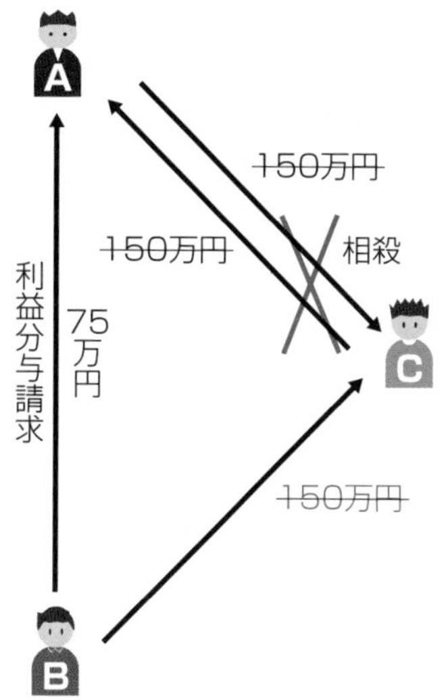

④　混　同

例えば150万円のいつもの事例でＡ・Ｃが親子でした。Ａが死亡しＣがこれを単独相続した。この場合Ａの連帯債権は混同で消滅します。Ａの債権、つまり相続人Ｃの債権は消滅する。それなのにＢの債権が残るのはおかしいからこれも消滅し、あとはＢがＣに75万円利益分与請求をすることになるわけです。

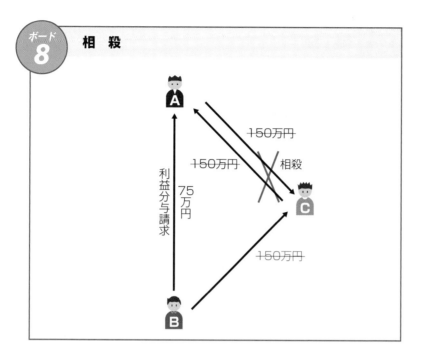

ボード 9 混同

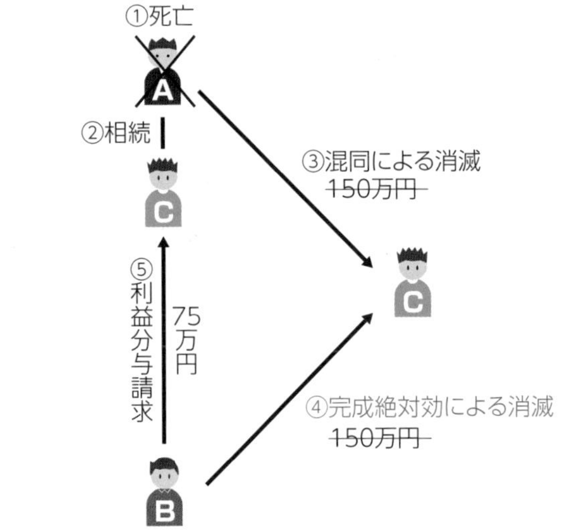

結局、連帯債権は6つの絶対効事由を覚えればいいわけ。制限絶対効事由である更改・免除をうしろにもってきて、私は変な語呂合わせで覚えました。「Ben・性急・早婚・更面」、うしろの2つは「さらめん」と読んでください。初対面という意味です。赤い糸が見えちゃったというやつ。4つの完全絶対効、2つの制限絶対効、これで連帯債権は点が取れます。

4 連帯債務

では、いよいよ連帯債務に入りたいと思います。まず***ボード 10*** を見てください。今後、すべてこの事案（設例）で話をしていきますので、しっかり見ておきましょう。

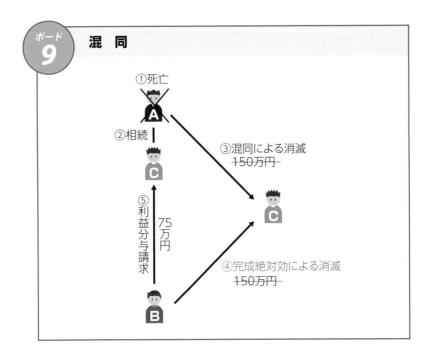

ボード10　**連帯債務**

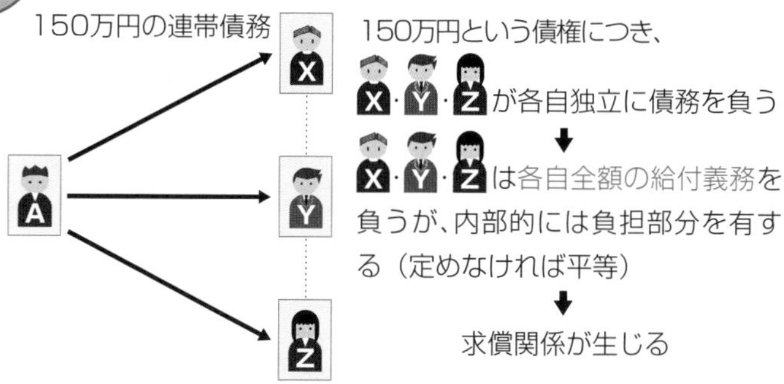

150万円の連帯債務
X
Y
Z
A
150万円という債権につき、
X・Y・Zが各自独立に債務を負う
X・Y・Zは各自全額の給付義務を負うが、内部的には負担部分を有する（定めなければ平等）
求償関係が生じる

今、Aが債権者でAの債権額は150万円です。債務者はX・Y・Zで、3者の関係は連帯債務です。そうすると、図に書いてありますけれども、「X・Y・Zが**各自独立**に債務を負う」ということになります。

連帯債務の意味は、Aの債権額は150万円だけど、AはXに対して150万円全額の請求ができ、Yに対しても、Zに対しても150万円全額の請求ができます。もちろん二重取り、三重取りはできません。誰かから150万円の弁済を受ければ、他の債務者との関係でも自分の債権は消えてしまいます。

もし、1人50万円ずつだとすると、誰か1人が経済的に破綻した場合に、その50万円は取りはぐれてしまい、残りの2人から100万円しか取れないということになってしまいますよね。ところが、連帯債務にしておくと、たとえ3人のうちの2人がポシャッても、1人から全額取れるというわけです。

江戸時代に「**五人組**」という、納税義務について連帯責任を負わせる制度がありましたが、あれは、もし1人が自分の年貢を納めないと、他の4人が125％ずつ納めるということで、幕府は損をしにくいシステムだったわけです。そういうものを連帯債務というわけです。対外的には、債権者Aとの関係で、3人（X・Y・Z）は全額支払わなければならないという内容の債務を負担しているということです。

では、どんな場合に、そのような連帯債務という関係になるのかというと、法律の規定による場合と、当事者の意思表示による場合の2つがあります。

（1）請求方法

改正前民法では請求には絶対効があるとされていました。つまり、1人ひとりにいちいち請求する必要はありません。誰か1人に請求すれば、全員に請求したことになって、例えば、時効の完成猶予というような利益を債権者は受けることができたわけです。

ところが改正民法では請求は相対効を持つにとどまるとされました。一口に連帯債務といっても債務者間に濃密な主観的関係がある場合もあるし、共同不法行為の加害者相互のように赤の他人の場合もある。ですから連帯債務者の1人が請求を受けたからといって、他の連帯債務者に伝わるとは限らない。だから請求を受けた効果として遅滞に陥ったり、時効の完成が猶予されるのは妥当ではない。このような配慮から請求は相対効とされました。

（2）対外的効力

連帯債務者の1人に何かが起きました。さて、そのことが他の連帯債務者にどのように影響するでしょうか。これが相対効、絶対効の問題ですね。なお改正前は負担部分だけ影響するという、いわゆる制限絶対効事由として、他人の相殺、免除、時効があったのですが、平成29年改正でこれらは相対効とされました。したがって絶対効というのは全部、従来の完全絶対効です。

改正民法も旧法と同様に相対効を原則としています（441条）。そして旧法では例外的に８種類の絶対効事由を置いていたのを改め、例外的絶対効は４つ。まず明文はありませんが弁済。これは債権者が全額につき満足を受けるのだから二重、三重払いを請求できるのは変ですので当たり前ですよね。それと条文のある更改（438条）、相殺（439条）、混同（440条）です。

では、具体的に、絶対効はどんな処理になるのかということについて、***ボード 11*** で説明していきたいと思います。またしても変な語呂合わせでいうと「Ben・後悔・早婚」です。赤い糸は勘違いだったってことですね。

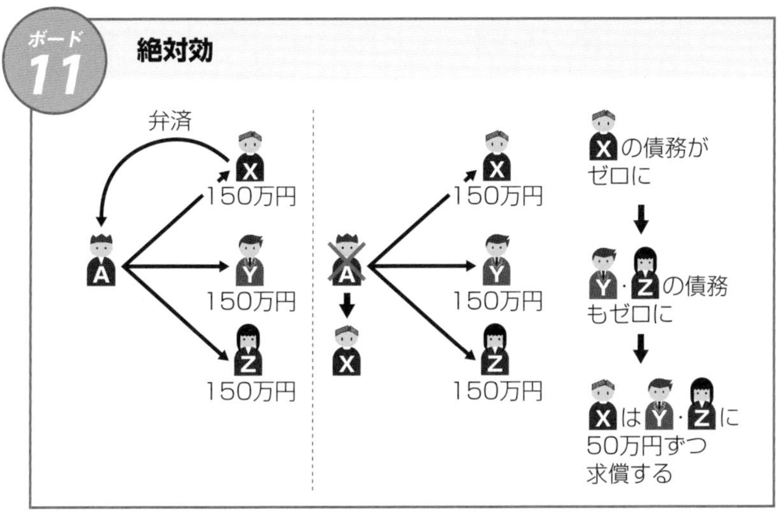

① 弁　済

まずは弁済。弁済に絶対効がある、ということの意味を確認しましょう。今、３人（X・Y・Z）いる連帯債務者のうちの１人Xが弁済をしました。そうすると、Xが負担している150万円の債務は消えます。弁済というのは、債権の消滅原因の一番典型的な形なので、消えます。ここまでは絶対効・相対効とは全く無関係な話です。

Xの弁済により、Xの債務はゼロになりました。そのことが他の連帯債務者仲間、Y・Zにも100％影響します。これが絶対効です。したがって、Yの債務もゼロになりますし、Zの債務もゼロになるということです。これが、弁済に絶対効があるということの意味なわけです。

では、その先の処理はどうなるのかというと、XがY・Zに対して50万円ずつ求償します。今、XがY・Zの分も含めて、いわば部分的に立替払いをしてあげているという状態になっているわけですね。債権者（A）との関係では150万円支払うけれども、３人いるから内部的には負担部分として50万円ずつの負担をするべきだ、という話になっているわけです。

そこで、150万円払ったXが、YとZに対して「50万円ずつ私に返してください」というのが、50万円「償いを求める」、すなわち、求償という意味になるわけです。いずれにしても、Xが払えば、そのことが100％Y・Zにも影響を生じる。これが絶対効だという話です。

② 混　同

次も絶対効についての処理の話で、今度は混同です（440条）。***ボード11***の点線の右側の図を見てください。皆さん、混同という状態になっていることは、お気づきでしょうか。

もともと債権者はAだったけれども、Aが亡くなってXが相続しました。連帯債務者の１人Xは実は債権者Aの子どもだったという場合ですね。そうすると、ここで債権者と債務者が同一人になっていますよね。これが混同です。

混同が生じるとどうなるのかというと、混同も債権の消滅原因ということなので、Xの自分の債務は消えます。そうすると、先ほどと同じパターンで、YやZの債務も絶対効なので全部消滅し、かつ、先ほどと同じように、XはYとZに対して50万円ずつ求償するということになるわけです。

③　相　殺

さらに１つ。相殺についても平成29年改正で変わったところを説明させてください。相殺に絶対効があるというのはもう皆さんおわかりでしょうが、反対債権を持っている連帯債務者が相殺しないとき、旧民法下では他の連帯債務者が反対債権を持っている債務者の負担部分の限度で相殺できるとされていました。この点を改正民法は改め、その負担部分の限度で履行拒絶できるとしました。例えばＸ・Ｙ・ＺがＡに150万円の連帯債務を負担していてＸがＡに反対債権を持っているが相殺しません。この場合旧法ではＹ・ＺがＸの負担部分50万円の限度で相殺できたのですが、改正民法ではＡの150万円の請求のうち50万円について履行拒絶ができるとされたわけです。

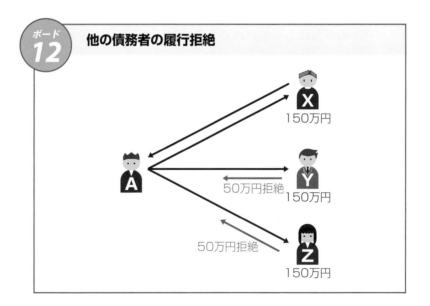

ボード 12　**他の債務者の履行拒絶**

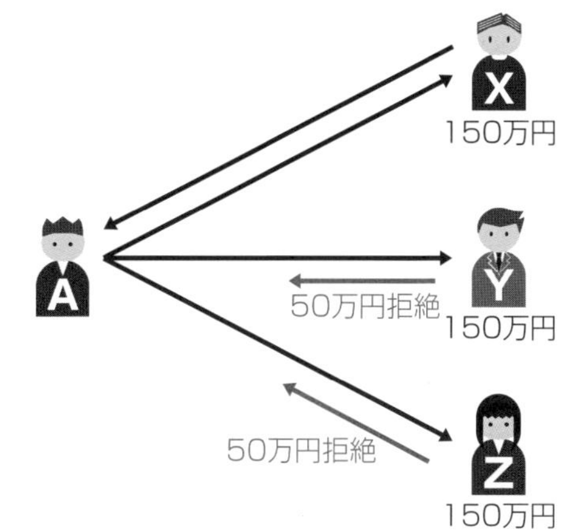

④　免除・時効

さて、ここで相対効とされた免除と時効についても確認しておきましょう。シンプルにするためにここでは連帯債務者はＸＹの２人にします。ＡがＸに全額免除をしました。その結果Ｘの債務はゼロになります。でも免除は相対効。Ｙの債務はそのままですね。そこでＹは全額Ａに弁済する。さて、この場合ＹはＸに求償できるでしょうか。

求償の一般的要件として、自らの出捐（しゅつえん）において他の債務者の債務を減額・消滅させることが必要です。でもこの場合、ＸはＹの弁済がなくてもＡから免除をもらうことで自分の債務をすでに免れていたのでは？　という疑問を持つ人、背後にある一般原理を構築しようとする正しい学習態度です。でも、もっと考えよう。

免除が相対効ということは、ＡＸの世界でのみＸの債務は消滅したにすぎないってことです。もうおわかりですよね。そう、ＡＹの世界ではまだＸの債務は存続しているってこと。だからＡＹの世界では、そしてＸＹの世界でも、Ｙの弁済によって初めてＸの債務が消えたって考えるわけ。だからＹの弁済はＸへの求償要件をちゃんと満たしているわけです。時効の場合も同じ処理になります。

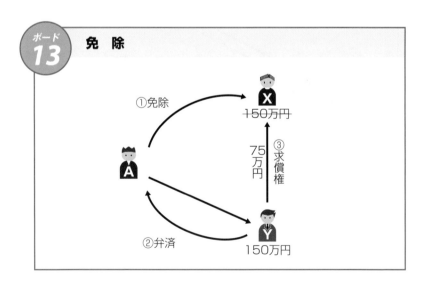

ボード13　免除

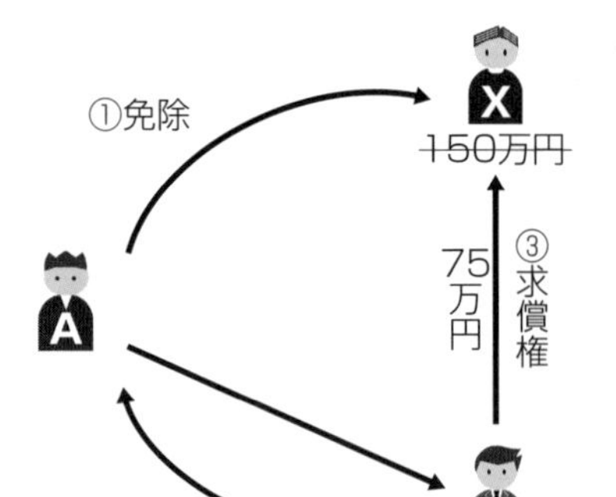

(3) 求償権

では、続いて求償権のところにいきましょう。

ここは先ほど少し出てきました。1人が150万円を弁済したとすると、他の連帯債務者仲間に、「私はあなた方の分まで立替払いをしておいたから、あなた方の負担部分を私に返してください」ということを、求償というわけです。

ここで1つ注意したいのは、「求償権というのは、債務全額を支払った場合のみならず、一部弁済の場合にも生じる」ということです。

例えば、X・Y・Zの3人が、Aに対して150万円の連帯債務を負っているという、いつもの事例で、Xが150万円全額ではなく90万円だけ弁済したとしますよね。この場合に、Y・Zに対していくら求償できるのかという問題です。

結論は、30万円ずつ求償できるわけですが、ここはなんとなくで読み飛ばしてもらうとまずいんですよ。そもそも、Xはいくら負担するべきだったのかというと、150万円の3分の1で50万円ですね。つまり、50万円負担すべきところを、90万円払ったわけです。いくら払いすぎているかというと40万円です。そうすると、40万円について半分ずつ、20万円ずつという形でY・Zに求償するという考え方も成り立ちます。

しかし、そうではなくて、あくまでも払った分については、直ちに3分の1について求償ができるとされているわけです。そうでないと誰も一部弁済しなくなり、債権者として不都合だからです。今のところはおわかりいただけたと思うけれども、例えば30万円弁済した場合でも、10万円ずつY・Zに対して求償できるというあたりも、ご注意いただきましょう。

①　求償権の制限

ただし、求償権も制限を受ける場合があります。それは、次の3つの場合です。

まず第１が「事前の通知がない場合」。これは結構複雑なので、すぐ後で図解したいと思います。第２は「事後の通知がない場合」。第３は「事前の通知がない場合と、事後の通知がない場合の両方が重なった場合」です。

（ア）事前の通知がない場合

では、まず第１の「事前の通知がない場合」から説明していくことにしましょう。

求償するためには、弁済者が連帯債務者仲間に、「今から私はＡさんに弁済をしようと思っていますが、よろしいでしょうか」というふうに、ＸがＹ・Ｚに向けて、事前に通知をしなければならないとされています。この通知をしなかった場合、Ｘは一定の不利益を受けます。それがどのような不利益なのか。そして、なぜそんな不利益が課されるのかという点を考えたいわけです。***ボード 14*** を見てください。

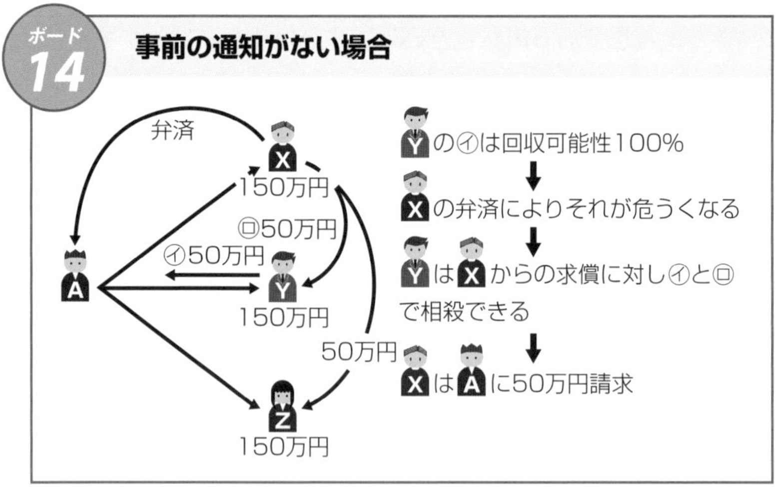

ボード
14
事前の通知がない場合
弁済
X
150万円
㋺50万円
㋑50万円
A
Y
150万円
50万円
Z
150万円
Yの㋑は回収可能性100%
Xの弁済によりそれが危うくなる
YはXからの求償に対し㋑と㋺で相殺できる
XはAに50万円請求

Ｘ・Ｙ・Ｚのいつもの事案ですが、今回は、ＹがＡに対して反対債権を持っています。仮に50万円の反対債権を㋑としておきましょう。***ボード***

14にもあるように、Ｙの債権㋑は回収可能性100％です。これは以前勉強した相殺の担保的機能と呼ばれる話になるわけです。

もし今、Ｙの債権50万円をＡが支払わない場合、Ｙは電話１本かけて「相殺します」と言えばいいわけです。相殺というと、瞬時にこの50万円は消えます。他方で150万円の債務が100万円に減ります。ということは、Ｙから見て、自分が50万円回収してきて、50万円支払ったという結果と同じです。

このように、金銭債権が向かい合っていると、今、Ｙの㋑の50万円の債権は絶対に焦げ付きません。必ず回収できるという状況にあるわけです。そこで、皆さんはもうおわかりだと思うけれども、Ｙのそのような立場を維持するためには、勝手にＹの債務150万円を消されると、Ｙが困るわけです。Ｘの弁済によりそれが危うくなります。これは皆さんわかりますか。

Ｘが150万円全額弁済すると、先ほど説明したように、まずＸの債務がゼロになります。それはもちろん結構なことです。だけど、絶対効があるので、Ｙの債務もゼロになってしまいます。そうすると、Ｘが弁済した結果、Ｙの50万円の債権の回収可能性が危うくなってしまう。相殺の担保的機能ということが失われてしまうということになるわけです。ちょっと図が複雑になっていますけれども、順番に考えていきますから大丈夫ですよ。

事前の通知なしに、Ｘが弁済してしまいました。そうするとＹの債務も消えてしまって、Ｙは相殺できなくなってしまいます。ＹがＡに対して持っていた50万円の債権の回収の可能性が危うくなるわけです。これはＸが事前の通知を怠って弁済したから生じたことですよね。そうすると、Ｘの行為によって、Ｙが不利な立場に追い込まれるというのはおかしいですから、Ｙに生じた不利益はＸの責任なので、Ｘにかぶらせるという処理にしたいわけです。

具体的にいうと、弁済したXは、Y・Zに対して50万円ずつの求償をしてきます。先ほどあった話です。そのうちのYに対する求償50万円を㋺と名付けておきます。どういう形に扱うのかというと、YはXからの求償に対し、㋑と㋺とで相殺することができます。これはかなりすさまじい相殺という感じがしますよね。どことどことで相殺できるのか、もう一度確認しましょうか。

Yは50万円の債権をAに対して持っています。それに対して、Xが求償してくるわけです。これが㋺です。全然向きが違うのに、YがAに対して持っている債権を自働債権として、Xからの求償、これを受働債権として㋑と㋺とで相殺することができる。こうすることによって、必ず回収できたはずだというYの利益を守っているわけです。

次、ちょっと考えてください。このような相殺ができるとすると、本来現金でYから50万円受け取れるはずのXは、50万円受け取れません。今、Xは50万円損をしています。それに対して、誰が50万円得をしているのかわかりますか。YはAから50万円取れるはずのところを、Xに50万円払うことを免れているわけだから、損得なしですね。

そうすると、誰が得をしているのかというと、Aが得をしているのではないですか。なぜかというと、Yに払うべき50万円を払っていないのに、Yの相殺によって自分の債務を免れているからです。したがって、今、Xが50万円損をして、Aが50万円得をしているという状態になっています。

そこで、どうなるのかというと、XがAに対して50万円を請求する。勘の鋭い人はおわかりだと思いますが、いったいどんな処理になったのかというと、XがAから50万円を取り立ててくる。ひょっとすると焦げ付くかもしれないAの無資力というリスクを、Yにかぶせると悪いので、Xがかぶる。Aの無資力という危険を、Xに負担させるという処理になっているわけです。

結構、うまくできた制度という感じがしますよね。これが第1の「事前の通知がない場合」の処理で、XはAに弁済する前に、「今から弁済しますけれども、よろしいでしょうか」と、Y・Z（連帯債務者）に通知しておけよ、という話だったわけです。

平成29年改正ではこの事前の通知を弁済者が他の連帯債務者が存在することを知っていた場合に限定する旨も規定しました。

（イ）事後の通知がない場合

次は、第2の「事後の通知がない場合」について説明したいと思います。***ボード15*** を見てください。

ボード15　**事後の通知がない場合①**

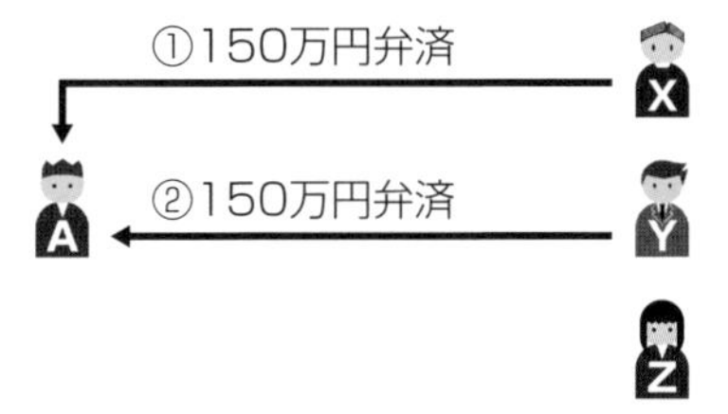

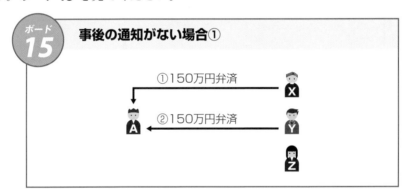

今、XがAに150万円弁済しました。本来、弁済後は「弁済しましたよ」という旨の事後の通知を、Y・Zにしなければならないとされています。ところが、Xがこれを怠っていたために、YがXによって支払い済みだという事実を知らずに、善意で重ねてAに対して150万円弁済してしまうという場合が起こりうるわけです。

その場合の処理はというと、「自己（Y）の弁済を有効とみなすことができる」と扱われる。つまり、XY間ではYの弁済は有効という扱いになるわけです。そうすると、その後の処理はどうなるのか、ということについて説明したいと思います。

XがAに弁済をしたけれども、「弁済しました」という通知をしていな

ボード 16

事後の通知がない場合②

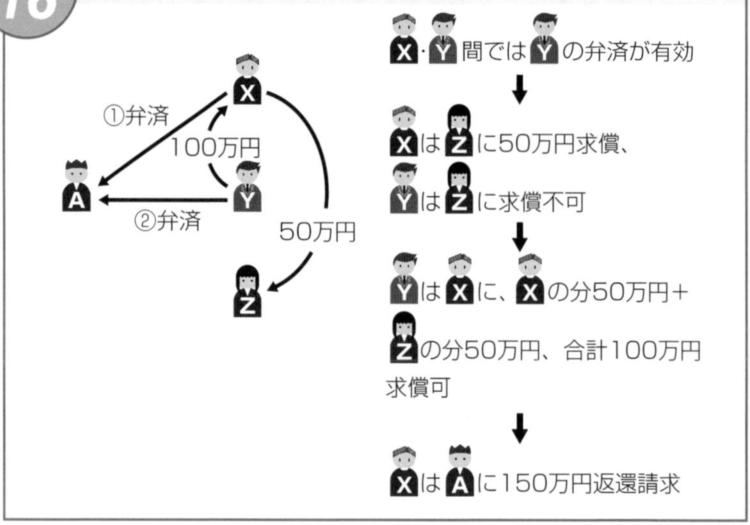
①弁済
100万円
②弁済
50万円
X・Y間ではYの弁済が有効
XはZに50万円求償、
YはZに求償不可
YはXに、Xの分50万円＋
Zの分50万円、合計100万円
求償可
XはAに150万円返還請求

かったために、Ｙが知らずにＡに重ねて弁済をしてしまいました。その場合の処理は、ＸＹ間ではＹの弁済が有効だと扱います。ここまではいいんですが、Ｙの弁済を有効と扱うということの、実際の意味が少し難しいのです。特に、求償関係が錯綜しますので、これをゆっくり***ボード 16***で見ていこうと思います。

まず、この問題の取っ掛かりとして、Ｚとの関係では、あくまでＸのなした弁済が有効と考えるわけです。したがって、**ＸがＺに対して50万円の求償をすることができます。**ということは、もうおわかりかもしれませんが、ＹはＺに対して求償はできないです。誰のせいですか。Ｘのせいですね。

そうすると、Ｙは誰にいくら求償するのかというと、**ＹはＸに対して100万円の求償をする**ということになるわけです。では、この100万円というのはどこから出てきているんでしょうか。

これは、本来Ｘとの関係では、Ｙの弁済のほうを有効とみなせるわけです。だから、ＹはＸに普通の50万円の求償はできますよね。これに加えて、Ｙは本来、Ｚに対しても求償できたはずなんですが、ＺからはＸが持っていってしまいました。そこで、本来Ｙが取れたはずのＺが負担すべき50万円を、Ｘに対する50万円の求償にプラスして、合計で100万円をＸから取れるというわけです。

もう一度いうと、本来、ＹはＺに対しても50万円の求償ができたはずなんだけれども、これは認められません。なぜというと、ＺはＸに払ったからです。だから、その分もＸから取るということになるわけです。つまり、**Ｘからの50万円と、Ｚから取れるはずの50万円の合計100万円**の求償を、ＹはＸに対してすることができるということです。ちょっとややこしい感じになっていますね。

そこで、もう少し考えたいのですが、今、こういう形で、結局ＸはＺから50万円取れるのみです。Ｙに対しては、逆に100万円支払わされる。そうすると、Ｘはいくら損をしていますか。Ｙから50万円取れるはずが、逆に100万円取られる。だから**Ｘは150万円損**をしていますね。誰が得をしているのか。これは容易にわかると思うのですが、Ａです。Ａは150万円を二重に受け取っています。**Ａに150万円の利得**が生じています。誰かが150万円損をしていると話が合うわけですけれども、今、Ｘが150万円損をしています。これはおわかりでしょうか。

本来、Ｙに対しても50万円払えと言えたはずなのに、逆に100万円支払わなければならない。今、Ｘは150万円損をしていますね。50万－（－100万）です。したがって、その後、**ＸがＡに対して150万円の返還請求**をするという形で、事後の通知がなかった場合は処理されるというわけです。

改正民法ではこの事後の通知も弁済者が他の連帯債務者が存在することを知っていた場合に限定する旨も規定しました。

(ウ) 事前の通知がない場合と事後の通知がない場合の両方が重なった場合

では、第３の「重なった場合」に進みましょう。これは、Ｘが弁済したけれども事後の通知を怠っており、その一方で、Ｙは事前の通知を怠って弁済したという場合です。このような場合はどのように処理するのかというと、先に弁済したＸの弁済を有効と扱います。どちらにも落ち度がある場合です。だから少しでも早く弁済したＸの健気さを評価して、Ｘの弁済を有効と評価します。だからＸは普通にＹに対して50万円求償できることになります。これも注意しておいてほしいと思います。

② 債務者中に無資力者がある場合

では、次に「債務者中に無資力者がある場合」はどうなるのかということについて、見ておきたいと思います。

今、Ｘが150万円を弁済しました。そうすると、ＸはＹ・Ｚに50万円ずつ求償できるはずです。ところが、Ｚが無資力でした。そうすると、Ｘが無過失で弁済した場合、Ｘ・Ｙ２人で150万円をかぶるべきことになるので、75万円ずつＸ・Ｙが負担することになり、その結果、ＸはＹに対して75万円の求償ができるというわけです。

ここまでをCHECK

①連帯債務の絶対効事由は、弁済・更改・相殺・混同である。
②弁済者が求償するためには、事前の通知と事後の通知が必要である。

では次へ行きましょう！

5　保証債務

では、保証債務に入りたいと思います。ここからはややこしさが減りますので、きっちり勉強していきます。まずは、***ボード 17*** をご覧ください。

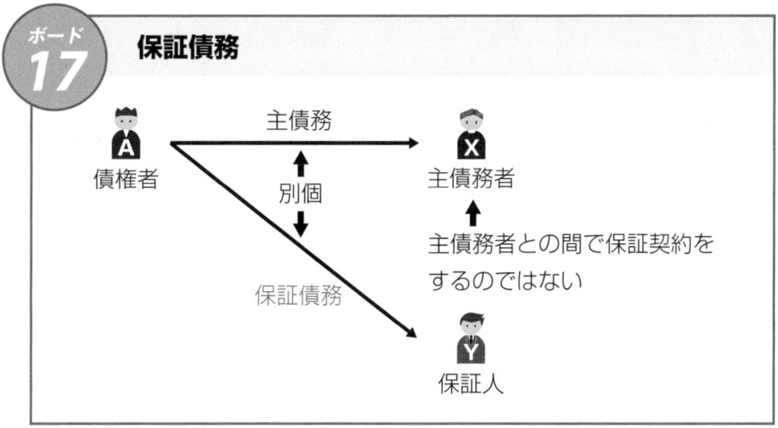

今、Aが債権者、Xが主たる債務者、Yが保証人ということです。これが、保証債務の基本形です。

続いて、保証人になる経緯ですが、保証人Yは、主たる債務者Xと契約を結んで保証人になるわけではなく、「**債権者Aと保証人Yとの保証契約**」によって、保証債務というのが生じるというあたりを、チェックしておけばいいでしょう。

あと成立については、平成16年改正で、保証契約は**書面または電磁的記録**でなすことが必要だとされました（446条2項・3項）。保証契約締結を慎重にさせようという狙いです。お人よしが断りきれずに、保証をして全財産失うってよくあることですよね。私はそんなの自由だと思いますが、民法はおせっかいにも、私的自治の原則に介入し、パターナリスティックなことをしているわけ。

もう1点、平成16年改正についていうと、465条の2以下に「**貸金等根**(ね)

保証契約」に関する条文が付け加えられ、貸金等の根保証契約は、債務額が膨大になるので、必ず極度額を定めることになりました[6)]。ただしそれは保証人が個人の場合だけです。これもパターナリスティックな介入ですね。あと平成29年改正では債権者に保証人に対する主たる債務の履行状況についての情報提供義務が課されました（458条の２）。主債務の元本、利息等の不履行の有無、残額、弁済期到来額の情報です[7)]。

それから、保証債務には「付従性」「随伴性」「補充性」という３つの性質があります。このうちの付従性と随伴性は、抵当権等の担保物権のところですでに説明しました。ですから、今は補充性だけを確認しておきますが、保証人Ｙの責任は、あくまで主たる債務者Ｘが支払わないときに、初めて生じるにとどまります。つまり、保証人というのは、第２次的に責任を負うわけです。これが「補充性」の意味で、「第２次的」というところにチェックをしておくといいと思います。

（１）保証債務の付従性

①　成立・消滅における付従性

では、保証債務の付従性から、順に見ていきたいと思います。

成立・消滅における付従性については、すでに時効の援用権者のところで皆さん勉強されているところですが、確認しておくと、「主債務が、無効・取消し・時効消滅等で不存在になれば、それに伴って保証債務も消える」ということです。

ただし、取消しの個所で１点注意してもらいたいことがあって、それは「保証人には取消権はない」ということです。これは取消権を規定する120条の条文の取消権者というところに入ってないからです。そんなことから、保証人に取消権がないということは、しっかりと覚えておきましょう。

6）一定の範囲に属する不特定の債務を主たる債務とする保証契約を根保証契約というが、平成29年改正前では、根保証契約であってその債務の範囲に金銭の貸渡しまたは手形の割引を受けることによって負担する債務が含まれるもの（保証人が法人であるものを除く）を貸金等根保証契約としていた。平成29年改正で、根保証契約であって保証人が法人でないものを個

▶ 第120条
① 行為能力の制限によって取り消すことができる行為は、制限行為能力者（他の制限行為能力者の法定代理人としてした行為にあっては、当該他の制限行為能力者を含む。）又はその代理人、承継人若しくは同意をすることができる者に限り、取り消すことができる。
② 錯誤、詐欺又は強迫によって取り消すことができる行為は、瑕疵ある意思表示をした者又はその代理人若しくは承継人に限り、取り消すことができる。

② 内容における付従性

続いて、内容における付従性ですが、保証人の保証債務の内容は主債務と同一内容です。「主債務と同一内容」にチェックしてください。

保証債務の範囲については、「元本・利息・違約金・損害賠償」。ここまでチェックしておくといいと思います。

ここで１つ論点があるんですが、それは「契約解除の場合の、主債務者の原状回復義務が、保証債務の範囲に含まれるのかどうか」という問題です。ちょっとピンときにくいかもしれません。契約が解除された場合の原状回復義務まで、保証人の保証債務の内容に含めるのかどうか、というのは結構メジャーな論点なんです。結論をまずチェックしてから説明したいと思いますが、結論は保証債務の範囲に含まれます。

では、この結論を押さえたうえで、保証債務の基本形について***ボード18***で確認した後、今の原状回復義務も含まれるというあたりを説明しようと思います。

人根保証契約ということとされ（465条の２第１項）、また、個人根保証契約であってその主たる債務の範囲に金銭の貸渡しまたは手形の割引を受けることによって負担する債務が含まれるものを個人貸金等根保証契約とされた（465条の３第１項）。これらの要件・効果について、465条の２以下で規定されている。

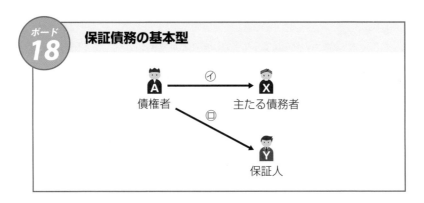

ボード18 保証債務の基本型

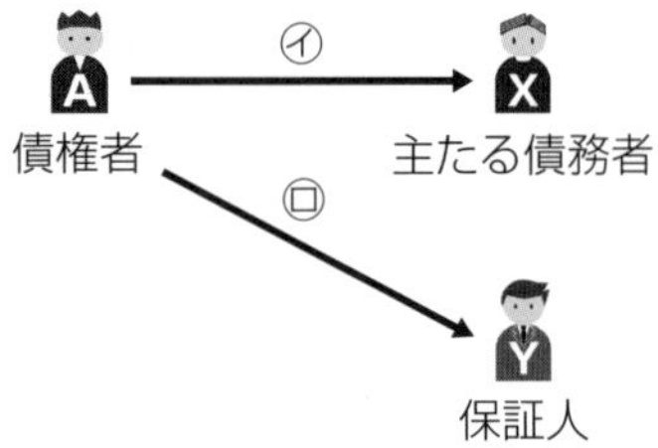

まず、もう一度、保証債務の基本型をきちんと確認しておきたいと思います。

債権者がAで、債務者がX。あくまでXが債務者です。ただ、保証人との対比という点で、Xのことを主たる債務者というのが通常です。

そして、主たる債務者XがAに支払わないというときに初めて、保証人Yの支払いの責任が生じる。これが保証債務の「補充性」と呼ばれる性質だということです。㋑が主たる債務、Xが主たる債務者、Yが保証人で、㋺が保証債務という基本型をしっかり確認したうえで、先ほどの「保証人の原状回復義務」の論点について考えておきたいと思います。***ボード19*** を見てください。

7）また、主たる債務者に保証人に対して保証契約締結時の自らの返済能力を証明する情報提供義務（465条の10）、債権者に保証人に対する期限の利益喪失についての情報提供義務（458条の3）が課されている。

ボード
19
保証人の原状回復義務

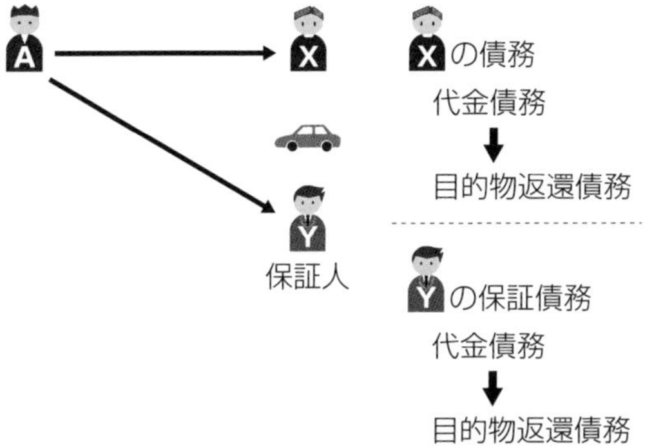

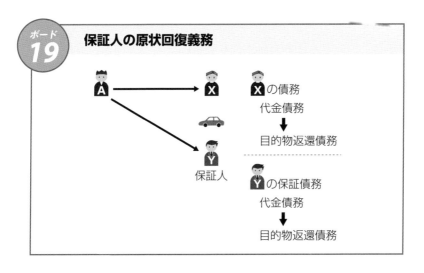

今、ＡＸ間で売買契約がありました。Ｘが買主だと、当初Ｘの債務はどんな債務だったのかといいますと、代金債務です。ＸがＡから車を買い受けた瞬間、Ｘには代金支払債務という債務が生じました。したがって、そのときには保証人Ｙの保証債務も代金支払債務という金銭債務なわけです。

ところが、買主Ｘの手もとに車が届いた後、ＡＸ間の契約が何らかの事情で解除されたとします。解除されるとどうなるかというと、目的物返還債務というのをＸが負担するわけです。買主Ｘの契約が解除されると、もともとＡＸ間の契約がなかったということになるので、Ｘの手もとに車があるのはおかしい。したがって、Ｘは原状回復義務として、目的物（車）をＡに返さなければならない。そのような債務を負担するわけです。

このような場合に、保証人Ｙは当初、代金支払債務について保証していたわけですけれども、解除後の目的物返還債務についてまで、Ｙは責任を負わされるんでしょうか、という論点だったわけです。

結論的にはどうかというと、当初は代金債務だったのが、解除されるとＸの債務が変化したのに伴って、保証人Ｙも目的物返還債務について責任を負うということになっているわけです。なぜかというと、当事者の意思、すなわち、そもそも保証人になるに際して、YはXの債務不履行による迷惑を、「Aさん、あなたに一切おかけしません」という気持ちで、Aと保証契約を結んでいるわけですよね。そういう気持ちで保証人になっているのだから、解除された場合の原状回復義務に対してもYは責任を負いなさい、というわけです。

では、続いて、保証債務の内容というところを見てみましょう。

保証債務は、主債務と同一内容ですが、保証人は主債務の内容よりも重い責任を負うことはありません。では、主債務が加重された場合はどうかというと、「保証債務は主債務とは別個の債務なので、保証債務自体が自動的に加重されるということはない」ということです。この1点は重要なので、押さえておく必要があると思います。改正民法で明文化されたところでもあります（448条2項）。

（2）主債務者または保証人について生じた事由の効力

その次は、主債務者または保証人について生じた事由が、他方にどのように影響を及ぼすのかという問題です。ここは連帯債務と違って、非常にすっきりした形になっています。というのは、あくまで主債務者がメインで、保証人というのはサブにすぎないわけですから、主従の関係がはっきりしているわけです。

そこで、まず①主債務者に生じた事由はすべて保証人に及ぶことになります。いわば絶対効と考えればいいわけです。主債務者に生じた事由は、保証人にも連動します。ただしさっきの主債務を重くする場合は例外的に保証債務には影響を生じません。

それに対して、②保証人に生じた事由は、主債務者に影響しません。主従のうちの従だから、影響しないということです。ただ保証人が弁済した場合は債権者は満足するので、主債務も消滅します。これが例外です。このあたりを確認しておけばいいでしょう。

(3) 保証債務の補充性

補充性というのは、第2次的責任ということでしたよね。そこで、保証人には、次の**2つの抗弁権**が認められています。抗弁権というのは、皆さん徐々になじみつつあると思いますが、「**債権者からの請求を跳ね返す力**」と考えてもらえばいいでしょう。同時履行の抗弁権という形で、もうおなじみだと思います。

保証人に認められている2つの抗弁権は何かというと、まず1つ目は①**催告の抗弁権**です。これは、債権者が保証人に請求してきたときに、「私は保証人にすぎません。まず主債務者の方に請求してください」という形で、いったん、債権者からの請求を拒めるわけです。これを催告の抗弁権というわけです。

それに対して、2つ目の②**検索の抗弁権**は、債権者が主債務者に一度請求したけれども断られたので、保証人に請求してきたという場合、保証人は債権者に対して、「主債務者はちゃんと現金で財産を持っています。執行も簡単です」という旨を主張して、もう一度自分で支払いをすることを拒めるわけです。これが検索の抗弁権です。

このように、催告の抗弁権と検索の抗弁権が保証人に与えられているというのが、保証債務の補充性、第2次的責任ということの意味なわけです。

(4) 保証人の求償権

次は、保証人の求償権です。保証人が主債務者に代わって弁済した場合、保証人は主債務者に対して、「立替払いをしておいてあげたから、私に返してください」というような請求ができます。これが求償権です。ただ、どの部分まで求償できるかという点で、①②③と3段階に分けて論じられているんです。区別の基準は、どういう形でＣが保証人になったのかという経緯です。

①　主債務者から委託を受けて保証人になった者

まずは、主債務者から委託を受けて保証人になったという場合です。ほとんどのケースがこれに当たるでしょうね。この場合には、いったいどこまで主債務者に対して求償ができるのかというと、「出捐額・利息・必要経費」まで全部を主債務者に対して払ってくださいと言えるわけです。

さらに、事前求償権というのも一定の場合には認められます。どんな場合に事前求償が認められるのかというと、１つは「弁済期がすでに到来した場合」。ここはチェックしましょう。もう１つは「主債務者が破産したのに、債権者が破産財団に配当加入しない場合」です。これは破産法がらみになって難しいので、後ほど説明したいと思います。

なお、物上保証人の事前求償権は否定されています。ここはしっかりチェックして覚えるべきです。物上保証人は、自分自身は債務を負っていなくて、自己所有の物を担保に出しただけなので、そのような人は委任契約とは少し違うから、ということで、費用前払請求的な性質を持つ事前求償は否定されています。今のところはまた委任のところでお話ししますので、ここは結論だけを押さえておきたいと思います。

では、事前求償権、とりわけ主債務者が破産した場合に、なぜ保証人に事前求償権が認められるのかという点を、***ボード 20*** を使って説明したいと思います。

ボード20　**事前求償権**

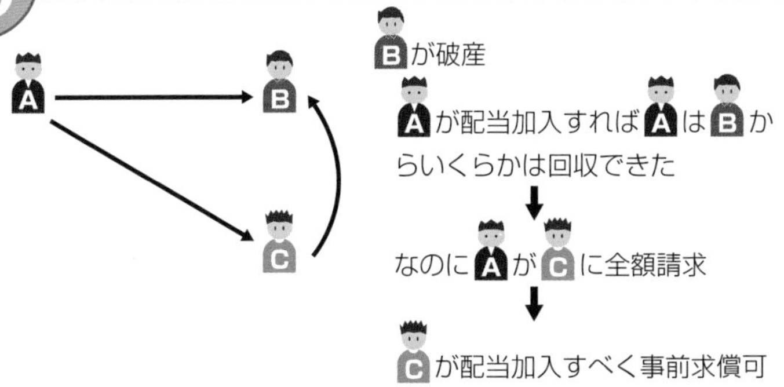

今、Aが債権者、Bが主債務者、Cが保証人です。Bが破産しました。Bが破産するとどうなるかというと、Aが配当加入をします。これはちょっと意味がわかりにくいですね。Bが破産すると、Bの財産の管理処分権はBから破産管財人という人に全部移るんです。破産管財人は何をするのかというと、1つにはBのプラス財産を全部現金に換えます。Bが持っている土地や有価証券を全部現金にして、配当の原資にします。他方で、Bに対して債権を持っている人に債権の届出手続というのをしてもらうのです。例えばBのプラス財産が1,000万円しかありません。Bの債務は1億円あります。そうすると、債権者に平等に10%ずつの配当をします。

今、Aが配当加入するというのは、「私はこれこれの債権を持っていますよ。何%かはわからないけれども、いくらかは配当してくださいね」というように、Bの破産管財人に申し出をします。本来、それをすれば何%かは回収できたのに、Aがそれをしません。保証人がいるから保証人から取ろうということで、全額Cに請求してきました。

その場合に、もちろんCはAに払うべきだけれども、CはAに全額払わされますよね。そうすると、本来、10%でもAがBの破産財団から債権を回収できたら、Cが負担するべきお金はその分少なかったのです。なのに、Aが配当加入しなかった。だから保証人のCが債権者Aに代わって配当加入をして、10％をBの破産財団から回収したいわけです。このCからBに対する配当加入手続を根拠づけるために、事前求償権を与える、とそんなふうな意味です。

もう1つ改正民法で新たに規定された条文を紹介しましょう。459条の2です。委託を受けた保証人が期限前に弁済した場合です。これは改正直後からよく出題されると思いますよ。保証の個所では目立っているからです。さて、その内容ですが保証人が本来しなくてもいい期限前に弁済したのだから、主債務者の期限の利益を奪うことになりかねない。だから保証人の主債務者に対する求償権を制限する必要が生じますよね。

まず求償の時期は主債務の弁済期以後です（459条の2第3項）。これはごもっともです。次に求償権の範囲は主債務者が弁済当時利益を受けた限度で認められます。これは委託は受けてないものの意思に反するわけでもない保証人も同じですね（459条の2第1項前段、462条）。さらに3つ目、これはやや複雑ですよ。主債務者Xが保証人Yの弁済よりも前に反対債権を有していたと主張するときは、反対債権が保証人に移転し、保証人が債権者Aに対して相殺で消えるはずだった債務の履行を請求することになる（459条の2第1項後段）。

これは***ボード21***で説明しよう。

ボード21 **保証人弁済による債権者の債権の移転**

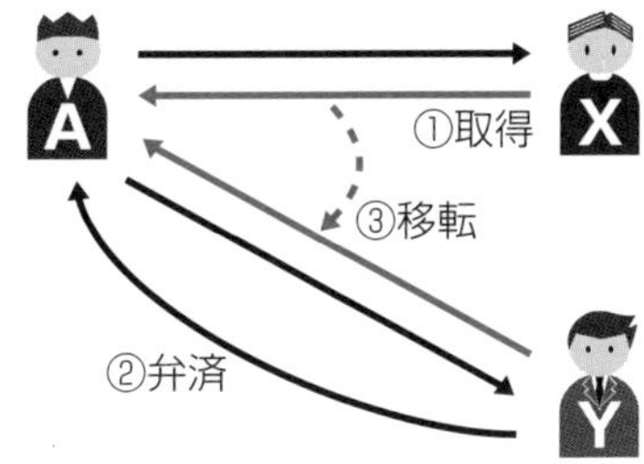

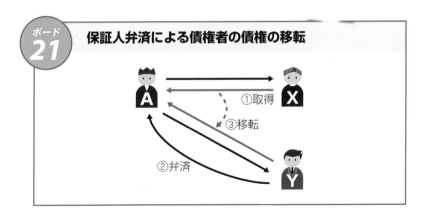

Yが弁済したんですが、それよりも前にXがAに対して反対債権を取得していた。そうするとこの状況下でXは自分の債権を確実に回収できたわけですよね。相殺できたんですから。ところが保証人Yが期限前に弁済してしまったからXは相殺による自分のAに対する債権の回収ができなくなった。なのでAから債権を回収するというコストとリスクを保証人Yに負わせるべく、Xの債権をYに移転させることにしたのです。

最後にもう1つ。求償は利息・損害賠償について、主債務の弁済期以後の法定利息、弁済期後に弁済しても避けることのできなかった費用、損害賠償しか請求できません（459条の2第2項）。

②　主債務者の委託を受けないが、主債務者の意思に反しないで保証した者

このケースは、別に主債務者から頼まれたわけではありませんが、主債務者に嫌がられているわけでもありません。そんな場合には、「債務の免責を受けた時に、主債務者Bが利益を受けた限度で求償できる」ことになっています。ここはチェックしておきましょう。したがって、利息や必要費等の請求はできません。また、事前求償権もないということです。

③　主債務者の意思に反して保証をした者

それに対してこちらは、主債務者が嫌がっているのに保証人になったという場合です。この場合は、「求償の時を基準に、主債務者Bが得をした部分に限って求償することができる」ということです。この違いが少し難しいと思えるわけです。そこで、②と③の違いについて、***ボード22***を使って説明しておきましょう。

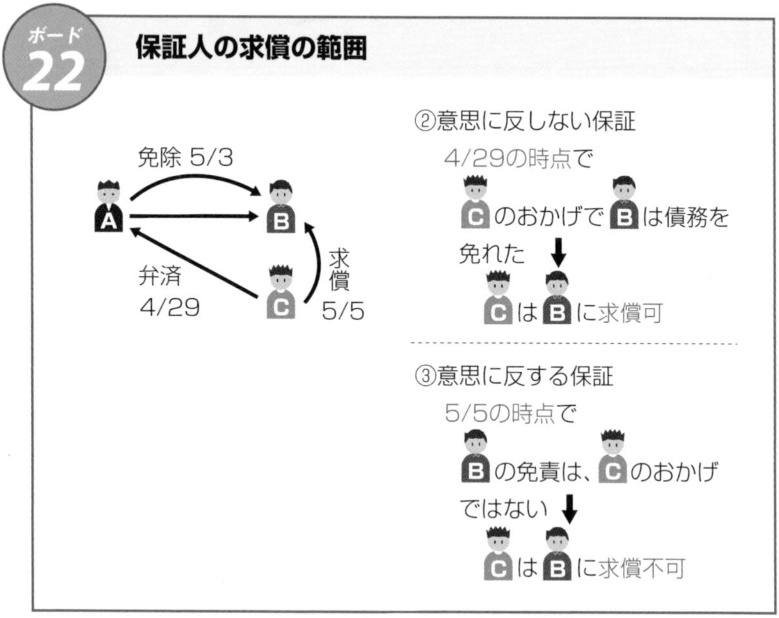
ボード
22
保証人の求償の範囲
免除 5/3
A
B
弁済
4/29
C
求償
5/5
②意思に反しない保証
4/29の時点で
Cのおかげで Bは債務を免れた
CはBに求償可
③意思に反する保証
5/5の時点で
Bの免責は、Cのおかげではない
CはBに求償不可

Cが４月29日に弁済をしました。ところが、その後で、AがBに対して５月３日に免除をし、Cが弁済した分を５月５日にBに対して求償したとしましょう。皆さん、これを不思議に思うかもしれませんが、４月29日に弁済を受ける。その少し前に、Aが免除の通知を発信していて、５月３日にBに到達します。そうすると、免除の効果は到達主義ということから、５月３日に生じます。だから、こんな場合というのは、十分ありうることなんです。

では、**ボード22**の右側を見てください。まず、②主債務者の意思に反しないで保証した場合です。この場合は「債務の免責を受けた時に、主債務者Ｂが利益を受けた限度で求償できる」ことになっています。Ｂの債務がなくなったのはＣがＡに弁済した４月29日であり、ＣのおかげでＢは債務を免れている。すると、主債務者Ｂが利益を受けた限度、ＣがＡに弁済した分をＢに求償することができるわけです。

一方、③主債務者の意思に反して保証した場合はどうか。この場合は「求償の時を基準に、主債務者Ｂが得をした部分に限って求償することができる」。求償の時ですから５月５日の時点でＢが得をした部分を考えてみますと、５月３日の時点で免除を受けていますので、５月５日の時点ではＣの弁済はＢにとって何の得でもないことになります。Ｃが払わなくても免除されたので、ただの余計なお世話になってしまっている。この場合はＣが弁済した分をＢに求償することはできないわけです。

（５）特殊な保証形態

①　連帯保証

では、続いて「特殊な保証形態」について見ておきましょう。

まず、連帯保証。これは結構聞きますよね。連帯保証というのは、あくまで保証債務です。保証なんだけれども、２点において連帯債務っぽいのです。

連帯保証というと、連帯債務なのか保証債務なのか、あいまいにしてしまう人がたまにいますけれども、あいまいが最大の敵です。カッチリ・クッキリ理解しよう。連帯保証はあくまでも保証債務です。だけど、２点において連帯債務的なんだということです。

その２点とは何かというと、１つは「連帯保証人には補充性がない」ということです。先ほどの「催告の抗弁権」や「検索の抗弁権」というものを、連帯保証人は持っていません。つまり、いきなり債権者が連帯保証人に対して請求することができるわけです。このあたりが連帯債務的です。

2つ目は、連帯保証人に生じた事由のうち、「更改・相殺・混同には絶対効が生じる」という点です。絶対効が生じるという点で、連帯債務的なわけです。しかし、あくまで連帯保証は保証債務なんだというところを押さえればいいでしょう。

連帯債務の絶対効っていうなら弁済もじゃないの？　って思うかもしれません。確かに連帯債務において弁済は絶対効を生じますよね。でも連帯債務の規定を準用するまでもなく、もともと保証でも保証人が弁済すればその効果は主債務者にも及ぶ、とされていますから、ここでは3つの事由に絶対効が生じるとお話ししたわけです。

②　共同保証

特殊な保証形態の2番目は、共同保証です。共同保証とはいったい何かというと、保証人が2人以上いる場合を、広く共同保証というわけです。

共同保証人にはそれぞれ「分別の利益」というのが認められています。これについては、後ほど説明します。

ただし、例外があります。分別の利益がない場合があるわけです。それはどんな場合かというと、1つは「主債務が不可分の場合」です。これは分けようがないので仕方ないでしょうね。2つ目は「連帯保証人である場合」です。2人以上連帯保証人がいる場合には、分別の利益はありません。3つ目は「共同保証人間で特に全額負担する約束をした場合」です。これを「保証連帯」といいます。このあたり、言葉がややこしいですが、保証連帯の場合にも、共同保証人なのに分別の利益がない、と扱われるわけです。

では、分別の利益とはいったいどんなものかを、***ボード23***を使って説明したいと思います。

ボード 23　**共同保証**

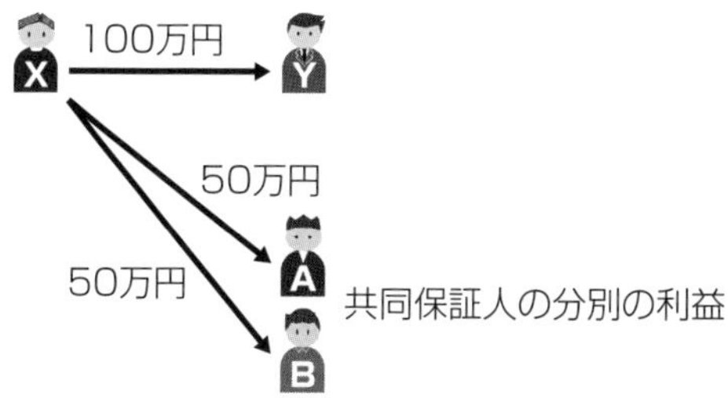

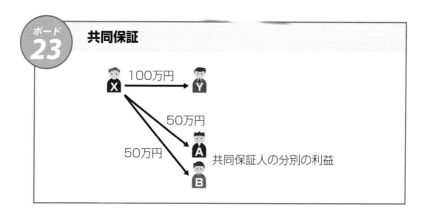

今、Xが債権者、Yが主債務者、A・B２人が保証人になっています。保証人が２人いる場合に共同保証というわけですが、彼らには「分別の利益」があるということです。その中身ですが、共同保証人の分別の利益はというと、**主債務は100万円**なんだけれども、**保証人**がA・Bと２人いる場合は、それぞれ**50万円**ずつの債務を負担するにとどまるということです。４人いれば25万円ずつ払えばいいということです。

つまり、保証人にとっては楽ですが、債権者にとってはあまりうまみがありません。そこで、これは債権者・債務者の力関係で決まるのだけれども、債権者にしてみれば、せっかく２人が保証人になってくれるのなら、「あなた方は単なる保証人にならずに、連帯保証人になってください」と希望するわけです。X・Yの力関係で決まりますけれども、「それなら私たちは保証人になりません」と突っぱねる場合もあります。するとこのような分別の利益をA・Bは持ちます。逆にもしXのほうが強い立場なら、「じゃあ、仕方がないから連帯保証人になりましょう」とか、あるいは「保証連帯という形で分別の利益をないものにしましょう」というように、XとA・Bとの保証契約で、いずれになるかというのが割り振られる、ということになるわけです。

以上で、「多数当事者の債権関係」の内容はすべて終わりました。特に難しかったと思われるのは、連帯債務の場合の求償、事前の通知、事後の通知というあたりです。

ここまでをCHECK

①保証債務には、付従性・随伴性・補充性がある。
②内容における付従性として、原状回復債務も保証債務に含まれる。
③主債務者に生じた事由は重くする場合を除き、保証人に影響する。保証人に生じた事由は債務消滅事由以外主債務者に影響しない。

では次へ行きましょう！

Chapter 4

Section 5　債権譲渡・債務引受

今回の学習テーマは、「債権譲渡・債務引受」です。ここでは、債権の自由譲渡性、譲渡禁止特約、第三者に対する対抗要件が確定日付のある証書による通知承諾であること、また抗弁の対抗について学習してください。

1　債権譲渡

（1）債権の譲渡性

では、債権譲渡の説明を始めたいと思います。

債権譲渡というのは、「債権者がある人に対して持っている債権を他の人に譲渡する」ことで、通常、売却する場合をいうわけです。

かつて、ローマ法の時代には、債権というのは「人と人とを結ぶ法的な鎖である」ということで、債権を誰かに譲ってしまうということは認められていませんでした。ところが、実際上の必要から、今日にあっては「債権は原則として自由に譲渡できる」というふうに扱われているわけです。では、そもそも、どのような場合に債権の譲渡が必要とされるのか、そのあたりを***ボード 1***で説明したいと思います。

ボード 1 **債権譲渡の必要性**

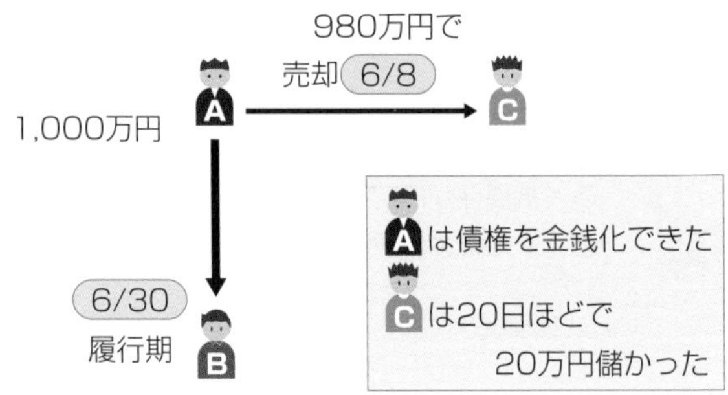

債権譲渡の必要性についての話ですが、今、Ａが債権者でＢが債務者です。今後、債権譲渡の話をする場合には、必ず上のような位置関係で書きたいと思いますので、ぜひ皆さんも慣れていただきたいと思います。

ＡからＢに向かっての太い矢印が債権を示していて、この債権をＡが誰かに売ろうと考えています。売買の目的物が、ＡがＢに対して持っている債権であり、その債権の額が1,000万円という設例です。

この履行期が６月30日です。そうすると、６月30日になれば、ＡはＢに「1,000万円お支払いください」と請求ができるわけだけれども、いろいろな事情から、今、Ａは履行期である６月30日まで待てません。一番典型的なのは、例えば６月10日には従業員にボーナスを支払わないと、従業員のやる気が下がってしまう。そのような状況にあれば、Ａは６月30日を待たずに、直ちにこの債権を**現金化**したいという事態が起こりうるわけです。経営者は大変です。

そのようなときに、ＡはＢに対する債権を６月８日にＣに売却するわけです。すると、６月10日にボーナスを支払えますよね。この1,000万円の金銭債権という財産を、現金に換えないとボーナスを支払えないという必要性から、６月８日にこの債権をＣに買ってもらうということになるわけです。そうすると、Aは現金を6月8日に手に入れることができます。

では、売買契約の他方当事者、債権の買主たるCにどのようなメリットがあるのかということですが、Aが持っている1,000万円の債権を、Cが1,000万円で買うということは、通常は考えられません。AのBに対する債権がいくらで売れるかというのは、債務者Bの経済的な状況にもよるのですが、まず焦げ付くおそれはないと言える状況であれば、1,000万円より少しだけ安い金額で売れるわけです。そこで、今、980万円でCが買ってくれました。さて、Cにどのようなメリットがあるのか。これは皆さんもすぐおわかりだと思います。

Aは債権を現金に換えることができて、従業員へのボーナスの支払いができます。他方で、Cは債権を購入したのが6月8日です。それに対して、履行期は6月30日です。そうすると、20日ほど待っていれば、**Cは20万円儲けることができる**ということになります。20万円というのは、債権額1,000万円に対して、購入価格は980万円だからです。したがって、債権の買主としてのCにもメリットがあります。よって、売主AとBとの意思の合致によって、Bとの関係でAが有している債権について売買契約が成立するわけです。

その結果どうなるかというと、今まで債権者はAでした。Bの債務者は変わらないのだけれども、債権譲渡によって、これからはBに対する債権者はCになります。BはCに対して支払わなければならない。そのような権利の変動が生じるわけです。

言葉づかいとしてなじんでいただきたいのは、このような場合、A（債権を売った人）のことを「債権の譲渡人（じょうとにん）」といい、それに対して、債権を購入したCのことを「債権の譲受人（ゆずりうけにん）」ということです。**Aは債権の譲渡人で旧債権者、Cが債権の譲受人で新債権者**というような権利変動が生じるということになるわけです。このような債権譲渡の基本形を押さえたうえで、もう少し詳しいところを説明することにします。

① 債権の種類

従来、民法には債権として「指名債権」「指図債権」「無記名債権」「記名式所持人払債権」という4種類の類型が規定されていました。平成29年改正により、「指図債権」「無記名債権」「記名式所持人払債権」の規定は削除され、新たに、有価証券の規定が設けられました（520条の2～520条の20）[8)]。

ここでは、「指名債権」だけをチェックしておけばいいと思います。民法の試験で指名債権以外が出るということはまずない、というふうにいえると思います。とりあえず「債権者が特定のAと決まっている債権を指名債権という」という点をチェックしたうえで、これからその指名債権の譲渡について勉強していきたいと思います。

② 債権譲渡の制限

最初に話したように、本来、債権というのは自由に譲渡ができるわけです。債権を金銭化する、投下資本を回収したいということから、債権譲渡というのは基本的には自由です。ただし、例外的に3種類の制限があるわけです。順に見ていきたいと思います。

まず第1は、「債権の性質上の制限」です。「性質上」というところにチェックしましょう。どんな債権が、性質上譲渡制限がされるのかということですが、「特定の債権者に給付することが当然に予定されているもの」とあります。

例えば、画家に肖像画を描いてもらう債権。確かに画家は「誰の絵でも描きますよ」と思っているでしょうが、描いている途中で譲渡されると、今までの仕事が無駄になる。だから性質上譲渡禁止。

第2は、「法律上の制限」です。これも憲法上どうかな、自由に対する過度の制約かなという気もしますが、例えば扶養請求権です。チェックしましょう。扶養請求権というのは、法律上、譲渡できないというふうにさ

8）指図証券、記名式所持人払証券、その他の記名証券、無記名証券の4つについて規定されている。なお、467条1項の「指名債権」は「債権」と改正されたが、これは、「指図債権」「無記名債権」「記名式所持人払債権」といった証券的債権の規定が削除されたことに伴う。

れているんです。お年寄りが扶養してもらっているその請求権を誰かに譲渡すると、譲渡した後でそのお年寄りが困るでしょうという政策的配慮から、このような制限規定が置かれているということです。困る自由もあると思いますが……。

次は大切です。第３は「当事者の意思表示による制限」です。これについては項を改めて詳しく見ていきましょう。

（２）譲渡制限特約

①　特約の効力

まずどうして債権譲渡を制限するのかということですが、債務者にしてみれば誰が債権者で誰に履行すればよいのかを固定しておきたいというニーズがある。つまり特約は債務者の利益のためにあるわけです。***ボード 2*** をご覧ください。

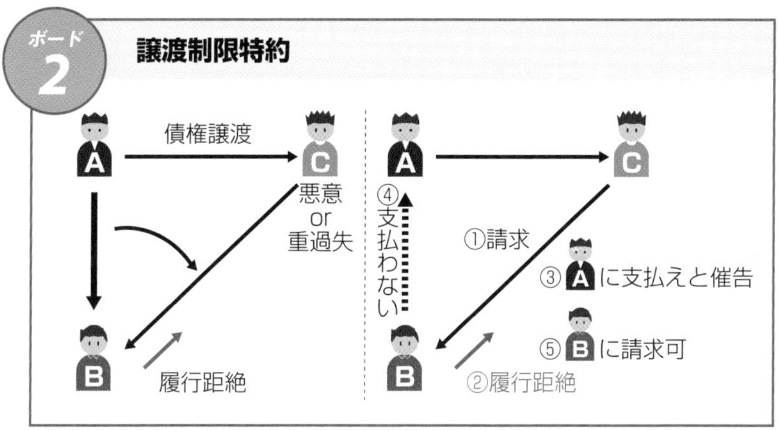

ＡのＢに対する債権に譲渡制限特約が付いています。ＢはＡに履行したい。そこでＡがＣに債権譲渡した場合、その譲渡自体を否定する必要はない。債権は実際Ｃに移転してるけど、Ｃからの請求を債務者Ｂは拒むことができる、とすれば足りるわけです。もっとも制限特約につき善意無重過

失のＣはＢから履行してもらわないと困る。そこで466条３項がＢは悪意または重過失あるＣに対しては債務の履行を拒み、弁済等の債権消滅事由を譲受人に対抗できるとしたわけですね。

でもそうすると今度は債務者Ｂがズルをするかもしれない。ＢはＣには「あなたは制限特約につき悪意だから履行しません」と断り、同時にＡには「あなたは債権を手放したから履行しません」と断る。こんなことは許されてはいけません。そこでそのような場合、ＣはＢに「早くＡに履行せよ」と催告できます。そして催告期間内にＢがＡに履行しない場合にはＣはＢに「私に履行せよ」と請求できます。なかなかよくできてますよね。

②　特約と供託

次に債務者Ｂのなす供託について説明します。Ｂは譲渡制限特約付き債権が譲渡された場合に供託することができます（466条の２第１項）。供託っていうのは例えば、金銭債務の場合は、代金を法務局に預けることで自分の債務を免れるという制度です。ＢにしてみればＣが善意無重過失ならＣに払うべきだし、Ｃが悪意または重過失ならＡに払うべきだけど、Ｃがどっちだかよくわからないっていう事態はよくあることです。ですから債務者Ｂに供託権を認めたわけ。

これとの関係でＡが破産した場合にはＣはＢに供託せよと請求できます（466条の３）。ＢがＡに弁済してしまうとＡは破産している関係でＣは全額の回収が難しくなる。だからＢのＡへの弁済を阻止するための制度です。そしてＢがその供託をした場合にはその旨をＡＣ両者に通知しなければならない。では供託金を還付請求できるのはＡＣどちらでしょうか？それはＣですよね。Ｃが善意無重過失かどうかにかかわらず債権はＣに移転しているからです。

③ 制限特約付き債権の差押え

次は譲渡制限特約付き債権が差し押さえられた場合の条文466条の4を見ていきましょう。***ボード3***です。

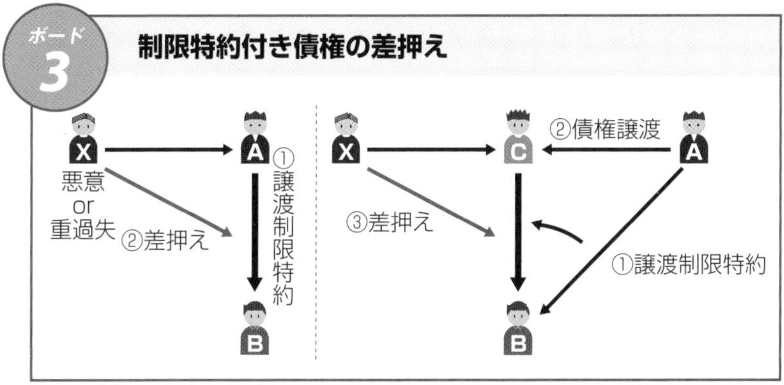

Aに対する債権者XがAのBに対する譲渡制限特約付き債権を差し押さえました。このXが特約につき悪意または重過失があってもXの差押えは有効です。なんでかというと何を差押禁止財産とするかは法律で国民全体のルールとして規定するべきものです。例えば民事執行法131条ではベッドとか位牌とか勲章とかは差押禁止とされています。ところで譲渡制限特約はAB2人で付すことができるものですよね。ですから2人で差押禁止財産を作り出すことは許されず、譲渡制限特約を付けていても、その債権は制限につき悪意または重過失のある債権者でも差し押さえることができるのです。

では譲渡制限の付いた債権の譲受人Cが悪意の場合、そのCの債権者Xがこれを差し押さえることはできるでしょうか。***ボード3***の右の図ですね。Cは悪意だから譲渡制限特約を否定できません。Cは差し押さえたのではなく債権を譲り受けた人ですよ。そうするとCが有する債権はBから支払ってもらえない債権なわけ。ですのでこれをCの債権者Xが差し押さえてもBはXに対して履行を拒むことができるし、債権消滅事由があればこれをXに対抗することができます。

④　預貯金債権の特則

次に預金債権に関する規定です。この債権の場合は悪意または重過失の譲受人との関係で譲渡自体が物権的に無効とされました。ですから譲渡後も債権者は譲渡人であって譲受人ではありません。改正民法では通常の譲渡禁止特約付き債権の悪意または重過失の譲受人も債務者から支払い拒絶はされるものの債権者ではある、とされたのですが、預貯金債権は従来どおり債権は移転しないとされているのです。銀行に新たなシステムの構築を要求するにはコストがかかりすぎるという配慮からこのように規定されました。

（3）債権譲渡の方法

では、次に進みましょう。今の話は比較的複雑なところかと思いますが、次はややシンプルな内容になります。債権譲渡の方法というところです。

まず、債権は物権と同様に、意思表示のみにより移転するとされています。これは大切です。「意思表示のみにより」というところ、チェックをお願いします。債権というのは、意思表示のみにより移転するというものなんです。つまり、契約書を交わす必要もないし、証文を交付する必要もありません。「このような形で債権を買ってくれませんか」。「わかりました、買います」。その瞬間に、ピュッと債権は移転すると考えていいわけです。

しかし、対抗要件については、２つの項目に分けて検討しておく必要があります。

まず１つ目は、債務者Ｂに対して、Ｃが「私が新しい債権者です」と言うためには、どんなことが必要なのか。２つ目は、債務者以外の第三者に対して、Cが「私が譲受人です」と言うためには、どんなことが必要か。この2点を見ていきたいわけです。では、順番に行きましょう。

①　債務者に対する対抗要件

まず1つ目です。債務者に対する対抗要件の第1は、債権譲渡の通知です。「通知」というところ、チェックしましょう。第2は、債権譲渡の承諾。「承諾」というところにチェック願います。つまり、債務者に対する対抗要件は、「通知」または「承諾」が必要だということです。

誰が誰に通知しなければならないのか、あるいは誰の承諾が必要なのかということについてはこのあと説明しますが、その前にもう1つ、抗弁事由について話をしておきます。抗弁事由というのは、債務の弁済を拒みうる事由なんだけれども、これは債権譲渡があっても、そのことによって債務者Bの立場が不利になることはないという点を、しっかりと理解してもらいたいと思います。

では、「通知・承諾」と「抗弁事由」の2点について、***ボード4***を使って説明することにしましょう。

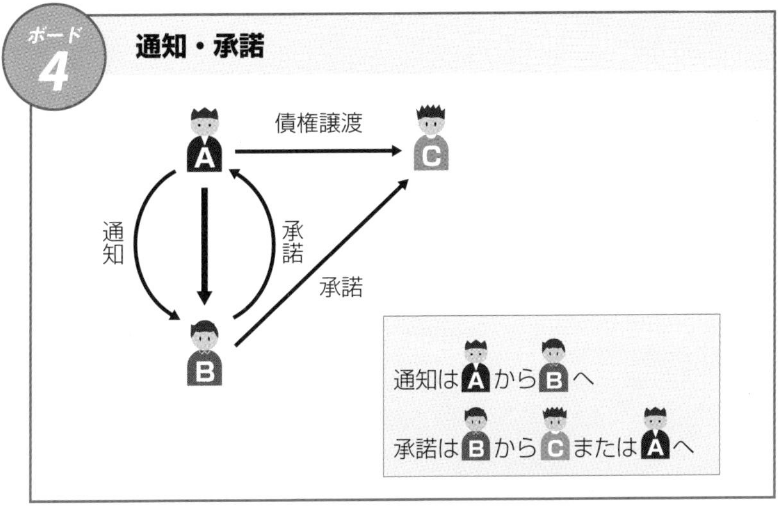

まず通知についてですが、今、AがBに債権を持っていて、それをCに譲渡しました。「債権譲渡しました」という通知をするのは、債権者Aです。Aが債務者Bに向けて通知をします。すぐに常識化すると思いますけれども、債権の譲受人Cが、Bに通知してもそれは無意味です。

なぜかというと、債権譲渡の事実によって、Aは債権者ではなくなりますから損をします。Cは新たに債権者になり、得をする人です。得をする人の言い分は、必ずしも信用できません。例えば私が「TACの公務員講座はいいですよ」と言っても信用できませんよね。でも「LECの公務員講座はいいですよ」と言えばこれは本当でしょう。他社の商品が売れたら損なのに、あえて誉めているわけですから。ここでも自分が債権者ではなくなるのに、その旨を告げてきたAの通知は信用できます。だから、通知というのは譲渡人たるAがしなさい、というふうに扱われるわけです。

それに対して、承諾というのは債務者Bが発するわけだけれども、これはAに対してなしても、Cに対してなしてもOKです。先ほどのような、得をする人の言い分は信用できないというような事情がありませんので、これは債務者Bが、AまたはCに承諾を発します。このあたりはわりと基本的な知識ですけれども、最初にかっちりと理解して、常識化しておいてほしいところです。

では、次に「抗弁の対抗」について説明しましょう。***ボード5***を見てください。

ボード 5　抗弁の対抗

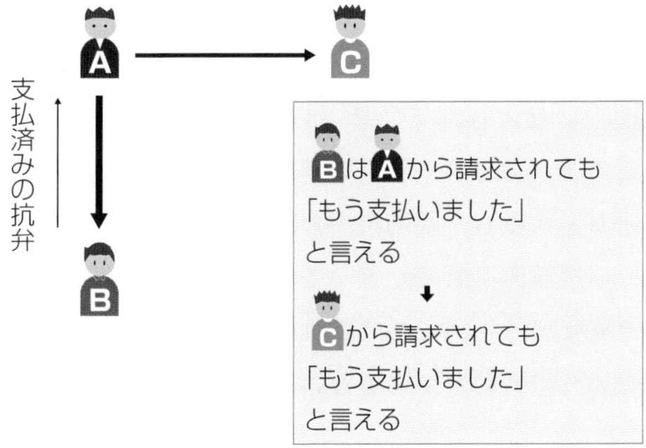
A
C
B
支払済みの抗弁
Bは Aから請求されても
「もう支払いました」
と言える
Cから請求されても
「もう支払いました」
と言える

このあたりは若干なじみが薄いと思うのです。どういうことかというと、今、AがBに債権を持っているのだけれども、すでに、BはAに支払いをしているというケースを考えたいのです。そうすると、BはAに向かって、**支払済みの抗弁**を主張できますね。抗弁というのは、同時履行の抗弁権のところで、皆さんかなりご理解いただいていると思いますけれども、相手からの請求を跳ね返す力です。Aから請求されても、「もう支払いましたよ。私の手もとにあなたが発行した領収書がありますよ」ということで、BはAの請求を拒むことができるわけです。

このような状況下で、Aがすでに消滅しているはずの債権をCに譲渡してしまいました。その後、CがBに対して請求してきたときに、Bは、Aからの請求は拒めたのに、Cからの請求は拒めないとしてしまっては困りますね。二重払いを強いられるということで、いかにも結論が不当でしょう。

そこで、BはAから請求された場合は「もう支払いました」と、支払済みの抗弁を出して、Aの請求を跳ね返すことができたわけだから、債権譲渡があって、今度はCから請求されたとしても、Cに対して「もう支払いました」と言えていいはずですよね。

そもそも債権譲渡というのは、AとC２人の意思の合致で、スッと移ってしまうものなわけです。債務者Bは、AC間の債権譲渡について、口出しをする機会は与えられていないわけです。だとすれば、自分の与（あずか）り知らないところで、自分の法的立場が不利なものに変えられてしまうというようなことがあったら、私的自治の原則に反するわけです。

だから、債権譲渡があったとしても、Bの立場は不利になりません。Aとの関係で支払いを拒めたのであれば、Cとの関係でも支払いは拒めますと、そんなふうに扱われているということです。まず、ここまでを固めてください。

②　債務者以外の第三者に対して債権譲渡を主張するための要件

では、次に進みましょう。今度は、債務者以外の第三者に対して、「私が譲り受けたんです。この債権は私のものです」と主張するのに必要な要件です。これも「通知または承諾」なんですが、「確定日付のある証書による通知または承諾」が、対第三者の対抗要件とされているわけです。

（ア）確定日付のある証書

では、「確定日付のある証書」というのはどんなものなんでしょうか。まず１つは「公正証書」です。これはチェックしましょう。公正証書というのは、通常、裁判官を退官された方が公証人としていらっしゃる公証役場に行って、公証人のもとで作るしっかりとした書面のことです。

もう１つは「内容証明郵便」です。実際には、こちらのほうがよく利用されます。内容証明郵便とは、このような内容の書面を、いついつ誰々に送りましたということを、郵便局に証明してもらう郵便のことです。このような書面で通知または承諾をすると、対第三者対抗要件を満たすということになるわけです。

（イ）通知の到達に先後がある場合

ここで問題になるのは、債権が二重譲渡された場合です。両者とも「確定日付のある証書による通知または承諾」を持っていた場合には、どう処理するのかという問題です。ここは十分に試験に出るところです。

このような場合は、「先に通知が到達または承諾したほうが優先」ということになります。これは「到達時説」と呼ばれるものです。では、通知が同時に到達した場合、あるいは先後が不明の場合はどう処理するのかというと、「優劣なし」という扱いになります。

では、まず到達時説について、***ボード 6*** で説明したいと思います。

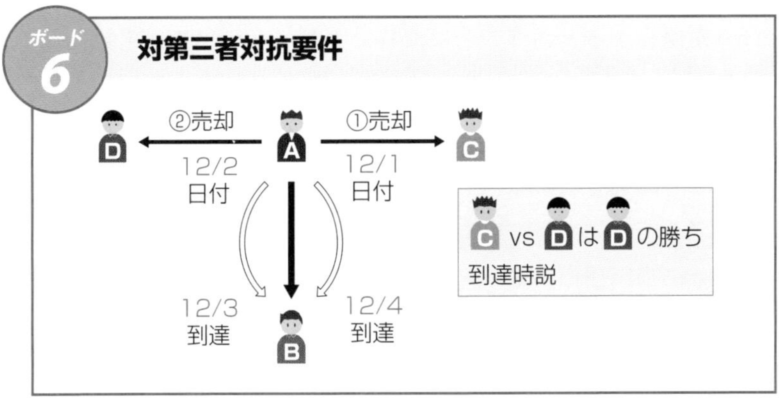

債権の二重譲渡という話です。今、AがBに対して持っている債権を、まずCに売りました。ところが、同じ債権をDにも売りました。これが債権の二重譲渡と呼ばれる図なわけです。売主Aは対抗要件具備行為として通知をするわけですけれども、Cに向けての譲渡の通知は確定日付が12月1日で、これがBのもとに到達したのは12月4日でした。

一方、AはDに向けての譲渡の通知もBに対して発するわけだけれども、今度は確定日付は12月２日で、それが12月３日に債務者Ｂのもとに到達しました。さてこのような場合に、果たして二重譲受人のＣとＤは、どちらが「私こそ、譲受人です」と主張できるのでしょうか。

対第三者対抗要件ということの意味は、Ｃが、ＢにではなくＤに「私が譲り受けたんです」と主張できるかどうか。あるいは、ＤがＣに「私のほうが先に譲り受けたんです」と主張できるかどうかという問題なわけです。

お気づきのように、到達時説というのが判例・通説だということから考えると、この事案で、ＣとＤのどちらが優先するのかというのは、皆さんおわかりだと思うのです。これは到達時説に立つ以上、このような状況下ではＤが勝つわけです。

そこで、12月３日にＢのもとに通知が着いたんだから、ＡからＤへの売却のほうが優先するということになりますね。どうして到達時説を判例・通説は採るのか。確定日付の先後で比較して、Ｃが勝つとするべきではないか、という考え方も十分成り立ちますね。それなのに、なぜ到達時を基準にＣ・Ｄの優劣を決めるのかということですが、これは物権変動論とパラレルに考えて、納得していただきたいと思うのです。

今、債権の帰属について、どういう形で一般世間に公示されるのかというと、もし皆さんがＡから「こんな形の債権を、例えば100万円で買ってもらえませんか」と持ちかけられた場合、どうしますか。通常はＢに電話をかけて「今、Ａからこんな話がきているんだけれども、間違いありませんか。あなたは確かにそのような債務を負担していますか？」と、債務者Ｂに問い合わせると思うのです。

そうすると、債務者Ｂの口を通じて、債権の帰属が公示されます。つまり、債務者Ｂがある事実を知っているということは、まるで登記簿に書いてあるということと同じ意味を持つわけです。だとすれば、対抗要件を備えたと言えるためには、債権譲渡の事実を債務者Ｂに知らしめなければなりません。だから、いつ到達したのか、いつＢが債権譲渡の事実を知ったのか、ということが大切な意味を持つわけです。これが、判例・通説が到達時説を採っている理由であり、したがって、本件では早く通知が到達したＤが優先するという話になるわけです。

（ウ）通知の到達に先後がない場合

では、債権譲渡の通知が債務者Ｂのもとに同時に到達した場合はどうするかというと、両者は互いに自己が債権者であることを主張できないということになります。先ほどの***ボード6***でいうと、ＣとＤですね。そこにいう通知がＢのもとに同時に到達したとすると、ＣはＤに対して、ＤもＣに対して、「私が債権者なんだ」ということを主張できないわけです。どちらも対第三者対抗要件の点で他方に優先できないからです。

しかし、債務者Ｂに対しては、弁済の請求をすることはできます。ここは要チェックです。対債務者対抗要件は、通常の通知あるいは承諾ということなので、Ｂとの関係ではＣとＤはいずれも対抗要件を備えており、債務者Ｂに対しては請求ができるわけです。そうすると、結局、先に支払いを受けたほうが優先するということになります。債権回収に勤勉な債権者が優先するわけです。

では、先に支払いを全額受けてしまえば、自分がそれを独り占めできるんですか、という問題が次に生じますね。このあたりは若干関連する判例があって、平成11年の国家Ⅱ種試験の本試験に出たわけですけれども、そのあたりを***ボード7***を使って説明したいと思います。

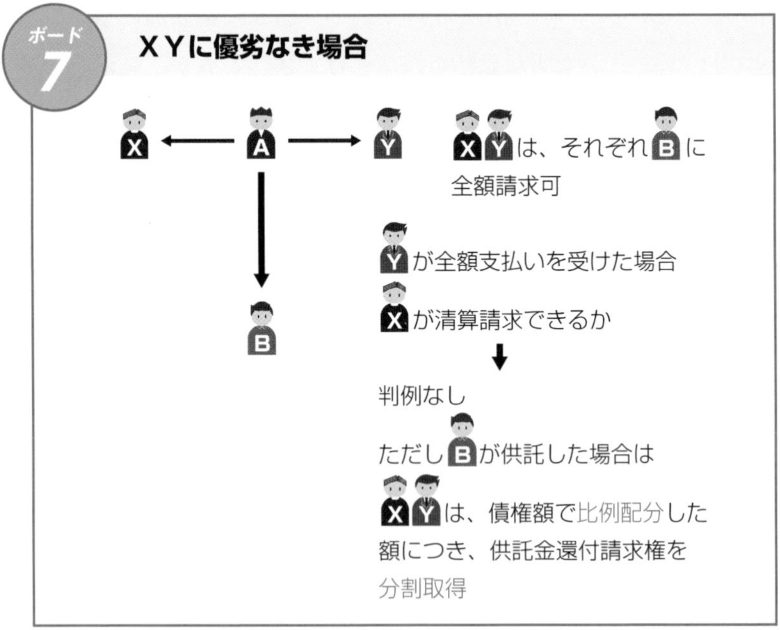

ボード
7
XYに優劣なき場合
X
A
Y
B
XYは、それぞれBに
全額請求可
Yが全額支払いを受けた場合
Xが清算請求できるか
判例なし
ただしBが供託した場合は
XYは、債権額で比例配分した
額につき、供託金還付請求権を
分割取得

二重譲受人に優劣がない場合です。今、AがBに債権を持っていて、X・Yに二重に譲渡をし、同時到達等の事情によってX・Yに優劣がないとします。このような場合、X・YはそれぞれBに全額の請求ができるというあたりをきちんと確認してもらいたいと思います。

例えば、債権額が1,000万円だとすると、優劣がないのなら500万円しか請求できないという感じがするかもしれません。しかし、Bとの関係ではXもYも対抗要件を備えているわけなので、1,000万円全額の請求をすることができます。先に回収したほうが勝つというわけです。

そうすると、次のような問題が生じます。今、仮にYがBから1,000万円全額の支払いを受けたとしましょう。このような場合に、Xが「ちょっと待ってください。私（X）とあなた（Y）とでは優劣はないはずです。したがって2分の1ずつにしましょうよ。あなたが受け取った1,000万円のうち、500万円は私によこしてください」と、言いたくなるという感じがしますよね。そこで、このようなXによる清算請求というのが、果たしてできるのでしょうかという問題です。

これについては、そのものズバリを扱った判例はありません。したがって、通常原則的にいうと、債権回収に熱心だった債権者が取ってもいいということで、Xによる清算請求は認められないと思っておいていいと思います。元京都大学の谷口先生は、古くから「按分しなさい。債権額に応じて分け合いなさい」という主張をされていますが、清算請求はできません。試験には出にくいとは思いますが、もし仮に出たとすれば、「請求できない」とせざるを得ないということでいいと思います。

ただし、Bが供託していた場合は判例があります。Bが供託していた場合とはどういうことかというと、BはXからも「払え」と言われるし、Yからも「払え」と言われるから、どちらに払っていいのかわからなくて困っているわけです。だから、とりあえずこの債務から免れたいと思ったら、Bは法務局に行って、とりあえずお金を預けます。それが「供託」です。

Bがそのような供託をした場合は、X・Yはともに債権者として、供託金還付請求というのをすることができるわけです。供託金還付請求権というのを、X・Yは持つわけです。このような場合には、どういう処理をするのかというと、X・Yは債権額で比例配分した額、通常でいうと1対1の割合で還付金請求権を行使することになります。これが平成11年の国家Ⅱ種試験にも出ていた選択肢の1つなわけです。ただし、あくまでもこれは請求する段階で、Bがどちらに払っていいかわからなくなって、困って法務局に供託した場合の処理です。

したがって、どちらかが先に全額請求して、回収した場合には取った者勝ちという扱いになる。それに対して、Bが供託した場合には債権額で比例配分した額を法務局に請求しなさいという扱いになる。**この違いを押さえておけば、受験生としては十分な理解というふうにいえると思いま**

す。

（4）債権譲渡と相殺

① 債権譲渡の対抗要件具備前に取得した債権による相殺（469条1項）

まず、次の***ボード8***を見てください。

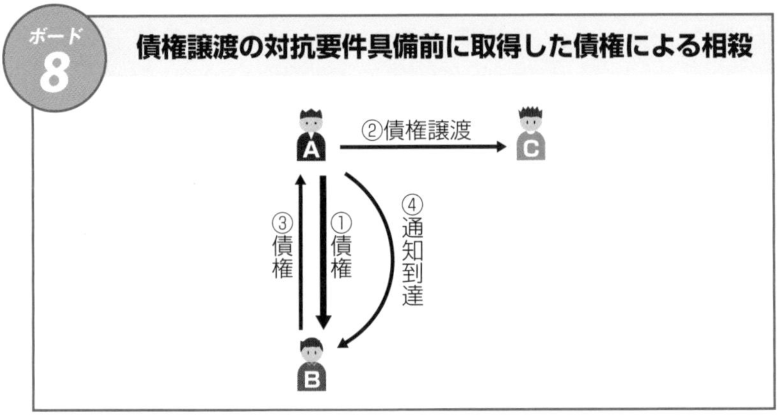

Aが債権者、Bが債務者で、Cが譲受人というい つもの事例で説明しましょう。債務者BはAからCへの債権譲渡後もAに対する反対債権を自働債権として相殺できるかという問題です。BがAに対する債権を先に取得していた場合、Bは相殺できます。何より先かというとCの債権譲受けの対抗要件具備よりも、つまり多くの場合AがBに対してなす、債権譲渡の通知のBへの到達よりも先にってことです。なんでかというと、BがAに反対債権を取得したってことはやがてその債権が弁済期に来ればBは相殺することで、リスクゼロ・コストゼロでその債権を回収できるという立場に立った。それを自己の関与しないところで生じたAC債権譲渡によって一方的に奪われることがあってはならない。ですからBが先にAに対する反対債権を取得した場合にはBは相殺することができるのです。

⑵　債権譲渡の対抗要件具備後に取得した債権による相殺（469条２項）

そうすると、ＢによるＡに対する反対債権取得がＣの債権譲受けの対抗要件具備よりも後の場合はＢは相殺できないということになります。ただ例外が２つあります。これらは出ますよ。

第１はＢの債権がＣの対抗要件具備よりも前の原因に基づいて生じたものである場合（469条２項１号）です。これは詐害行為取消権や差押えと相殺で出てきたお話と同じ原理ですのですぐにおわかりいただけると思います。***ボード９***で見てみましょう。

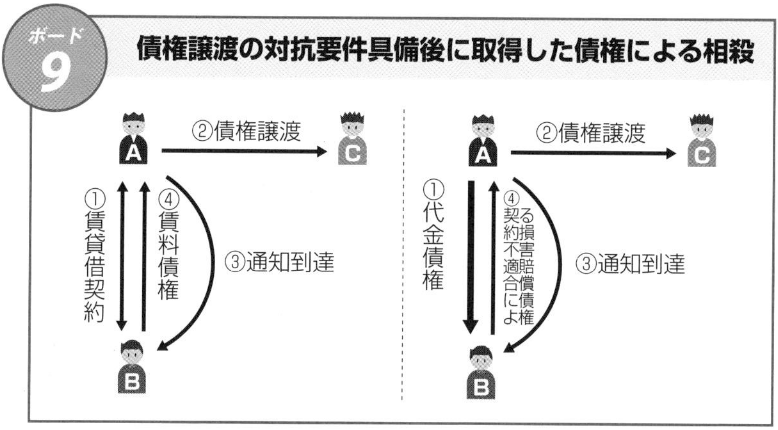

まず左の図です。ＢがＡにマンションを貸しました。その後ＡがＢに対する別の債権をＣに譲渡し、その旨の通知がＢに到達しました。これでＣは債権譲受けにつき対抗要件具備ですね。その後ＢがＡに賃料債権を持ちました、という事案です。Ｂの反対債権取得はＣの対抗要件具備よりも後ですが、その債権の発生原因、ここではＢＡ賃貸借契約がＣの対抗要件具備よりも早かった。この場合Ｂは相殺できるというわけです。

第２は同条項の２号です。Ｂの反対債権がＣの譲り受けた債権の発生原因たる契約に基づいて生じた債権の場合です。***ボード９***の右の図です。ＡＢ売買によりＡはＢに代金債権を取得し、それをＣに譲渡しその旨の通知がＢに到達しました。Ｃは対抗要件具備です。その後にＢがＡに対して例えば買った車のブレーキに故障があったということでＢに対して契約不適合責任（これは売買の個所で説明します）として損害賠償債権を得た。ＢがＡに反対債権を得たのはＣの債権譲受けの対抗要件具備の後です。でも代金債権の発生原因はＡＢ売買。Ｂの損害賠償債権の発生原因も同じ売買契約ですよね。そうしてみるとＡの代金債権はもともとＢから損害賠償請求される分、差し引かれた価値しかなかったわけです。例えば代金が100万円として損害賠償債務が10万円だとすると、もともとＡの債権は90万円の価値しかなかった。だからＣはＢから相殺されても特に不当な損はしていないと評価できるわけ。だからＢは通知を受けた後で生じた債権だけど、これを自働債権とした相殺ができるとされたのです。

ここまでをCHECK

①債権譲渡は意思表示のみで効力を生じ、対債務者対抗要件は通知または承諾。対第三者対抗要件は確定日付のある証書による通知または承諾である。
②優劣のない二重譲受人はそれぞれ債務者に全額請求できる。債務者の供託後は半分ずつ。

では次へ行きましょう！

2　債務引受

では、次は「債務引受」です。債務引受には、①履行引受、②併存的債務引受、③免責的債務引受、という３つの類型があります。このうち、②と③は平成29年改正により明文化されました。まず最初に、この３つの類型がそれぞれどういうものなのかを、***ボード 10*** を使って見ておきたいと思います。

ボード10　債務引受

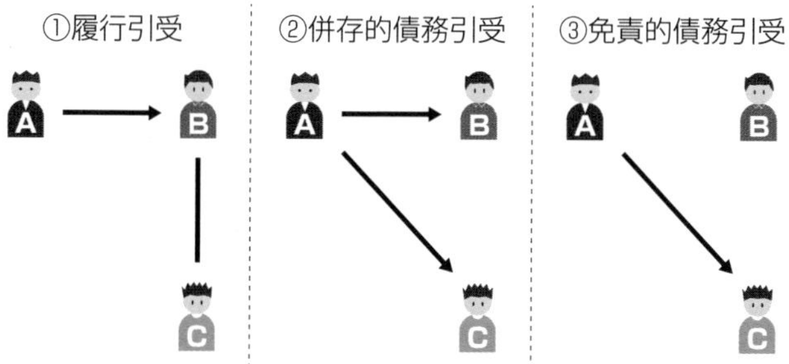

まず①履行引受です。今、Aが債権者、Bが債務者です。そして、この債務者BとCとの間で、Bから「私にはAに払わなければならないこんな債務があるんです」という話を聞いたCが、「よし、俺が代わりに払ってあげよう」という旨の約束を、Bとしたとしましょう。これが「履行引受」です。

ここで注意してほしいことは、このような履行引受があった場合にも、ＡＣ間では何らの債権・債務関係も発生していないということです。つまり、AはCに対して「私に払え」という請求をすることはできないわけです。そこが一番大切なところです。

次は、②併存的債務引受です。図で表すと、***ボード10***の真ん中のような形で、AがBに対して債権を持っていて、Bの債務はそのままで、CがBと並んで債務をAとの関係で直接に負担するという関係です。Bの債務とCの債務が並んでいることから、このような形を併存的債務引受というふうに呼ぶわけです。その結果、ＢとＣは連帯債務者になります。ここは大切ですので、チェックしておいてください。

さてこれはＡＢＣ３者ですることができるのはもちろんですが、ＡＣ間

(470条２項)、ＢＣ間（470条３項）でもできます。ＢＣ間でする場合、債権者Ａは債務者が増えて有利になるわけですが、ＡがＣに承諾した時に効力が生じます。

引受人ＣはＢがＡに主張できた抗弁をＡに対抗できます（471条１項)。そしてＢが取消しや解除ができる場合はＣもＢが債務を免れる限度でＡに対して履行を拒絶できます（471条２項)。まあ素直な条文ですね。

③**免責的債務引受**は、どうなるかというと、もともとの債務者であったＢの債務は消えてなくなり、もっぱらＣだけが債務を負担するという形になっています。これを免責的債務引受というわけです。

これは債権者Ａにとっては、かなり重大な変化ですね。例えば、Ｂは資力が十分なのに免責されて、資力に不安があるＣのみが債務者になってしまう。このような変化というのは、Ａにとって不利益だという問題意識を持っておいてもらうといいと思います。

まず要件としてＡＢＣ３者でできるのは自明ですよね。そしてさっきの併存的債務引受と同様にＡＣ間はもちろん（472条２項)、**ＢＣ間**でも行うことができます（472条３項)。もっともさっきの話で、ＢＣ間で行った免責的債務引受は債権者Ａの承諾がなされたときに効力を生じます。

免責的債務引受の効果としては、まず引受人Ｃは債務者Ｂの主張できた抗弁をＡに対抗できる（472条の２第１項)。債務者Ｂの取消権、解除権のある場合も、引受人ＣはＢのその権利行使によって債務を免れる限度でＡに対して履行拒絶ができます（同条第２項)。うん、素直な条文だ。次に**ＣはＢに求償できません**（472条の３)。これなんか素人が作問すると出しそうですね。もう１つだけ、担保の移転です。

まず債権者Ａは担保権を引受人Ｃが負担する債務に移すことができます(472条の４第１項本文)。まあ随伴性ですよね。ただし、Ｃ以外の者が設定した担保は**設定者の承諾**を得なければ移転しない（同条項ただし書)。債務者がＢからＣに変わるのだから保証人Ｄや物上保証人Ｅは「誠実なＢ

さんの債務なら担保しますが、よく知らないＣさんの債務の担保はごめんです」って言えるわけなんですよね。

ここまでをCHECK

①債務者と引受人とでなす、引受人が代わりに支払うことを約することを履行引受という。
②債務者が抜ける場合は免責的債務引受、債務者が引受人と連帯債務者になる場合を併存的債務引受という。

以上で、債権総論は終了です。

Chapter 5

債権各論

債権各論は契約総論、契約各論、事務管理、不当利得、不法行為からなります。危険負担・解除・売買・賃貸借・不法行為等、メジャー論点が数多く出てきます。まずそれらを正確に理解しましょう。また契約の成立や、不当利得など一見地味目な個所で、合否を決定づける差がつきます。網羅的な学習が必要です。

Chapter 5
Section 1　契約総論

今回の学習テーマは、「契約総論」です。ここでは、契約の種類にはどのようなものがあるのかを学習してください。また、同時履行の抗弁権、危険負担、解除の要件・効果についても理解しましょう。

1　債権各論の構成

では、債権各論に入っていくことにしましょう。

まず、各種の債権を、その発生原因ごとに類型化すると、***ボード 1*** のようになります。こういう図は、頭の整理にすごく有益なので、大切にしたいと思います。債権の発生原因は、まず「契約」です。これから、しばらく契約について勉強していきます。それに加えて、契約以外というところで、「事務管理」「不当利得」「不法行為」があり、全部で 4 つの債権の発生原因があるんだということを、まず確認しておきましょう。

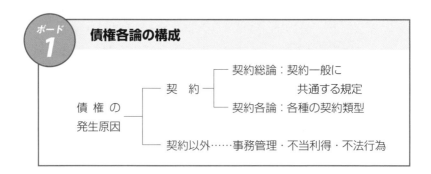

ボード 1　債権各論の構成

- 債権の発生原因
  - 契　約
    - 契約総論：契約一般に共通する規定
    - 契約各論：各種の契約類型
  - 契約以外……事務管理・不当利得・不法行為

ここまでをCHECK

①債権の発生原因は、契約・事務管理・不当利得・不法行為である。

では次へ行きましょう！

2　契約とは

（1）契約の種類

続いて、「契約とは」というところに入っていきますが、ここでは「契約の種類」について、相異なる3つの視点から契約をいろいろな類型に分けるという説明をしたいと思います。

①　双務契約と片務契約

まず最初の分類の視点は、双務（そうむ）契約か片務（へんむ）契約かという問題です。**双務契約**というのは、契約両当事者が、互いに対価関係に立つ債務を負担する契約をいうわけです。双方が債務を負担するから「双務」契約というわけで、多くの契約は双務契約です。例えば、売買契約。買主はお金を払わなければならない、売主は物を引き渡さなければならないというように、双方とも債務を負担するから双務契約ということです。

片務契約というのは、一方のみが債務を負担する契約で、具体例として贈与を覚えておけばいいと思います。

②　諾成契約と要物契約

次は、諾成（だくせい）契約と要物契約です。**諾成契約**というのは、当事者の意思の合致のみで成立する契約です。別に契約書を作る必要はなく、「こうしませんか？」「わかりました。そうしましょう」ということで契約が成立するわけです。

それに対して、要物契約というのは、当事者の意思の合致に加えて、物の引渡しがあって初めて成立する契約です。「物の引渡し」にチェックです。すでに皆さんが第Ⅰ巻で学習した質権の設定契約も要物契約です。質権設定契約は、意思の合致プラス物の引渡しで初めて成立する契約でしたね。

そのほか、要物契約の典型例として、消費貸借があります。これは要チェックです。消費貸借というのは、例えばお金を貸してあげることです。なお、要約契約ではない消費貸借もありますが（587条の2、**ボード4**参照）、ここでは、その場合は考えないこととします。

消費貸借は要物契約ですから、**ボード2**にあるように、貸主Aと借主Bの意思の合致があって、しかも実際にAがBに現金を渡したときに、初めて契約が成立するわけです。そこで、貸主Aの債務はいったいどんなものかと考えてみると、契約が成立（現金を渡した）した段階では、もはや貸主Aにするべきことは残っていませんね。だから、貸主Aは債務を負担しない。もっぱら借主Bのみが「返す」という債務を負担するにとどまるわけです。

ボード2　要物契約

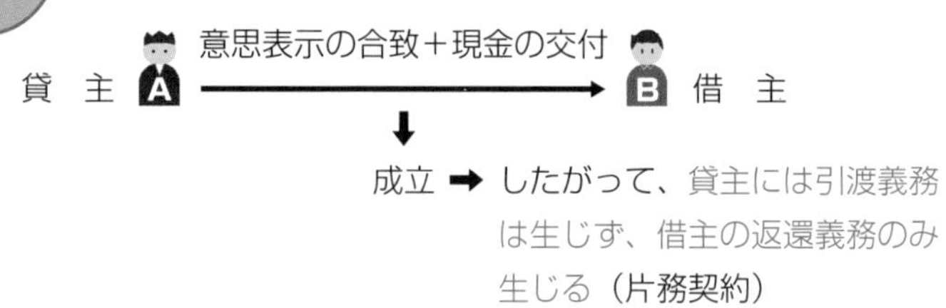

そうすると、先ほどの①との関連に、皆さんお気づきですね。要物契約

だとすると、それは片務契約になるんです。Aが物をBに渡しました。そこでやっと契約成立です。契約が成立した時点で、Aにやるべきことは残っていません。もっぱらBのみが債務を負担します。だから、片務契約になるんだということです。

③ 有償契約と無償契約

3つ目の分類の視点は、有償契約と無償契約です。有償契約とは何かというと、両契約当事者が互いに対価的な経済的出捐（出費）をなす契約のことです。「出費」にチェックをしておくといいと思います。両当事者がともに出費するのが有償契約です。

それに対して、無償契約というのは、当事者の一方が対価的な経済的出捐（出費）をなさない契約です。無償契約の典型例は贈与です。

④ 契約種類間の関係

では、ここで数的処理の判断推理っぽいことをお話ししますと、有償契約・無償契約という分類と、双務契約・片務契約という分類が、どのような関係にあるのかというあたりを、ちょっと考えてみたいと思います。

それぞれの定義をしっかりわきまえたうえで、具体例として贈与契約などを思い浮かべながら、双務契約・片務契約という話と、有償契約・無償契約という話の関連性を、***ボード3*** を使ってお話ししてみようと思います。

ボード3 **契約の種類**

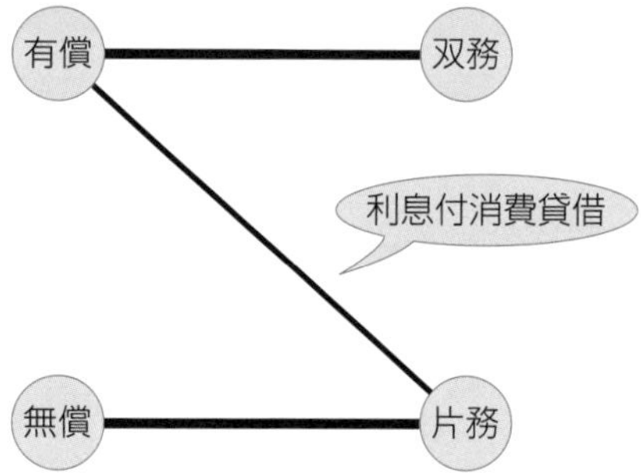

若干ややこしい系の話になりますけれども、今、有償契約とは何でしたか。どちらも経済的な出費をするのが有償契約でしたね。例えば売買契約はもちろん有償契約です。そうすると、お互いが債務を負担しているという双務契約と、非常に密接な関係があるということになるわけです。

他方、逆もそういう対応関係にあるはずですね。無償契約というのは、一方のみが出費をする契約です。例えば物をあげるという贈与契約。これは贈与者だけが、物を渡すという債務を負担しているということで、片務契約です。このように、有償なら双務契約、無償なら片務契約という結び付きがあるわけですが、果たして常にそう結びつくのでしょうか。

有償契約なのに片務契約だ、あるいは無償契約なのに双務契約だという形の契約類型というのが、果たしてあるのかないのかということを、よく考えたいのです。

その際にキーになるのが、要物契約という第2分類です。これは抽象的にお話ししても、かなりややこしいでしょう。でも、このあたりというのは、すぐに択一の問題を作ることができるわけです。例えば、「双務契約なら必ず有償契約だが、有償契約が必ず双務契約だとは限らない。○か×か」という形で出ることが予想されるわけです。

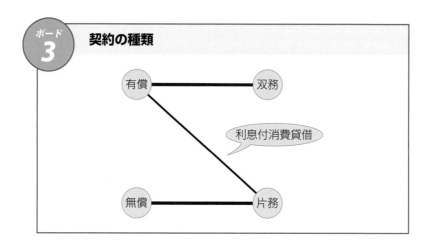

有償・無償という話は、出費があるかどうかです。それに対して双務・片務の話は、債務を負っているかどうかという問題です。そうすると、債務を負っていれば、履行の過程で出費が必ず生じます。だから、双務契約なら必ず有償契約といえます。しかし、有償契約がすべて双務契約だとはいえません。なぜかというと、１つ具体例を見れば、容易にわかると思います。有償契約でも片務契約だという、***ボード3***の斜めの線で表される契約類型があるのです。それは、利息付消費貸借です。

まず、利息付きというのだから、貸す側は自分のお金を相手に渡す。出費です。借りた側は、そのお金に利息を付け加えてお返しをする。これも出費です。両当事者とも出費するから、利息付消費貸借は有償契約です。だけど片務契約なんです。

なぜかというと、要物契約だからです。お金を貸す側は、お金を実際に渡したら、初めてそこで契約成立します。そうすると、貸す側に債務は生じないのです。借りた側には返還債務が生じるけれども、貸す側には債務は生じないわけです。だから、片務契約です。

そういうことで、出費というのは、契約の成立の前後を問わずにカウントするけれども、債務があるかないかというのは、契約が成立したその瞬間に債務があるかないかということです。つまり、基準とする時がズレるので、このようなズレが生じるわけです。

ポイントは、利息付消費貸借ということをかっちり覚え、あとはＺの逆型の対応関係になっているというあたりを覚えておくと、４通りほどすぐに選択肢が書けるわけですけれども、そのような問題にも対応できるのではないかと思います。

（２）各種の契約類型

さて、***ボード4***の表は、我々の民法が持っている13の契約類型のうち、重要なものについて、その特徴や内容をまとめたものです。一番上の売買契約から順に、それぞれの重要度をＡＢＣの３段階でランク付けしたいと思います。

では、上から順番にいきますよ。Ａ、Ｂ、Ａ、Ｂ、Ｂ。次は、第６類型の諾成的消費貸借からですね。Ｂ、Ｃ、Ｂ、Ｂ、Ｃ。このようにランクを付けて、復習の際に濃淡を付けて勉強をしていただければと思います。

 **今、ランク付けした中のＡランク。「売買契約」と「賃貸借契約」の２つは際立ってよく試験に出る、非常に大切な契約類型ということになっているわけです。そのあたりを重点的に勉強していきたいと思います。**

ボード4　各種の契約類型

類　型	内　　容	法的性質	重要度
売　買 (555条)	売主が財産権移転を約束し、買主が代金支払を約束	諾成・双務・有償	A
贈　与 (549条)	贈与者が無償で財産を与えることを約束し、受贈者がこれを承諾	諾成・片務・無償	B
賃貸借 (601条)	貸主が物の使用収益をさせることを約束し、借主がそれに賃料支払いおよび引渡しを受けた物を契約が終了したときに返還することを約束	諾成・双務・有償	A
使用貸借 (593条)	貸主が物を引き渡すことを約束し、借主が受け取った物を無償で使用収益して契約が終了したときに返還することを約束	諾成・片務・無償	B
消費貸借 (587条)	借主が借りた物を消費した後、同種・同等・同量の物を返還することを約束し、物を受け取ることで成立	要物・片務・無償 利息付き→片務・有償	B
諾成的 消費貸借 (587条の2)	貸主が引き渡すことを約束し、相手方が受け取った物と種類、品質、数量の同じ物をもって返還することを約束 ※書面または電磁的記録によることが必要	諾成・片務・無償 利息付き→双務・有償	B
雇　用 (623条)	労働者が労務に服することを約束し、雇用者がそれに報酬支払いを約束	諾成・双務・有償	C
請　負 (632条)	請負人が仕事の完成を約束し、注文者が報酬支払いを約束	諾成・双務・有償	B
委　任 (643条)	委任者が法律行為をすることを相手方に委託し、受任者がこれを承諾 ※法律行為でない事務の委託の場合は、準委任	諾成・片務・無償が原則	B
寄　託 (657条)	寄託者が物を保管することを預かり主(受寄者)に委託し、預かり主がこれを承諾	諾成・片務・無償	C

（3）契約の成立

①　申込み・承諾の効力発生時期

では、続いて「契約の成立」について見ていきたいと思います。このあたりは一見地味なんですが、意外に出題されて、多くの受験生が苦手にしがちなところなんです。地味だということで、あまりエネルギーを注がないことから、盲点になりがちなところになっています。

では、効力の発生時期から見ていきましょう。このあたりは復習ですけれども、**申込みは到達時**。相手方に到達した時に効力を生じます。そして、**承諾も、到達時**。

そこで、今、契約が成立するには、申込みと承諾の合致ということが必要なわけですよね。そうすると、申込みと承諾の**合致**というのは、どの瞬間に起こるのでしょうか。これは、皆さんもおわかりのように**承諾到達時**ですよね。承諾が到達すると、承諾が効力を生じますが、その段階で申込みはすでに効力を生じていますので、承諾到達時に申込みと承諾の合致、つまり契約成立ということになるわけです。「**承諾到達時＝契約成立時**」にチェックを入れておくとよろしいかと思います。

②　申込みの撤回

ちょっとややこしいところですが、撤回というのは、「法律行為の効力が発生する以前に、自分のなした意思表示をなかったことにするもの」です。つまり、**一方的に自分の都合**で、「**すみません。なかったことにしてください**」と、申込みを引っ込めてしまう。いったん申込みをするんだけど、それをなかったことにしてしまう。これを「申込みの撤回」というわけです。

では、果たしてどのような場合に、どの時点までなら、申込みを撤回することが許されるのでしょうか。

(ア) 承諾期間の定めがある申込み

まず、「承諾期間の定めがある申込み」の場合。つまり申込みをするときに、「いついつまでに返事をくださいね」というふうに申し込む場合です。このような申込みを、申込み者が引っ込めることはできるのかというと、原則として承諾期間内は撤回できません。「期間内は撤回不可」という点を押さえておくとよろしいかと思います。つまり、「いついつまでに返事をください」と言った以上、その日までは申込者は相手方の意思決定を待たなければならないという趣旨です。

では、承諾期間の経過後はどうかというと、承諾期間が経過してしまうと、申込み自体に自動的に効力がなくなってしまいます。そして、なくなったものを撤回することはできません。結局、いずれにしても承諾期間の定めのある申込みは、原則として撤回できないということになるわけです。今のところちょっとややこしいと思いますので、後ほど***ボード5***で説明します。

(イ) 承諾期間の定めがない申込み

次は、「承諾期間の定めがない申込み」の場合です。期間の定めがなければ、いつでも自由に撤回ができそうにも思えるけれども、まず、対話者に対してした申込みではない場合(隔地者に対してした申込みの場合)、その申込みは原則として、承諾をなすのに相当な期間内は撤回不可となっています。ここもチェックしておいてください。

相当な期間というのは一律に何日とか何時間と線引きはできません。申込みの内容次第で裁判官が事案ごとに判断します。次に、対話者に対してした申込みの場合、その申込みは、その対話が継続している間はいつでも撤回することができます。そして、対話が継続している間に申込者が承諾の通知を受けなかったときは、その申込みは原則として効力を失います。

「承諾期間の定めがない申込み」の場合は特に問題ないかと思いますの

で、「承諾期間の定めがある申込み」というところと、併せて「申込み者が死んでしまった場合の申込みの効力」について、***ボード5・ボード6***を使って説明したいと思います。

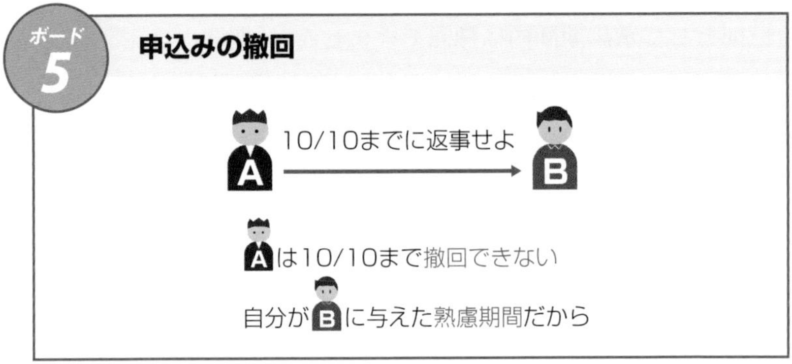

ボード
5
申込みの撤回
10/10までに返事せよ
A
B
Aは10/10まで撤回できない
自分がBに与えた熟慮期間だから

まず申込みの撤回ですが、AがBに対して申込みという意思表示をするわけです。「10月10日までに返事をしてください」と。これが承諾期間です。承諾期間の定めのある申込みを、AがBに対してしたわけです。そうすると、どうなるんでしたか？

10月10日まではAは待ってあげなければならない。だから、10月10日までは申込みを撤回できないと扱われるわけです。どうしてかというと、自分（A）がBに「10月10日までゆっくり考えてください」という熟慮期間を与えた以上、きちんと待ってあげなければならないからですね。

③　申込者の死亡

今度は、申込者が死亡してしまった場合、果たしてその申込みの効力はどうなるんでしょうかという問題について、***ボード6***で考えてみたいと思います。

ボード 6　申込者の死亡

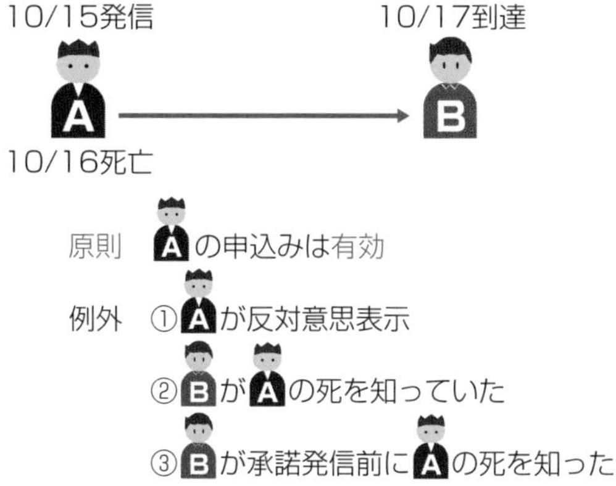

今、Aが10月15日に申込みを発信しました。それが10月17日に、相手方Bに到達しました。ところが、Aは発信の翌日の16日に死亡してしまったんです。そうすると、申込みがBに到達した17日には、すでに申込者Aはこの世にいないという状態になっていますね。そこで、このような申込みをどのように評価するべきかを考えたいと思います。

まず、**原則**として、Aの**申込みは有効**です。ちょっと意外な感じがするかもしれません。いわば死者からの手紙って感じですよね。死んだ人から通知が来たのに、そのような申込みは有効だ、と。有効という意味はおわかりですね。申込みが有効なんだから、**B**が内容を見て、「よし、これは承諾しよう」と考えて**承諾**すると、契約は成立するということです。Aが死んでいるのに**契約が成立**してしまうというのは、ちょっと違和感がありますけれども、その後の権利関係はAの相続人とBとの間で生じるという形になります。だから原則として、たとえAが申込み発信後に死亡しても有効。まず、ここをしっかり押さえてもらいたいと思います。

ただ、**例外**が２つあって、この２つの例外は記憶する必要があります。

第１の例外は、Ａが反対の意思表示をしていた場合です。反対の意思表示とはどういうことかというと、Ａが申し込むときに、「これこれのことをしませんか？」と申し込むわけですが、「ただし、私が死んだ場合にはなかったことにしてね」と。これが反対の意思表示というものです。この場合には、申込みは無効になるということです。

第２の例外は、ＢがＡが亡くなったという事実を知っていたかまたは承諾の意思表示をするまでにそのような事実を知った場合です。Ｂが知っていた場合にまで、無理やり申込みを有効として、契約を成立させる必要はないだろうということで、この場合にも例外的に申込みは無効と扱われるということです。

ここまでをCHECK

①要物契約とは、契約成立に物の引渡しを要する契約であって、質権設定・消費貸借等がこれにあたる。
②利息付消費貸借は有償片務契約である。
③承諾期間の定めのある契約の申込みは原則として撤回できない。

では次へ行きましょう！

3　同時履行の抗弁権

(1) 意　義

▶ **第533条**
　双務契約の当事者の一方は、相手方がその債務の履行（債務の履行に代わる損害賠償の債務の履行を含む。）を提供するまでは、自己の債務の履行を拒むことができる。ただし、相手方の債務が弁済期にないときは、この限りでない。

では、同時履行の抗弁権に進みましょう。まずは、意義から見ていきたいと思います。「**双務契約**においては当事者双方に対価的な債務（債権）が発生する。この２つの債務は相対応するものであるから、どちらかが先に履行する約束（先履行の約束）がない限り、**同時に履行**されるべきである」。

一番最初「双務契約においては」とありますが、ここは大事ですよ。この「双務契約」にチェックしましょう。双務契約とは、１つの契約で当事者双方ともが債務を負担する契約でしたね。そのような双務契約で生じた両債務は、同時履行の関係にあるというわけです。

ボード７を見てください。

ボード
7
同時履行の抗弁権

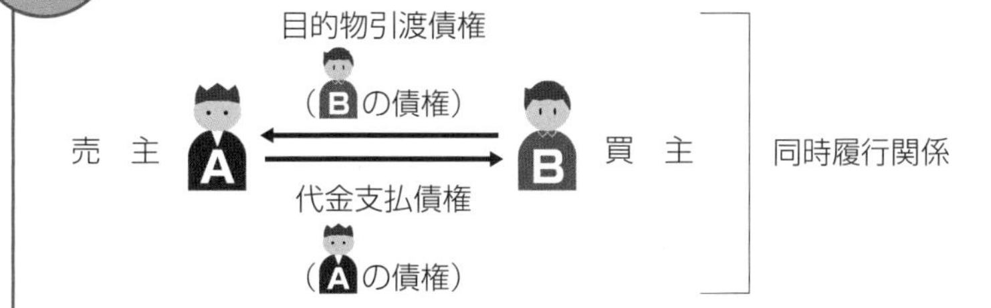

今さら見るまでもないかもしれませんが、今、売主Ａが買主Ｂに代金請求をしてきます。そのとき、買主Ｂが、「代金はお支払いしますが、物をいただくまではお支払いしません」というふうに、代金の支払いを拒めます。**抗弁権**というのは、相手方からの**請求を跳ね返す力**でしたよね。そんなわけで、Ｂは同時履行の抗弁権を持っているというわけです。

他方、Ａも同じなんですよ。買主Ｂが物を引き渡せと請求してきた場合、Ａは「お金をいただくまではお渡しできません」というふうに、Ｂからの請求を跳ね返すことができる。つまり、双務契約の両当事者は、お互いに同時履行の抗弁権を持ち合っているということになるわけです。

つまり、２つの債務が同時履行の関係にある場合、一方の債務者は、相手がその者自身の債務を履行しない間は、自分の債務の履行を拒むことができる。これを同時履行の抗弁権というわけです。

（2）同時履行の抗弁権の効果

効果についてはすでに説明が済んでいるところですが、改めて確認しておくと、まず１つは、「自己の債務の履行を拒んでも、履行遅滞にならない」ということです。もう１つは、「相手方たる債権者は、当該債権を自働債権として、別の反対債権との相殺が許されない」ということです。相殺禁止という話でしたね。

それから、相手方が弁済の提供をすると同時履行の抗弁権は失われます。まあ、そうでしょうね。例えば売主が物を持ってきて、さあ代金を支払ってくださいと言ってきた場合には、買主は代金を支払わざるを得ない。売買目的物を売主が買主のところに持ってきて代金請求をしているんだから、買主の同時履行の抗弁権は失われますよね。これは納得がいくかと思うんです。

ところが、その次が若干微妙な問題なんですね。売主が目的物を持って行ったけれども、買主が目的物を受領しなかった場合です。仕方がないから、売主はいったんこの物を持って帰ります。そして、その後再び売主が買主に代金請求をした場合、買主は改めて同時履行の抗弁を主張できることになっています。この点について、***ボード8***を使って確認したいと思います。

ボード8　**同時履行の抗弁権の復活**

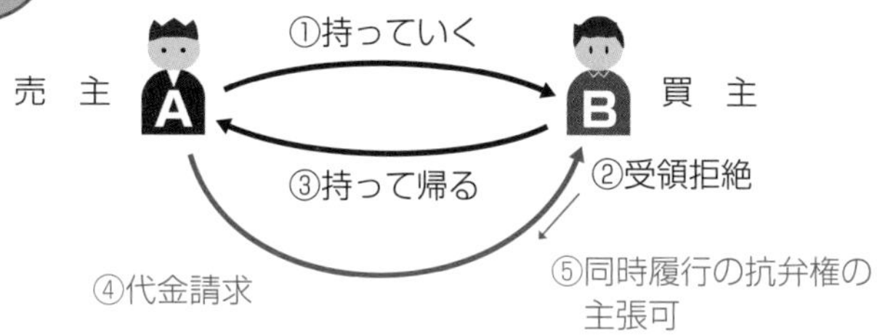

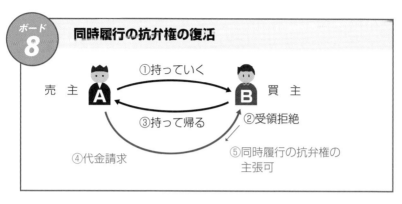

同時履行の抗弁権がいわば復活するという話なんですが、今、Aが売主で、Bが買主です。Aは売主だから物を届けなければなりません。そこで、まずAはちゃんとBのところへ持って行きました。持って行ったのに、Bがこれを受け取らないんです。受領拒絶をするんです。そうすると、仕方がないのでAはこれを持ち帰ることになります。ここまでは大丈夫ですよね。

この状態で、AがBに対して代金請求をするわけです。さて、このときに、Bは「物を持って来てくれるまでは、お金は払いません」ということが言えていいんでしょうかという問題です。

すでに、Aは一度ちゃんと持って行っているんですよ。ちゃんと持って行ったのに、Bが受領拒絶をしたから仕方なく持って帰ったんです。それなのに、Bが同時履行の抗弁権を出せるというのは、ちょっと変な感じがするでしょう。

しかし、判例は、**Bの同時履行の抗弁権を肯定**しているんですね。Bは同時履行の抗弁権を主張できるというふうに扱われているわけです。これがどうしてかということは、きちんと考えてみる必要があるでしょうね。

確かに、私も勉強し始めたころはそうでしたが、皆さん方の多くもこの場合のBの同時履行の抗弁権は認めるべきじゃないという感じがすると思うんです。ところが、もう少し考えてみると、今、この状態でBの同時履行の抗弁権を認めない、つまり、物を受け取る前にBはお金を支払わなければならないという扱いにしてしまうと、今度はお金を受け取ったAが物を渡さない、ということになりがちなわけです。

もともと双務契約ということで、同時にお互いが債務を負担し合っているわけでしょう。そうすると、「履行上の牽連性（けんれんせい）」といいますけれども、一方が履行されたから、他方も履行されたという状態を保っておくほうが、まだＡＢ間の公平に資するわけです。

確かに、「お金を受け取ったAが物を渡さないということはめったにありませんよ」と思うかもしれません。我々日本人は、一般的に信義を重んじるということで、お金を受け取りながら物は渡さないなんてことは考えにくいかもしれませんが、法律系というのはだいたい西ヨーロッパで生まれたもので、いろんな宗教とか文化とか民族とかが入り乱れて生活をしていると、結構シビアな社会なんです。

だから、いったん受領拒絶をしたからといって、物を受け取る前にお金を支払わされてしまうと、今度はBが物を受け取れないということがよく起こっていたわけです。そんなことを根拠として、判例はこのような状況下でも、Bの同時履行の抗弁権の主張を認めているというわけです。

Aはお金を払ってほしければ、改めてもう一度物を持って行って、お金を払ってもらう。もちろん、余分に一往復しているわけだから、それにかかった費用はBに請求することはできますけれども、代金を受け取るためには、もう一度、物を持って行く必要があるというわけです。

（3）同時履行関係に立つ債務

では、次に進みましょう。同時履行関係に立つ債務というところです。

もともと双務契約から生じた2本の債務は同時履行関係に立つわけですが、法律上厳密に言えば、双務契約から生じた債務ではないけれども、民法の明文で、あるいは判例で、この場合にも同時履行関係を拡張しましょうというものがあるわけです。

まず、法律上、同時履行関係だと扱う領域を広げているものとして、「**契約解除の場合の原状回復義務**」があります。これについては、後ほど説明します。

次に、判例上、同時履行関係を拡張しているものとして「借地借家法上の**建物買取請求**をした場合の、建物代金支払いと土地の返還債務」があります。これもかなり複雑な状態になりますので、後ほど説明したいと思います。

まず体系をわかってほしいんですが、もともと双務契約で生じた２本の債務が同時履行関係に立つと民法には書いてあるわけですが、双務契約から生じた２本ではなくても、法律上、同時履行だというのが「解除の場合の原状回復」。判例上広げられているのが「建物買取請求の場合」。この２つが拡張されているわけです。

逆に、次の２つは、同時履行関係が**否定**されている場合です。「**造作買取請求**」と「**敷金返還**と目的物明渡し」です。この２つは、一見同時履行にしてもよさそうだけど、同時履行じゃありませんということで否定されています。

そうすると、肯定例２つ、否定例２つで、全部で４つですよね。４つあると、このあたりというのは、手っ取り早く択一の問題を作りやすいところなんですね。皆さん方には、まず、肯定例２つ、否定例２つと、個数を覚えてもらって、電車の中などでその中身を思い出す練習をするという形で勉強してほしいと思います。

それでは、肯定例として、解除の話と建物買取請求の話。否定例として、造作（ぞうさく）買取請求の話と敷金返還と目的物明渡しの話を、***ボード9～ボード11***で説明したいと思います。

① 同時履行関係の肯定例

(ア) 解除による原状回復

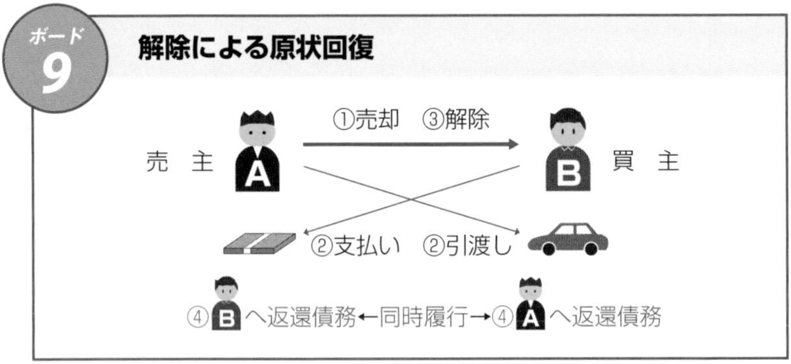

まず、肯定例の解除の場合の原状回復からです。

今、AがBに車を売却しました。Aが売主でBが買主という、いつもの設例です。そして、お互いが自分の債務を履行し合います。つまり、売主Aは車をBに渡し、買主Bもお金をAに支払っている。双方とも既履行、お互いに履行し合っているという状態です。

しかし、引き渡された車が契約の内容に適合しないものであるときには、契約を解除することができる場合があるんです。そんな事情で、今、AB間の売買契約は双方既履行、すでに履行済みなのに解除されたとします。

そうすると、Aのところにお金があってはおかしいわけです。そのお金は買主Bのお金でしょう。同じように、Bのもとに車があるというのもまずいわけです。契約が解除された以上、この車はAのものです。だから、解除によってお互いが、Aはお金を返還し、Bは車を返還する。そのような債務を負うに至るわけです。

さあ、だいたい話の筋が見えてきたかと思いますが、Aが負担しているBへのお金の返還債務と、Bが負担しているAへの車の返還債務。これらの債務は、双務契約から生じたものじゃないでしょう。もともと双務契約というのは車の売買契約ですよ。売買契約というのは双務契約だけど、解除というのは双務契約じゃありません。

Ｂへのお金の返還債務と、Ａへの車の返還債務は、解除から生じたものです。双務契約ではなく、解除から生まれた両債務ですね。したがって条文ズバリじゃないんです。533条ズバリじゃないんだけど、546条が同時履行関係を拡張しましょうということで、これら２つの債務も同時履行と扱うということです。

この場合も、特に同時履行関係にしたほうが公平ですよね。先に買主が車を返しなさい。その後でゆっくり売主がお金を返しますというのは不公平です。そんなことから同時履行というふうに拡張しているのです。

（イ）建物買取請求

今度は建物買取請求という話で、若干これは目新しいところですね。

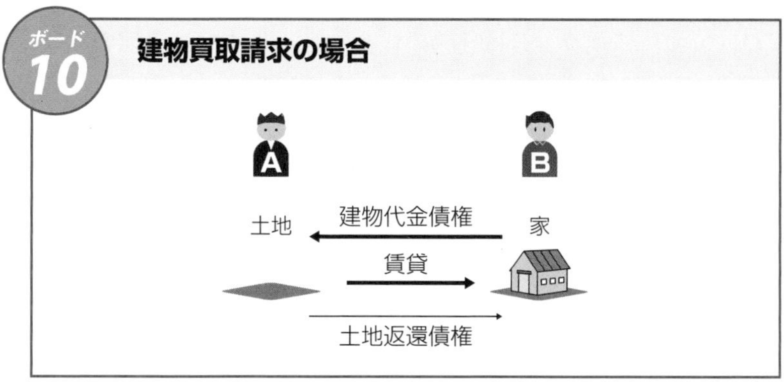

今、Ａが土地をＢに貸していて、土地を借りているＢが、その土地上に家を建て、そこに住んでいます。そして、土地についての賃貸借契約が期間満了で終了しました。期間満了で終了するとどうなるかというと、本来は、契約が終わったので、Ｂは土地をＡに返すに際して、建物を取り壊し

てきれいな状態（更地）に戻してAに返すべきなんです。
でも、この家はまだ住めます。まだ10年、20年と住めるのに、取り壊しをして、常に更地にしてAに返すというのは、**社会経済上もったいない**ですよね。まだ住める家を取り壊すのはもったいない。
そこで、借地借家法上、建物買取請求権というものを借地人Bに与えているのです。**Bがその建物買取請求権というものを行使するとどうなるの**かというと、Aの承諾なしで、一方的に、Bが建物の売主、Aが買主ということになり、**BはAに対して建物代金債権を持つわけです**。BはAに対して、建物代金を支払ってくださいと言えるわけです。請求権と条文にありますが、これは**形成権**、法律関係を変動させる権利です。
他方、土地の賃貸借契約は終了していますので、土地は返さなければなりません。Aから表現すると、**Aは土地返還債権を持っている**。AはBに対して土地を返してくださいと言えるわけです。
さて、この２本の債権も、１つの双務契約から生まれたものじゃないですよね。だけど、お互いが持っている債権を同時履行関係にしましょうというわけです。つまり、Bは建物の代金をもらうまでは土地を返さなくてもいい。Aも、土地を返してもらうまでは建物代金を支払う必要がないということです。このようにして、533条の条文が予定している双務契約から生じた両債務ではないけれども、判例上、同時履行関係を拡張しているのです。

②　同時履行関係の否定例

（ア）造作買取請求

では、次は否定例のほうを***ボード11***で見ておきたいと思います。今度の造作買取請求は、先ほどの建物買取請求と似ているんですよ。似ているんだけれども同時履行関係を否定している。その理由を、一緒に考えたいと思うわけです。

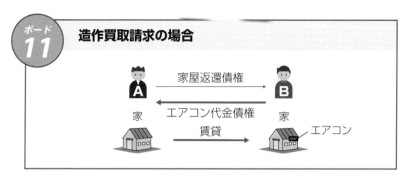

ボード 11
造作買取請求の場合

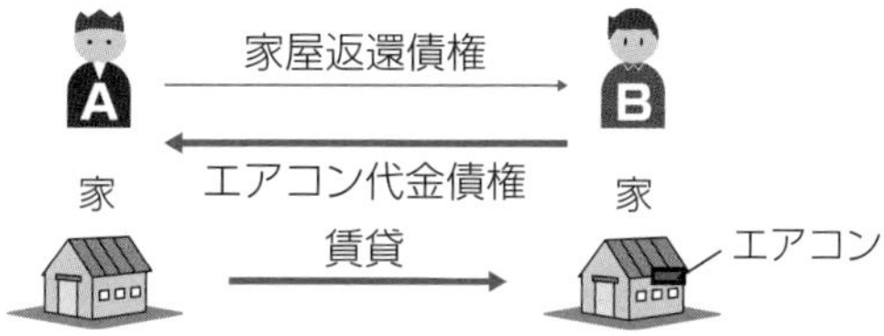

今回は借家契約です。今、Ａが自己所有の家屋をＢに貸していて、Ｂがエアコンを取り付けました。これは結構ありがちですよね。皆さんの中にも、賃貸マンションにお住まいで、自分でエアコンを買って取り付けたというケースがあろうかと思います。

このような場合、借家契約が終了すると、エアコンのような建物内の設備のことを造作というんですが、それを買い取ってくれと、ＢがＡに対して請求することができるわけです。先ほどと非常に似ていますよね。

借家契約が終了しますと、ＡはＢに対して「家屋を返せ」と言えます。だけど、ＢもＡに対して「エアコンを買い取ってください」という造作買取請求ができるわけです。すると、ＢはＡにエアコン代金債権を持つわけです。

そうすると、先ほどの土地の返還義務と建物代金支払義務が同時履行だったわけですから、今回もこの２つの債権は同時履行関係にあってもよさそうですよね。しかし、判例は、この場合は同時履行ではない、としているんです。

そこで、先ほどの建物買取請求の場合と、今の造作買取請求の場合との違いを考えたいと思います。どういうことかというと、建物と土地とは値段的にそんなに差はありません。特に最近、土地が安くなっているという関係もあって、土地の価値と建物の価値にはそんなに差がない。だから、同時履行関係というふうに処理すると、バランスがとれるわけです。それに対して、エアコン代金は最近安いですよね。10万円も出せばかなり立派なものが買えるようですが、エアコン代金と家というのは、価値が全く不均衡なわけです。

したがって、土地と家との価値はバランスがとれているが、エアコンと家との価値はバランスがとれていないという違いから、実質的に判断して、判例は、造作買取請求の場合は、同時履行関係を否定しているということになっているわけです。

（イ）敷金返還と目的物明渡し

もう１つの否定例も見ておきましょうか。賃貸借契約における敷金返還と目的物明渡しですね。賃貸マンションにお住みの方は、地域によって違うみたいですが、最初に家賃の１～２か月分程度の敷金を大家さんに渡しますよね。そして、部屋を返すに際して、大家さんが畳を替えたり、襖やクロスを貼り替えたりして、内装をきれいにしますよね。そして、それに要した費用を敷金から差し引いて、残額を返してくれるという運用がされています。さてこの場合に、大家さんが敷金を返してくれるまで、この部屋から出ていきませんというような、同時履行関係が肯定できるのかという問題です。

結論として、同時履行関係は否定です。先に部屋を明け渡さなければなりません。賃借人が先に部屋を返して、その後で残った敷金を返してもらえるというふうに扱うわけです。なぜかというと、先ほど説明したように、賃借人から部屋を返してもらった後で、業者の人が入って改装費としていくらかかりますという見積もりをするわけです。

場合によっては、浴槽ごと入れ替えるなんていう必要があるかもしれませんよね。だから、いったん部屋を明け渡してもらって、その後で業者の方が入って見積もりを出して、初めていくら敷金から引くかがわかる。そして残金があればこれを返す。このようにする必要があるので、ここは同時履行関係否定ということになっているわけです。

そんなところで、肯定例の２つと否定例の２つ、合わせて４つですね。同時履行のところで出るのはそこなので、しっかりと押さえておいてください。

ここまでをCHECK

①双務契約で生じた両債務は同時履行である。
②解除による原状回復債務は同時履行である。
③建物買取債務と土地返還債務は同時履行である。
④造作代金債務と目的物返還債務は同時履行ではない。
⑤敷金返還債務と目的物返還債務は同時履行ではない。

では次へ行きましょう！

4　危険負担

（1）危険負担

①　意　義

では、危険負担の問題に入りたいと思います。ここは、平成29年改正により大幅に内容が変わった個所です。まずは改正前民法下での危険負担を概観しましょう。***ボード 12*** で説明していきます。

ボード12 危険負担の意義

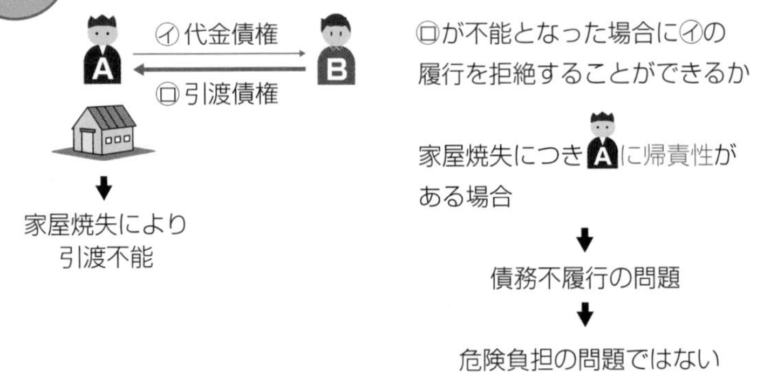

㋑代金債権
A
B
㋺引渡債権
家屋焼失により
引渡不能
㋺が不能となった場合に㋑の
履行を拒絶することができるか
家屋焼失につきAに帰責性が
ある場合
債務不履行の問題
危険負担の問題ではない

まず最初に、どんな場合が危険負担の問題なのかというところを正しく理解してもらいたいわけです。Aが売主でBが買主です。そうすると、売主Aは「お金を払ってください」という代金債権を持ちます。今これを㋑としておきましょう。それに対して、買主Bは「家を引き渡してください」という引渡債権㋺を持ちます。双務契約ですね。

ところが、契約成立後に、この目的物たる家屋が焼失してしまいました。このような場合、買主Bは家屋を引き渡してもらえなくなったのですが、反対債務である㋑代金債務は履行しなければならないのでしょうか。

② 債務者主義

家屋が焼失してしまったのがAのせいでもBのせいでもない場合、債務者主義が採られています（536条1項）。

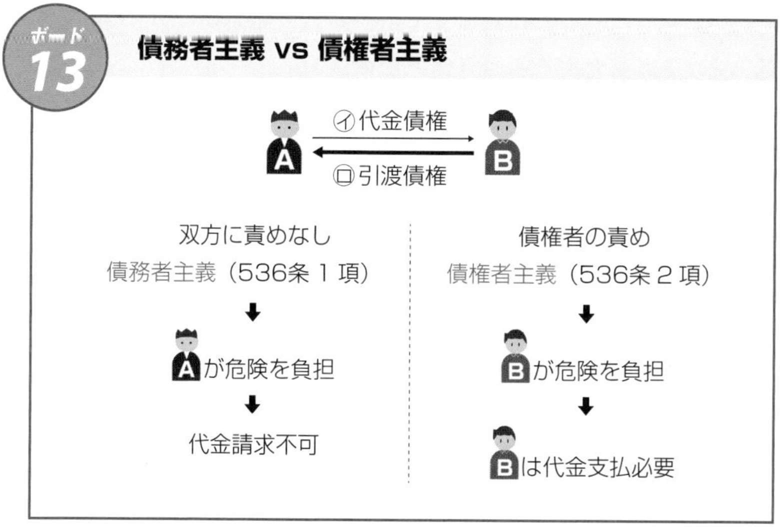

債務者主義というのは、売主Ａが危険を負担するということです。ここで債権者、債務者という呼び分けは不能となった債権を基準にしています。つまり***ボード 13***の㋺ですね。ここが一番のポイント。

では、売主Ａが危険を負担するということは、どういうことになるのでしょうか。代金請求不可ということになるわけですよね。Ａが危険を負担するということは、Ａは家を売ったのに、代金をＢから支払ってもらえないということになる。雷が落ちて家が燃えてしまったという危険を、Ａがかぶったということになるわけですよね。家を売ったのに、代金を受け取れないということです。

このように、債務者主義というのは、双務契約で生じた２本の債権のうちの１つ、㋺が不能になれば㋑も履行する必要がなくなる。反対債権たる㋑も履行を拒絶できると処理することを、債務者主義というわけです。

では、なぜ双方に責めがない場合、債務者主義なのかということですが、もともと双務契約から生じた２本の債権というのは、あなたが渡すから私も払う、という関係にあるわけですよね。そうすると、一方が不能になってしまうと、他方も払わなくてよいという結論のほうが素直なわけです。だから、債務者主義ということです。

③　債権者主義

> ▶ **第536条**
> ②　債権者の責めに帰すべき事由によって債務を履行することができなくなったときは、債権者は、反対給付の履行を拒むことができない。この場合において、債務者は、自己の債務を免れたことによって利益を得たときは、これを債権者に償還しなければならない。

ボード13でいえば債権者、これは不能になった債権に着目して呼び分けていますから買主Ｂですね。Ｂのせいで建物が燃えてしまった。この場合はＢは代金を支払わなければならない。そりゃそうだ。

ただ、この処理はＢの自業自得といえばそれまでですが、Ｂにとって厳しい。だって家を買って自分のせいだとはいえその家が燃えちゃって、でも代金は全額支払わされるわけですから。そこでこのＢの不利益を少しでも緩和しようというのが利益償還請求です。これには同条項後段の「費用償還請求権」と422条の２の「代償請求権」という２つがあります。

まず**費用償還請求権**ですが、これは目的物が滅失した場合、債務者たる売主は一定の費用を免れますよね。例えば、**運送費**。持っていきようがなくなるわけだから、運送費が節約できるわけ。あるいは、**保管費**などの出費も免れているということになるわけです。ところが、債権者主義が妥当する領域では代金は全額もらえるわけです。そうすると、売主は家が燃えてしまって保管費が浮いているのに、買主から全額の代金をもらうと、これは**二重取り**で**不公平**ですよね。

そこで、このような場合は、費用償還請求ということで、債権者たる買主は売主に対して、節約できた費用分のお金をよこせと、請求できると扱います。

もう１つ、**代償請求権**ですね。目的物が滅失等をした場合、債務者たる売主が得た利益、例えば火災保険金。この保険金は建物の代償物です。建物の価値が保険金債権に生まれ変わったもの。だから建物を引き渡せない売主は建物の代わりに保険金債権を買主に渡してあげなさいということです。

このようにして債権者主義による買主のしんどさを緩和してあげているのです。

（2）売買契約の特則

まず条文から見てみよう。

> ▶ **第567条**
> ①　売主が買主に目的物（売買の目的として特定したものに限る。以下この条において同じ。）を引き渡した場合において、その引渡しがあった時以後にその目的物が当事者双方の責めに帰することができない事由によって滅失し、又は損傷したときは、買主は、その滅失又は損傷を理由として、履行の追完の請求、代金の減額の請求、損害賠償の請求及び契約の解除をすることができない。この場合において、買主は、代金の支払を拒むことができない。

さて、この条文は滅失や損傷の危険が目的物の引渡しによって買主に移転するというものです。***ボード13***でいうとＡがＢに引渡しをしました。そのあとでＡＢいずれのせいでもなく目的物が壊れた。この場合は買主ＢはＡに文句を言えません。まあ当たり前ですね。これをもっともらしくいえば、「引渡しによって危険が買主に移転した」となるわけです。

> **ここまでをCHECK**
>
> ①危険負担の債権者・債務者は不能となった債権を基準に呼び分ける。
> ②民法上債務者主義が原則である。つまり売主負担だから買主は代金支払いを拒絶できる。
> ③例外的に債権者主義とされるのは、債権者のせいで不能になった場合である。つまり買主負担だから代金を支払わなければならない。

では次へ行きましょう！

5　契約解除

(1) 意　義

では、次に「契約解除」というところに進みたいと思います。

まず、解除の意義ですが、「一定の事由がある場合に、当事者の一方の意思表示によって、契約を遡及的に消滅させる制度」です。この中で、「一方の」というところと「遡及的に」というところをチェックしましょう。つまり、一定の事由（解除原因）がある場合に、当事者の一方が単独行為として解除権を行使すると、契約関係ははじめからなかったという扱いになるわけです。

①　解除の種類

解除には、次の３種類があります。まず第１類型は、解除原因が法律によって規定されている場合です。法律に書いてある原因で解除をなす場合を、「**法定解除**」といいます。このケースが圧倒的に多いです。

第２類型として、当事者があらかじめ解除原因を定めておいて、その原因に基づいて解除する場合があります。これを「**約定（やくじょう）解除**」といいます。

例えば、「雨が降ったら契約を解除できることにしよう」という契約を結んで、雨が降ったことを根拠に解除するような場合ですね。

第3類型は、当事者間で新たに解除を合意する場合です。定められた解除原因が発生したわけではないんだけれども、当事者が「そろそろこの契約は解除することにしませんか」と持ちかけ、「わかりました。私も解除したいと思っていました」というような意思の合致があって解除がなされる場合を、「合意解除」というわけです。この第3類型は単独行為ではなく、契約ですね。

というわけで、解除というのは広くいうと、「法定解除」と「約定解除」と「合意解除」の3種類に分けることができるわけですけれども、通常、解除というと、第1類型の「法定解除」のことをいうんだと理解いただきたいと思います。

②　法定解除の原因

では、法定解除の原因に進みましょう。これは、どんな場合に解除ができると民法に定められているか、という話なんですが、1つは債務不履行があった場合です。「債務不履行」にチェックしましょう。以前、債務不履行の項でも説明しましたが、債務不履行があった場合には、債権者の側から、損害賠償請求に加えて、契約の解除ができるということです。ただ注意してほしいのですが、改正民法では解除の要件として債務者の帰責事由を不要としました。つまり解除の位置づけが債務不履行をした債務者に対する制裁ではなく、債権者を契約関係から解放するための制度と改められたのです。ですからここでいう債務不履行というのは広義のそれです。つまり債務者が客観的に契約の本旨に従った履行をしないこと。そのことについての債務者の帰責事由は問いません。

それと、債務不履行以外の場合で、例えば「貸主の同意のない転貸借（無断転貸）」などがあった場合です。これは契約各論でじっくり勉強しますので、ここでは、１つ目の債務不履行に基づく解除について勉強していこうと思います。

（２）解除の要件

では、法定解除するためにはどのような要件が必要なのかということについて、説明したいと思います。２つの類型ごとに、それぞれによる解除について、個別に要件を見ていきたいと思います。

①　催告解除

まず、催告解除です。

> ▶ 第541条
> 　当事者の一方がその債務を履行しない場合において、相手方が相当の期間を定めてその履行の催告をし、その期間内に履行がないときは、相手方は、契約の解除をすることができる。ただし、その期間を経過した時における債務の不履行がその契約及び取引上の社会通念に照らして軽微であるときは、この限りでない。

つまり「催告」「履行しないこと」「解除の意思表示」。この３つがすべて揃って初めて、催告解除ができるというわけです。ただし、催告については論点がありますので、それを見ておきたいと思います。

まず、債権者は相当期間を定めて催告をしなければならない。つまり、「あと３日だけ待ってあげるから早く支払ってくださいね」という形で、相手方の支払いを促す。債務者に最後のチャンスを与える、そのような意味で、相当期間を定めた催告というものが必要なわけです。

そこで、問題は、「相当期間を定めない催告」。これが果たして全く無意味なのか。それとも一定の意味を持つのかという問題があるわけです。本来は「３日以内にお支払いくださいね」と催告するわけですが、例えば「５秒以内にお支払いください」とか、特に期限を切らずに、ただ「早く払ってください」というふうに催告をした場合。これは相当な期間の定めのない催告です。

この催告にも全く意味がないわけではなくて、例えば「5秒以内に支払ってね」という催告から相当期間（例えば3日間）が経過すれば、それによって催告の要件はクリアされることになります。

次に「履行しないこと」。これについては541条のただし書に新しい規定が置かれました。従来から例えば数量がほんの少しだけ不足してたり、あるいは付随的義務違反の場合には解除ができないとしていた判例法理を明文化したものです。

3つ目の「解除の意思表示」ですが、法定解除は単独行為ですので当たり前ですが、相手方の承諾は不要です。

②　無催告解除

では、続いて、解除の第2類型、無催告解除の要件を見てみましょう。全部で5つあります。

1つ目は履行不能の場合です。そもそも催告というのは、債務者にラストチャンスを与えるという狙いがあったわけですよね。だけど、履行不能な場合、不能なんだから、ラストチャンスを与えても意味がない。したがって、履行が不能になった場合には、債権者は催告をすることなく契約を解除できるというわけです。

2つ目は債務者が履行拒絶の意思を明確に表示したとき。皆さんおわかりと思いますが、債務者が絶対履行しないぞと言ったから債権者は債務者にチャンスを与えることなしに解除したのに、「催告がないから解除は無効だ」なんて債務者に言わせる必要はありませんよね。これは改正民法で明文化されたところなので（542条1項2号）、注意しましょう。

3つ目は「期限の定めのない債務」です。ここはちょっとややこしいですよ。期限の定めのない債務について少し復習しておくと、期限の定めのない債務はいつ履行期を迎えるのかというと、「債権者がお支払いください。返してください」という請求をした時に履行期が来るんでしたよね。

具体的にいうと、特に「いついつ返してね」と期限を決めずにノートを貸すとか、CDを貸すことは、十分あることですよね。そのような場合に、「ねえ、そろそろ返してくださいよ」と言った時に、履行期になるわけなんです。

そうすると、期限の定めのない債務は、履行期を到来させるために、まず催告をする必要があるわけでしょう。それに加えて、解除のための催告も二重にしなければならないのかという問題があるわけです。結論は、二重の催告は不要であるとされています。これは後ほど、念のために***ボード14***でもお話ししますけれども、そこのところを押さえておいてください。

4つ目は、「定期行為」です。これは理解しやすいと思うんですね。ある一定の日時までに履行してもらわないと全く意味がないという定期行為の場合には、その日時を過ぎてしまってから履行を受けても仕方ないわけでしょう。だから、ラストチャンスを与える意味がないので、催告をすることなしに、いきなり解除ということができるわけです。

その具体例として、6月1日のコンサートのための舞台設定。1日に間に合わなければ意味がないわけです。あるいは、学者の先生方の教科書に載っている例でいうと、母の日の直前に花屋さんがカーネーションを園芸農家から仕入れる。母の日までに、例えばカーネーション1,000本を納品してもらわないと、2、3日過ぎてから1,000本来ても売れないわけですよね。そのような場合には、催告することなく直ちに解除ができるという話です。

5つ目は、債務者がその債務を履行せず、債権者が催告しても契約をした目的を達するのに足りる履行がされる見込みがないことが明らかであるときです。この場合にも、無催告解除をすることができます。

そこで、期限の定めのない債務について、少しややこしいので、もう一度***ボード14***で説明したいと思います。

ボード 14

解除のための催告

意義
債務者にラストチャンスを与える

不要の場合～期限の定めのない債務～
履行期を到来させるための催告
とは別に
解除のための催告
を重ねてする必要はない

③　債権者に帰責事由がある場合

改正民法の543条は債務不履行が債権者の責めに帰すべき事由によるものであるときには債権者は解除ができない、と規定しています。そりゃ当たり前のことですけど、先ほどお話ししましたように、改正民法では解除制度を債務者に対する制裁、ではなく、債権者を契約関係から解放するためのものだと改めた関係で、解除には債務者の帰責事由は不要であるとされた。そうすると、債権者に帰責事由があっても解除できるのではないかとの疑念が生じる。そこでわざわざ明文でこれを否定したわけですね。

（3）解除権行使の方法

①　条件・期限・撤回の禁止

次は、解除権行使の方法ですが、ここは特に論点があるわけではないのですが、正確な理解が要求される個所です。

まず①のタイトルのところに×を付けていきたいと思います。条件に×、期限と撤回にも×を付けておけばいいでしょう。なぜかというと、法定解除というのは一方的な意思表示、つまり単独行為ですよね。そのような単独行為に条件や期限を付けると、相手方の立場が著しく不安定になります。契約だと不安定が嫌なら承諾をしなければいい。ところが単独行為だと承諾をしないという形で相手の行為を阻止できないわけです。だから、解除に条件や期限を付けることはできないわけです。

また、撤回についても、一度解除しておきながら、「ごめんなさい。解除を撤回します。やっぱり契約は有効なまま効力を維持しましょう」ということを言われると、相手方は困りますよね。だから、解除の撤回もできないということです。

② 解除権不可分の原則

次は、解除権不可分の原則についてです。

解除権というのは、分けることができないという性質を持っています。したがって、１個の契約について、債権者または債務者が複数いる場合は、個別に解除権を行使することはできないとされているんですね。これが「解除権不可分の原則」です。

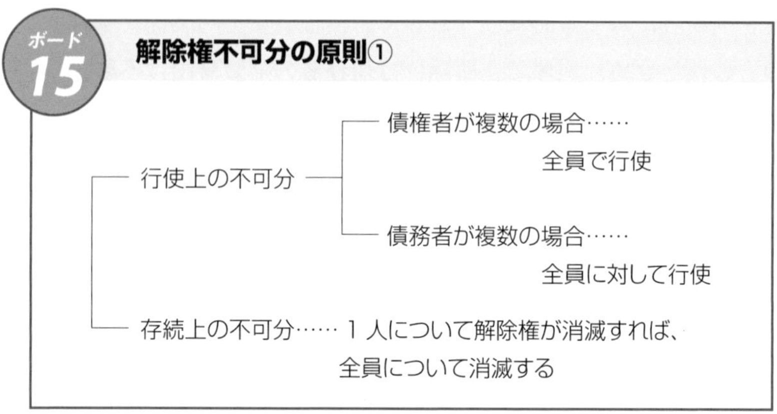

ボード
15
解除権不可分の原則①
行使上の不可分
債権者が複数の場合……
全員で行使
債務者が複数の場合……
全員に対して行使
存続上の不可分…… １人について解除権が消滅すれば、
全員について消滅する

ボード 15 の樹形図がよく整理できているかと思うんですけれども、特に行使上の不可分で、債権者が複数いる、あるいは債務者が複数いる場合は、いずれも全員で行使、あるいは全員に対して行使となっていますよね。そのあたりを ***ボード 16*** で説明したいと思います。

ボード16　解除権不可分の原則②

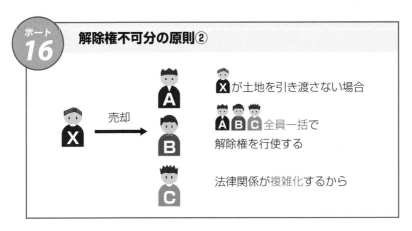

当事者が複数いる場合ですが、例えば、今、XがA・B・C３人に対して、土地を売却したとしましょう。つまり、Xが売主で、A・B・Cが買主という事案です。このような状況下で、売主Xが土地を引き渡しません。売主だから、土地を買主に引き渡すべきなのに、**Xが引渡しをしない**んです。

そうすると、A・B・Cの３人は「土地を引き渡してください」という債権を持っているわけですが、Xが債務不履行をしているわけでしょう。だから、買主である**A・B・Cの３人は解除したい**わけです。このようなときは、３人**全員が一括**で解除権を行使しなければならないということです。

仮に、Aだけが「俺は解除する」と言ったら、どんな法律状態になりますか。AとXとの間の契約はなくなって、土地の３分の２だけがB・Cに渡り、売主XとB・Cの共有になってしまうんでしょうか。そんなことはB・Cも全然予定していませんよね。３人でXの所有する土地を買って共有しましょう、というつもりで土地を買っているわけでしょう。

だから、Aだけが解除するというと、ものすごく**法律関係が複雑**になり、当事者が予定していない状態になってしまうわけですね。ですから、このように債権者が複数いる場合には、解除をしたければ全員一括で解除権を行使しなければならない。つまり、解除権は分けることができない、不可分な性質を持っているということになるわけです。

（4）解除の効果

①　契約の遡及的消滅

では、続いて「解除の効果」に進みましょう。ここは比較的メジャーな論点で、すでに物権変動の個所である程度、勉強済みです。でも油断せずに見ておく必要がありますよ。

まず、①契約の**遡及的消滅**というところですが、これは、どちらかが解除権を行使すると、契約ははじめからなかったことになるということです。もちろん、この解除の効果については学説上対立があるものの、遡及的消滅というのは、後ほど***ボード17***でも説明しますが、「**直接効果説**」といわれる判例・通説の立場です。だから、解除も取消しと同じように、遡及効を持つというところを理解してもらうとよろしいでしょう。

そうすると、契約関係がはじめからなかったことになるわけだから、相互にまだ債務を履行していない部分については、自動的に消えてしまいます。例えば、買主がまだお金を支払っていなかったとすると、契約が解除されると、代金債務は自動的に消えてしまうわけです。

それに対して、**既履行部分**。すでに履行している部分はどうなるのかというと、これは相互に自分の手もとにあるべきではない物を持ってしまっているわけだから、相手に返さなければなりません。つまり**原状回復義務**が生じるという扱いになるわけです。

②　原状回復義務

そこで、②原状回復義務についてです。これは、もう少し先のところで出てくる「不当利得」の話と若干関係しますので、ややこしいところなんですが、既履行分が不当利得になるとしても、不当利得の原則によれば現存利益だけを返せばいいというルールがあるんですね。ちょっと先取り的に見ておきましょうか。

不当利得の返還の範囲、つまり不当利得が生じた場合に、どの部分まで相手方に返すべきかということなのですが、受益者が善意の場合は現存利益を返せばいい。それに対して、受益者が悪意の場合には全部返す。利息も返す、損害分も返すという形で、受益者悪意の場合には、返還の範囲が拡張されているんです。

このあたりを踏まえたうえで、もう一度今の話に戻すと、既履行分が不当利得になるとしても、本来、契約が解除されるまでは自分のものだと思っているわけだから、善意の受益者ですよね。そうすると、返還の範囲は、現存利益だけお返しすればいいはずです。

ところが、そもそも解除というのは、もともと契約がなかった状態に完全に戻しましょうという制度なので、ここでは例外的に返還の範囲を広げているわけです。つまり、善意の受益者なのに、相互に受け取った利益すべてを返還しなさいと扱われているということです。

具体的には、金銭の場合、利息も付けて返さなければなりません。また、物の場合には使用利益も返さなければならない。このようにして、完全に元どおりの状態に戻しましょうという扱いになっているわけです。

では、保証人がいる場合はどうなるかというと、原状回復義務は保証債務の範囲内となりましたね。それから、双方の返還義務は同時履行の関係に立つことになります。これらは以前説明しましたが、同時履行関係ということで、拡張例が２つありましたよね。そのうちの１つです。また、帰責事由のある債務者に対しては、別途、損害賠償請求もできます。このあたりはいいでしょう。

③　第三者との関係

この部分から物権変動論との絡みでかなり理屈が込み入ってくるわけで

す。原状回復義務があるので返さなければならないんだけど、第三者が現れていた場合には解除権を行使した人は物を取り戻すことができるんでしょうか。これが「545条１項ただし書の第三者」と呼ばれる論点につながるわけです。

> ▶ **第545条**
> ①　当事者の一方がその解除権を行使したときは、各当事者は、その相手方を原状に復させる義務を負う。ただし、第三者の権利を害することはできない。

結論は、解除権を行使した人は、その物について新たな権利を取得した第三者を害することができない。つまり、物を取り戻すことはできないと扱われているわけですね。

しかし、これにも例外があるんです。第三者ではないと否定される例が２つあるんですね。この２つの否定例はかなり大切ですよ。

１つは、「消滅する債権それ自体の譲受人」です。つまり、債権譲渡があった場合の譲受人は、545条１項ただし書の第三者として保護しませんというわけです。もう１つは、「その債権を差し押さえた者」です。これも第三者には当たらないとされています。ちょっとこのあたりはわかりにくいところなので、***ボード 17*** で説明します。

その前に、「第三者として保護されるためには」というところを確認しておきましょう。第三者は、登記あるいは引渡しを受けていないと、第三者として保護してもらえません。ここチェックです。これは対抗要件ではなく、権利保護要件です。物権変動論のところで勉強した話が出ているわけです。

（ア）545条１項ただし書の第三者

それでは、第三者との関係について、***ボード 17*** で説明することにしましょう。

ボード 17

第三者との関係

本来

解除の効果は契約の遡及的消滅（直接効果説）

↓

Bはもともと無権利

↓

Cは権利取得不可

修正

取引安全のため、Cが545条１項ただし書の「第三者」なら、

Cを保護

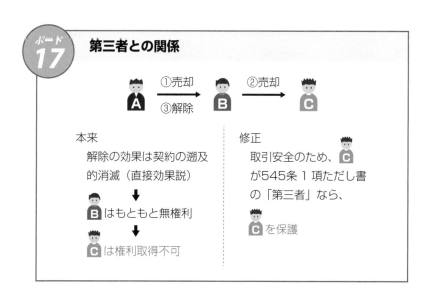

今、ＡがＢに対してある物を売却し、それをＢがＣに転売しました。現在、物はＣのところに来ています。そのような状況下でＡが解除をしました。なぜＡが解除をしたのかというと、Ａとの関係では買主であるＢが、代金を支払わないという債務不履行をしたからです。そうすると、解除には遡及効があるはずでしょう。遡ってもともとＡＢ間に契約はなかったという扱いになるはずですね。

そこで、本来の処理はどうなっていくのかということを、順に見ていきましょう。解除の効果は**遡及的消滅**です。先ほど説明した「**直接効果説**」ですね。これが圧倒的な判例・通説です。遡及的に消滅します。そうすると、Ｂはもともと無権利であったというふうに、事後的に評価替えが起きますよね。ちょっと懐かしい理屈ですね。

物権変動論でかなり勉強したところですが、自然科学的にというか、法の世界を離れて考えると、Ｃというのは所有者Ｂからきちんと買い受けたはずですよね。だけど、民法的に考えると、Ｃが現れた後でＡが解除をすると、解除には遡及効があるから、本当は所有者Ｂから買ったはずのＣなのに、遡ってもともとBは無権利だったという扱いになるわけです。そうすると、Bがもともと無権利だということになるんだから、Cは権利取得はできないということになります。これが本来の解除の効果について、直接効果説に立った場合の処理になるはずなんですね。

しかし、そうするとあまりにもCの立場が不安定だという感じがするわけです。そこで、修正理論が用意されています。どんなものかというと、取引安全を保護するために、545条1項ただし書の第三者というのがあって、Cがこの第三者といえる場合には保護されるということでしたね。

この545条1項ただし書の第三者と、96条3項の第三者（詐欺の場合の第三者）との違いは、皆さん覚えていますでしょうか。545条1項ただし書の第三者というのは、善意か悪意かということは問わないんでしたね。

なぜかというと、Cが「BがAにまだお金を払っていない」という事実を知っていたとしても、別にBからその物を買い受けたっていいでしょう。やがてCは自分がきちんとBにお金を払うわけですよね。そのお金でBがAに支払ってくれることを期待してもいいわけだから、Bが代金未払いで債務不履行状態にあるということをCが知っていたとしても、Cは保護されていいわけです。だから、悪意の第三者でもCは保護されるんでしたね。

その代わり、主観面（善意・悪意）でCの保護領域を調整できない分だけ、通常は対抗要件として使われている不動産の場合は登記、動産の場合は引渡しという要件を、権利保護要件として備えておきなさいと扱われているわけでしたね。これが第三者との関係というところになるわけです。

では、続いて、第三者には当たらないと扱われる者について、***ボード18***で説明しておきたいと思います。2つありましたよね。

（イ）545条１項ただし書の第三者に当たらない者

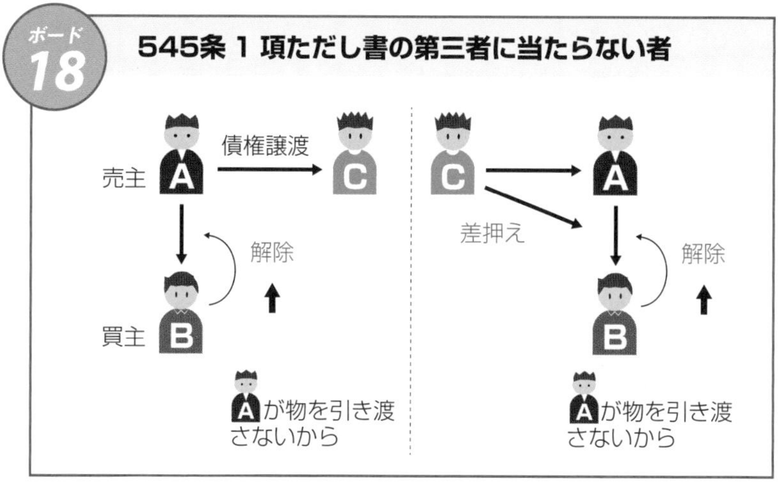

まず１つ目からです。***ボード 18*** の左側の図を見てください。

今、AがBに対して債権を持っています。ところが、Bが解除しました。もう少し詳しく言うと、今、Aは売主で、Bは買主です。そうすると、AのBに対する債権というのはどんな債権ですか。売主が買主に対して持っている債権だから、**代金債権**ですよね。

この代金債権をAがCに譲渡する。ところが、BがこのAB間の売買契約を**解除**するんですよ。その根拠は、Aが売主なのに物を引き渡さないからです。そうすると、解除によってAの**代金債権**が**消滅**しますよね。しかし、消滅すると、この債権を買い受けた債権の譲受人Cは困るでしょう。

そこで、Cが「ちょっと待ってください。私は545条１項ただし書の第三者です。Bさん、あなたは解除しても、そんなことで私の権利は害せませんよ」と言えるのかという問題です。結論的には、**Cは第三者には当たらない**と扱われているわけです。

これがどうしてかということを、きちんと考える必要があると思うんですね。今、確かにCを545条１項ただし書の第三者として保護したい気持ちもしますよ。でも、それを許すとどうなるかというと、今、Ａは物をＢに売ったのに、売った物をＢにはお届けしていません。なのに、Ｂに対して持っている代金債権をＣに売ってしまうと、ＣからＡにお金は入っているわけでしょう。物はＢに渡さないのに、お金はＣから入ってきているわけです。

このような売主Ａのいわば売り逃げを許してしまうのはまずいわけですよ。だから、あくまでＢは契約を解除すれば、債権の譲受人Ｃから請求されても、「そんなもの知りませんよ。私は解除したんですから、契約は遡及的に消えているんですよ。あなたは第三者じゃありません」と、Ｂが言えないとまずいわけですね。そのような理由から、債権の譲受人Ｃは545条１項ただし書の第三者としては保護されないということになるわけです。

では、次は***ボード18***の右側の図を見てください。差押えの場合です。これも同じ形で、ＡがＢに物を売って代金債権を持っている。その債権をＣが狙っていて、Ｃが転付命令をとるための前準備として、差押えをするんだけど、ＢがＡＢ間の契約を解除するわけです。

そうすると、Ａの代金債権は消えてしまって、結局Ｃの差押えは空振りに終わります。この場合にも、Ｃの差押えを有効、Ｃを第三者として保護してしまうと、Ｂは物をもらってないのに、結局Ｃに代金を支払わされるという不当な結論になってしまうということですね。そんなことから、先ほどの債権の譲受人Ｃと、今の差押え債権者Ｃは、いずれも545条１項ただし書の第三者には当たらないとされているわけです。

（ウ）解除との前後関係

では、続いて「解除との前後関係」というところを見ておきたいと思います。ここは、まさに物権変動論のところになるわけです。今までの話は解除前に第三者が現れた場合だったのに対して、今度は解除後に第三者が現れた場合の話になるわけです。つまり、ＡからＢに譲渡があって、Ａが解除をしたその後で、ＢからＣが譲り受けた場合、ＡとＣの関係がどうなるのかということです。

この問題については、すでに物権変動論でお話ししていますけれども、二重譲渡の関係になるわけです。そうすると、177条の問題で、登記の先後で決するということになりますよね。だから、結局、解除前でも解除後でも、いずれにしても第三者は登記が必要になるということなのですが、その登記の意味が違いますよね。

解除前の第三者は、先ほど説明したように、権利保護要件としての登記。それに対して、解除後の第三者は二重譲渡だから、対抗要件としての登記だということになる。そのあたりを***ボード 19***で確認しておきたいと思います。

ボード 19　解除後の第三者

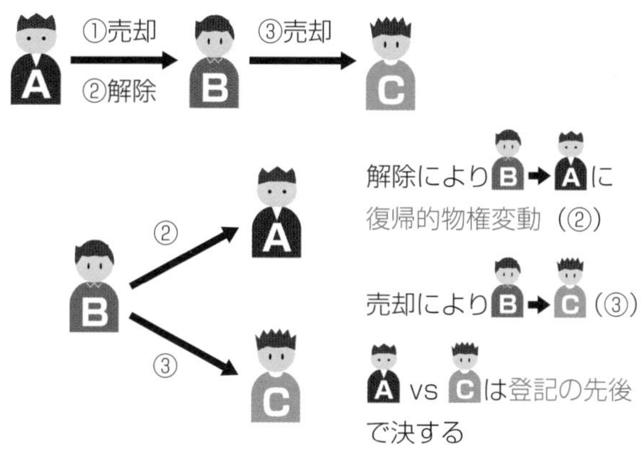
①売却
②解除
③売却
A
B
C
②
③
解除によりB→Aに
復帰的物権変動（②）
売却によりB→C（③）
A vs Cは登記の先後
で決する

今、ＡからＢに売却があり、Ａが解除をしました。なのに、ＢがＣにそれを売却してしまいました。この場合のＡとＣの関係をどう考えるのかというところですよね。Ａが解除をすると、ＡからＢにいったん移転してきていた所有権が、ＢからＡに戻る。ＢからＡに復帰的物権変動が生じると、そんなふうに考えるんでしたよね。ところが、他方で、ＢはＣに売却をしているので、ＢからＣへも所有権が移転する。このあたりの説明は、皆さん大丈夫ですか。

ＡからＢに所有権が移っていたのが、解除によりＢからＡに復帰するけれども、100％戻ってしまうわけではなかったですよね。これを我妻先生の不完全物権変動説という立場で説明すると、ＡからＢに移った所有権のうちの一部がＢからＡに復帰する。そうすると、Ｂにはまだ所有権がいくらか残っているわけです。

そして、その残っている所有権がＣに譲渡されるので、Ｂを起点としてＢからＡに復帰的移転、ＢからＣにも譲渡による移転という形で**二重譲渡状態**になるというわけです。そうすると、ＡとＣの優劣は、皆さんよくおわかりのように、**登記の先後**で決する。177条の問題として扱うということになるわけです。

（５）解除権の消滅

では、解除の最終項目「解除権の消滅」に進みましょう。

解除権の消滅原因は、大きく一般的原因と特有の原因に分けられます。一般的原因としては、まず解除権の放棄。これはちょっと地味ですね。それから**時効消滅**。時効消滅は大切ですので、チェックです。**時効期間は５年または10年**です。

特有の原因については、次の２つがありますが、ざっと読む程度でよろしいでしょう。①解除原因が発生し、解除権行使期間の定めがない場合、相手方は解除するか否かの**催告**ができ、催告期間内に解除しなかった場合、**解除権**は**消滅**します。これは、不安定な相手方を保護する制度ということです。

②**解除権者**が、契約の目的物を故意・過失により**損傷**したり返還できな

くなったとき、あるいは加工や改造によって別の種類の物に変えちゃったときにも、解除権者がその解除権を有することを知らなかった場合を除いて、解除権は消滅します。これは、解除権者が目的物を壊してしまって、その後で解除するというのはまずいということで、まあまあ常識にかなった条文かと思うわけです。

ここまでをCHECK

①催告解除には、債務者にラストチャンスを与えるという意味の催告が必要である。
②解除の効果は契約の遡及的消滅（直接効果説）。
③原状回復の範囲は拡大されており、金銭なら利息を、物なら使用利益を上乗せして返還する。

では次へ行きましょう！

Chapter 5
Section 2　契約各論（1）売買

今回の学習テーマは、「売買」です。ここでは、手付の支払いにどのような効力が生じるのか、を前座として、メインの売主の契約不適合責任を勉強します。

1　売買契約の内容と成立

ここからは契約各論ということで、契約の各類型について順に見ていくわけです。まずは売買契約から始めたいと思います。

今までいろんな契約理論を、ほとんど売買契約をモデルに説明してきましたので、売買契約の内容については問題ないかと思います。

(1) 売買契約の成立

次に、売買契約の成立ですが、売買契約は諾成契約なので、意思の合致があれば、その瞬間に契約は成立します。ここで見ておきたいのは、「売買の予約」というところです。

売買の予約というのは、将来、売買契約を締結するという予約。そのまんまですが、これを売買の予約といっているわけです。これがあれば、当事者に「予約完結権」が生まれて、一方的に「私は予約完結権を行使します」と言えば、その瞬間に売買契約成立という変化をもたらすものなんですよ。形成権とよくいわれますけれども、この予約完結権行使の一方的な意思表示で、契約は成立するんだということです。「予約完結権」と「一方的」というところ、チェックしておいてください。

では、実社会で、なぜこのような売買の予約が行われるのかということについて、***ボード1***を使って説明しましょう。

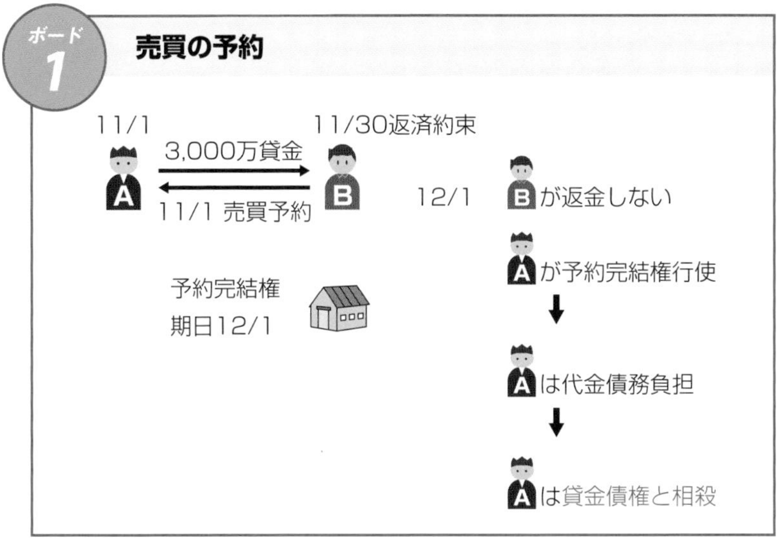

実社会では、どんな狙いで売買の予約がなされるのかということですが、今、**AがBに対して3,000万円を貸し付けます**。11月１日に3,000万円をAがBに貸し付けました。と同時に、売買の予約というものも11月１日にＡＢ間で結ぶわけです。**Bが持っている家を**、場合によってはAの一方的意思表示で、「Aが買主になりますよ。ＡＢ間の売買契約があったことになりますよ」という予約を、AがBにお金を貸す同じ日に締結しておくわけです。

この売買の予約というのは、貸したお金の返済日が11月30日だとすると、12月１日以降、Aは予約完結権行使が可能になります。このような約定で、お金を貸すと同時に売買の予約を入れておくわけです。

そして、12月１日になったのに、Bがお金を返してきません。そうすると、Aは予約完結権を行使することができますよね。**予約完結権を行使す**

ると、BからAにこの家屋が売却されたということになるわけです。すると、今、Aは家の代金債務を負担しますよね。Bが持っている家を買い受けたという形になるわけだから、家の買主としてAは代金債務を負担することになります。

ということは、もうこの先は見えましたね。Aは3,000万円の貸金債権を持っていて、通常、この家も3,000万円で取引しますという予約を入れておくのが一般的なので、一方でAは3,000万円の貸金債権を持ち、他方で3,000万円の家の代金債務を負担するという状態になるわけです。

したがって、Aは貸金債権と代金債務とを相殺するというわけです。相殺するということは、結局どういうことになっているのかというと、Aはお金を払うことなしに、Bの家を手に入れることができたということになるわけです。いわば、借金の担保として、B所有の家を手に入れることができたという形になっていますよね。これが金融目的、担保目的でよくなされる売買の予約というものです。

(2) 手　付

①　手付の種類

では、次に進みたいと思います。

売買契約の最初のメジャーな論点として、手付というのがあるんですね。皆さん、わりと日常的に、手付というふうな形で金銭を交付された方もいらっしゃるかと思いますが、「売買契約に付随して、買主から売主に一定の金銭等が交付されること」を手付というわけです。その手付にはどんな意味があるのかということで、種類が３つあります。

「証約手付」「解約手付」「違約手付」の３種類です。どのような気持ちで手付を交付したのかというのは、もちろん当事者の意思で決まるわけなんですが、まず、どんな手付でも、必ず「証約手付」としての意味はあると扱われているわけです。証約手付というのは、単に契約締結の証拠として手付を渡すということです。解約手付とは、契約を解除する権利をキープしておくための金銭です。違約手付というのは、契約を守らなかったときにいわゆる罰金として没収されるもので、解約権はありません。契約の拘束力を強めるものです。

②　解約手付の推定

では、証約手付に加えて、解約手付としての性質を持っているのか、それとも違約手付なのかというと、特に当事者間ではっきりとした定めをしない場合には、解約手付だというふうに扱われる（推定される）わけです。推定されるということだから、それが嫌な反対当事者は、訴訟で逆のことを証明しなければならないということになります。

③　解約手付による解除

解約手付というのは、当事者が契約の解除権を留保しておく趣旨のものです。「解除権を留保」というところにチェックしておけばいいでしょう。この解約手付を交付しておくと、買主は手付金を放棄することによって、契約関係から逃れることができます。つまり、残金の支払債務を免れるわけです。一方、売主は、預かっている手付金を返したうえに、それと同じだけの額のお金を追加して現実に支払えば、目的物引渡債務から免れることができます。要するに、売主からの解除には手付金の倍額の現実の提供が必要。よく出ますよ。

このような形で、解約手付という扱いになった場合には、お互いが手付として動いた金額分だけ損をすることによって、この契約関係から逃れることができるというわけです。このように解約手付は解除権を持つわけですが、１つ制限があります。それは、相手方が履行に着手してしまえば、もはや解除をすることはできないということ。つまり、相手方が履行に着手する前でないと、解除権を行使することができないということです。

この点は改正前民法が「当事者の一方が」と規定していたことから着手者も当事者なので、着手者からの解除も許されないのではないか、という論点がありました。でも改正民法はこの個所を「その相手方が」と明記しましたので、論点ではなくなりました。着手者からの解除は許されるということです。

そもそも相手が着手するということは、もうすっかりその気になって、話が進んでいるわけでしょう。それなのに「解約手付なので、私は解除します」と言うのはちょっとまずいですよね。したがって、相手が履行に着手してしまった以上、もはや解除はできないという扱いになっているわけです。

では、履行の着手というのは、どんなことなのかというと、例えば、壺の売主が買主に梱包し発送を終えた場合、もう履行に着手という扱いになります。

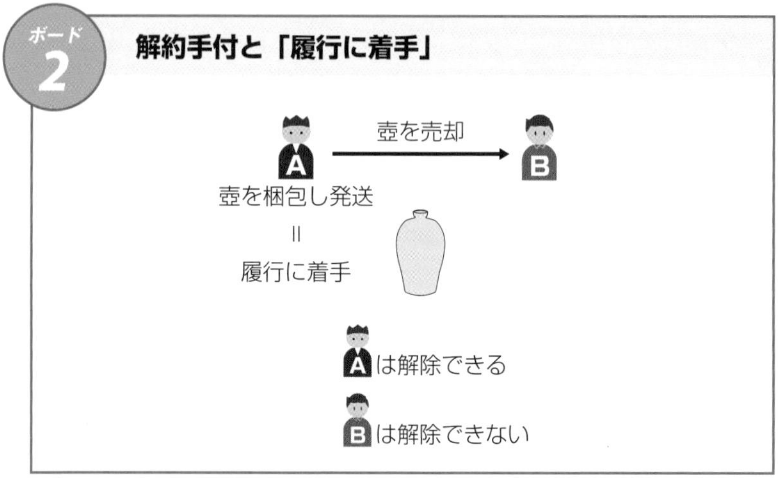

ここまでをCHECK

①売買予約は金融担保目的でなされる。
②手付は解約手付であると推定される。
③解約手付による解除は相手方が履行に着手した後はできない。

では次へ行きましょう！

2　売買契約の効力（1）――売主の義務

（1）売主の義務の内容

では、次に「売主の義務」というところに進みましょう。

①　売主の義務

売主の義務は、大きく分けて2つあります。皆さんが子どものころからよくわかっている内容は「**財産権移転義務**」ですね。売主はその目的物、例えば車の所有権を買主に移転するという義務を負っている。これはもう売主の本体的義務であって、そう問題はないと思うんですね。

2つ目は、「**契約不適合責任**」。ここが大問題ですね。売買のところの中心的制度なわけですが、契約不適合責任というのは、簡単にいうと「売主は自分が売ったものについて責任を負いなさい」という制度です。

②　果実の帰属

これからしばらく契約不適合責任の話が続いていくわけなんですが、その前に、「果実の扱い」というところがあるので、そこを見ておきましょう。

これはどういうことかというと、果実と利息は価値的にほぼ同等なので、お互いにそれは清算済みと扱いましょうということです。575条の条文です。これは、一見地味なようですが、例えば、東北大学の広中先生のようなお立場から考えれば、かなり重要な意味を持ってきますので、一応押さえておくべき条文でしょう。そこで、この575条の条文について、***ボード3***で説明しておきたいと思います。

> ▶ **第575条**
> ① まだ引き渡されていない売買の目的物が果実を生じたときは、その果実は、売主に帰属する。
> ② 買主は、引渡しの日から、代金の利息を支払う義務を負う。ただし、代金の支払について期限があるときは、その期限が到来するまでは、利息を支払うことを要しない。

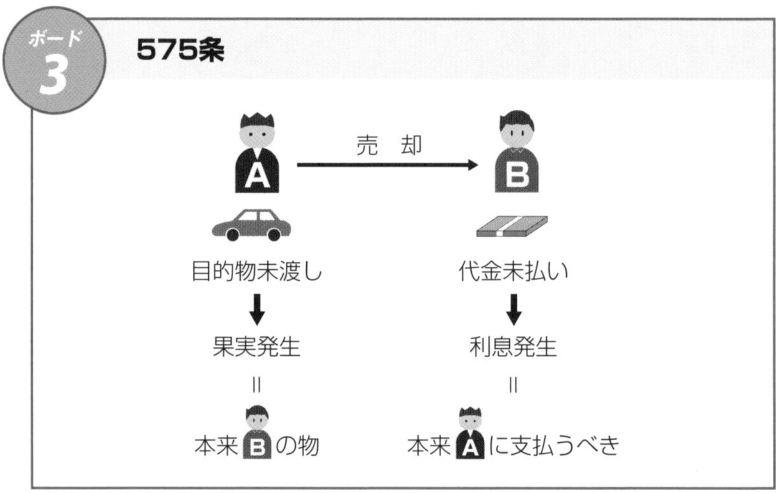

今、AがBに対して車を売却しました。Aが売主で、Bが買主です。だけど、まだ車は渡していません。売主Aの手もとに車が残っているわけです。同じように、買主Bもまだお金を支払っていません。

そうすると、本来、契約が成立すれば、その瞬間にこの車はBのものになるから、この車から生えてきた松茸は、本当はBの松茸でしょう（笑）。他方で、支払期限を過ぎているとすれば、お金はAに支払われているべきものだから、そのお金を銀行に預けておくと利息が付きます。その利息は本来Aのものというふうに考えられますよね。

つまり、本来は、松茸という果実はBが収受すべきもので、お金についての利息はAに支払うべきものなわけですが、果実がAのもとで発生し、利息がBのもとで発生しているという状態になっているわけです。

そこで、これをどう処理するかが問題なわけですが、結論は、果実の価値と利息の価値を等しいものとみなしてしまって、結果的にはAは果実をBに渡す必要はない。同じようにBも利息をAに支払う必要がない。つまり、このままでいいことにしましょうと、575条は言っているのです。

（2）契約不適合責任

では、契約不適合責任の中身に入りましょう。改めて、契約不適合責任とは、契約不適合があった場合に売主が買主に対して負うべき一定の責任をいいます。ここは今回の民法改正で大幅に改正された契約各論の一番のヤマ場なんですね。

①　概　観

まず契約不適合の類型です。このあと順に説明しますが大きく分けて2つ。

・種類・品質・数量に関する契約不適合（562条～564条）
・権利に関する契約不適合（565条）

（ア）契約不適合と債務不履行の関係

この契約不適合責任は、改正前の民法では「担保責任」という語で説明されていたものに相当しますが、従来の売主の担保責任で、最初に出てきていた他人物売買、例えばＢがＡ所有の土地をＢ自身が売主としてＣに売却する場合で、Ｂがその土地の所有権をＡから取得してＣに移転することができなかった場合。この場合は契約不適合の問題とはされず、債務不履行の一般規定、つまり損害賠償請求（415条）や契約解除（541条以下）で処理されることとなりました。今のは売買目的物が全部他人物の場合です。これに対して一部他人物の場合、例えばＡＢ共有の土地をＢがＣに売却し、Ａの持分をＢが取得してＣに移転できなかった場合、これは契約不適合責任のうちの権利の不適合の問題とされます。

さてそこで債務不履行責任と契約不適合責任の関係ってどうなってんの？　なんで全部他人物売買なら債務不履行（415条・541条）の問題とされ、一部他人物売買だと不適合責任（562条～565条のうちの565条）の問題になるんでしょうか。

まず確認するべきは契約不適合責任が問題となるのは債務不履行の場合だということ。そりゃそうですよね。契約不適合なら債務不履行です。じゃあなんで契約各論の売買のところでわざわざ契約不適合責任の規定が置かれたのかといえば、債務不履行の一般ルールに対する特別ルールを設けるため。今からすぐに見ていきますが、契約不適合責任の効果は４つ。追完請求[1)]、代金減額請求、損害賠償請求、解除です。

このうち損害賠償請求と解除は不適合責任の規定564条が415条・541条を準用していることからもわかるように、別に特則ではない。１つ目の追完請求（562条）も、これはもともとの契約から生じるものだから特に特則を設けるまでもないんですが、追完方法の選択権者について規定を置いたもの、そうしてみれば代金減額請求の根拠規定たる563条が特則として意味を持つことになります。

ところで全部他人物売買で売主が所有権を移転できず、買主が代金減額請求する場合を考えると、所有権という権利が全く移転しないわけだから全額減額、つまり代金債権債務がなしになるってことですよね。じゃあこ

1）追完とは、種類・品質・数量面での不足をあとから補うこと。

れをわざわざ特則として契約不適合責任にする必要はない。だから債務不履行の一般規定で処理する、となったわけです。

ボード4　不動産賃借権の物権化

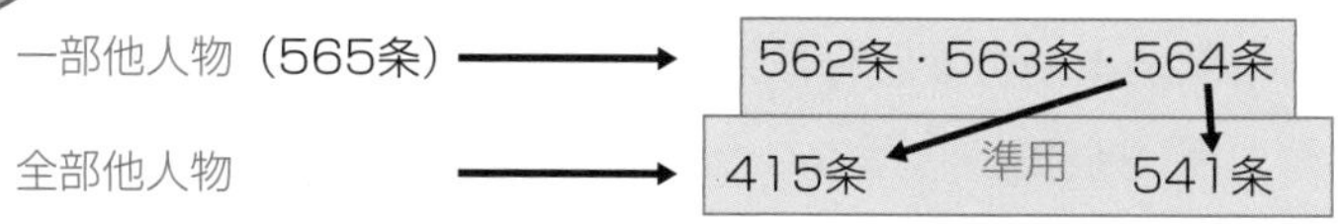

なお他人物売買は民法総則で勉強した無権代理と似てますよね。両者の違いは***ボード5***で説明しましょう。

ボード5　他人物売買と無権代理

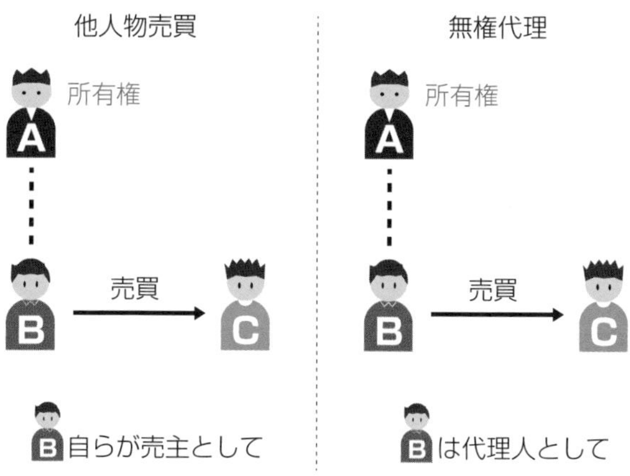

Ｂが代理権がないのにＡの代理人としてＡの土地をＣに売る場合が無権代理。Ｂが自ら所有者としてＡの物をＣに売却するのが他人物売買です。

(イ) 効　果

次に、売主に契約不適合責任が生じた場合の効果として生じる、買主側への救済です。これは４つあり、追完請求、代金減額請求、損害賠償請求、解除です。

１つ目の追完請求についてだけ補足しますと、なんでこれができるのかといえば、契約不適合な履行は債務不履行、不完全履行だ、とされたからですよね。不完全だから「やり直せ」、これが追完請求。改正民法は中古車売買の買主の債権を「その車をよこせ」と捉え、たとえブレーキに瑕疵（かし）があってもその車を渡したのだから売主には債務不履行はない、と考えるいわゆる「特定物ドグマ」を採らないことの表れですね。

② 種類・品質・数量に関する契約不適合

(ア) 要　件

まず種類・品質に関する契約不適合は、車を買ったけどその車のブレーキに故障があった場合のような物理的な欠陥のみならず、マンションを買ったけど、そこで過去に強盗殺人事件があったというようないわゆる心理的欠陥も含みます。

買主の主観的保護要件として、改正前民法の570条は善意無過失を要求していましたが、改正民法では買主の善意無過失は、どのような内容の契約であったかの解釈の問題とされます。ですので独立の要件ではありません。

次に数量不足です。代金が数量基準、数量表示で決められる売買契約を数量指示売買といいます。例えば土地の売買で坪10万円、80坪で代金800万円とされる場合ですね。この場合に実測してみたら、実は75坪しかなかったという事案。これが数量不足という場合です。

（イ）効　果

まず追完請求（562条1項）です。具体的には修補、代替物の引渡し、不足分の引渡しです。車のブレーキを修理する、ブレーキに故障のない別の車を引き渡す、数量の足りない分を引き渡すってことですね。先ほどもお話ししましたが、この追完請求ができるということは、たとえ目的物が特定物であったとしても欠陥のある物の引渡しは債務不履行であると評価するということですね。契約不適合だからです。

そして追完方法の選択権ですが、これは原則として買主にあります。買主が、「これを修理してくれ」とか「別の物に代えてくれ」って言えるわけ。そりゃ売主は本来適合する給付をするべきだったのにこれをしなかったわけだから買主が選べるとするのは自然です。もっとも、多くの場合は売主のほうが追完方法について詳しい。だから、特に買主に不相応な負担を課するものでないときは、売主が追完方法を選択できます（562条1項ただし書）。

それとこれは当たり前ですが、買主のせいで不適合になった場合、買主は追完請求できません（562条2項）。

次に代金減額請求（563条）です。これは契約の一部解除と同じ意味を持ちますよね。足りない分はあきらめるからそれに対応する代金を引いてくれということですから。だから解除の場合と同じ手順が規定されています。つまり、事前に催告が必要な場合とそうでない場合がある。

催告による減額請求（563条1項）は、買主が売主に対して相当期間を定めて催告し、期間内に追完がなければ代金減額請求ができるというものです。

無催告減額請求（563条2項）は、追完不能、売主追完拒絶、定期行為、それと買主が催告をしても履行の追完を受ける見込みがないことが明らかなとき、の4つの場合、もはや売主にラストチャンスはないとして、即時の減額請求を認めるものです。

3つ目に損害賠償請求（564条）です。これには売主の帰責事由が必要ですね。従来その額について履行利益、例えば転売利益まで取れるか、信頼利益、例えば契約書作成費しか取れないかという議論がありました。売主の担保責任の法的性質に関する法的責任説からは信頼利益、契約責任説（債務不履行説）からは履行利益が取れるとされていましたが、改正民法では契約責任説（債務不履行説）が採用されたので、一般の債務不履行の規定416条で履行利益まで取れると考えるべきでしょう。

4つ目に解除です。これは売主の帰責事由は不要、一般の解除のところでお話ししたとおりです。

（ウ）期間制限

種類・品質について、引渡後、買主が契約不適合を知ったときから1年以内に売主にその旨を通知しなければ買主は失権します。これは消滅時効ではないので援用不要です。

（エ）法律上の制限

さて、この個所で特に改正に絡むものではありませんがメジャーな論点を2つ紹介します。

1つ目は法律上の制限です。例えば土地を買いました。ところが建築制限がかかっていて、その土地には予定していた建物を建てることができません、という場合。このような契約不適合を、従来判例は旧570条、つまり改正法でいう種類・品質の不適合と解し、我妻説は旧566条、つまり改正法でいう次に説明する権利の不適合と解していました。種類・数量とするか権利とするかは改正前と違い、買主の主観的要件に差はありません。競売の場合の適用に差が生じますがそれはのちに見ましょう。この論点は結論がどっちですかという単純正誤問題では出にくい。両説でどのような場合に違いが出ますかと問われます。競売の場合です。

（オ）数量超過の場合の代金増額請求

もう１つは数量超過の場合の代金増額請求です。これも興味深いですね。80坪と思って土地を買ったら実は85坪あった場合、５坪分の代金増額請求ができますか、という問題です。旧法下の判例はこれを否定していました。まあ択一では出題されにくいと思いますが、記述で出たら契約の解釈の問題として、通常はこれを否定しておくべきでしょう。余分な５坪を買主は買いたくないのが普通だと思います。

③　権利に関する契約不適合

（ア）要　件

売主が買主に移転した権利が契約不適合な場合は、大きく分けて２つです。

１つは、あるべき権利がない場合。例えば土地に付いているはずの地役権が付いてなかった場合とか、建物を買ったところそれに付いているはずの土地利用権、例えば地上権とか賃借権が付いてなかった場合。これには一部他人物売買も含まれます。ＡＢ共有の土地をＢが自ら売主としてＣに売却したものの、Ａの持分につきＢがこれを取得してＣに移転することができなかった場合の売主Ｂの責任です。

２つ目は、邪魔な他人の権利が付いていた場合。例えば他人の地上権や対抗力のある賃借権が付着していて、買主がその土地を使えない場合です。

なお従来、権利の瑕疵として、占有を伴わない権利、例えば抵当権を他人が有している場合がありました。ただ買主が抵当権者にお金を払い、抵当権を外してもらった場合、例えば代価弁済とか抵当権消滅請求ですよね。その場合の費用償還請求は、改正民法の570条に旧567条２項を受け継ぐ形で規定があります。

(イ) 効　果

効果は種類・品質・数量に関する契約不適合の場合と同じです。つまり4つ。追完請求、代金減額請求、損害賠償請求、解除です。そしてこれらには期間制限がありません。売主が権利の不適合があるのにやるべきことをやったと考えることはあまりないだろうから、保護する必要がないとされたのです。ですから買主は、自分の権利が時効消滅するまでこれを行使することができます。

④　その他

(ア) 強制競売

競売にかけられた物の売買において、売主に契約不適合があった場合には、特別の定めがあります。

まず、数量・権利の不適合の場合です。この場合買主は解除、または代金の減額請求ができます（568条1項）。でも追完請求はできません。そして損害賠償請求も債務者または債権者が悪意の場合を除いてはできないと規定されました（568条3項）。

次に、種類・品質の不適合です。この場合は解除、代金減額請求もできません（568条4項）。さあ、なんででしょうね。競売ってのは債務者が履行しないから自分の財産を無理やりオークションにかけられるってことです。売りたくて売ったわけではない。だから種類・品質が買主の想定と違っていても売主に文句を言ってやるなってこと。だから種類・品質の不適合、例えば車のブレーキに故障があった場合に、落札した人は4つの文句が何も言えないとされています。

これに対して、数量・権利の場合は、量が足りないと思いどおりに使えないのだからさすがに買った意味がほとんどない。だから解除、代金減額請求ができるとされたわけですね。

（イ）債権の売主の責任

それともう1つ、債権の売主の責任です。債権を売った人は、果たしてどのような責任を負うのでしょうか。これは**ボード6**で説明したいと思います。

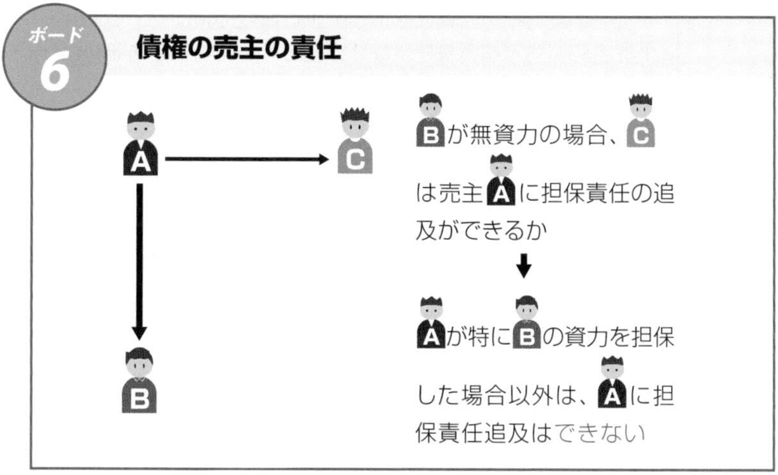

ボード
6
債権の売主の責任
A
C
B
Bが無資力の場合、Cは売主Aに担保責任の追及ができるか
Aが特にBの資力を担保した場合以外は、Aに担保責任追及はできない

債権譲渡の場面を考えたいと思うのですが、いいかな。今、AがBに対して債権を持っていて、この債権をCに売ったわけです。Cが新しい債権者になったわけだけど、Bにはお金がなかった。だから、Cは債権を買ったのに、Bからこれを回収することができなかったという場合です。

このような場合、どんな扱いになるのかというと、Bが無資力だった場合でも、原則としてCはAに対して、責任追及をすることはできません。

ただし、特にAが「Bは間違いありませんよ」ということで、Bの資力を担保した場合にのみ、CはAに対して担保責任を追及できるというふうにされているわけです。それはそうでしょう。債権の買主Cは、いくらでAのBに対する債権を買うかということを考える際に、自分のリスクにおいてBの経済状態を調べるべきですからね。だから、原則としてはAは責任を負わない。ただし、特にBの資力をAが担保した場合にのみ、CはA

に請求ができるのです。

ここまでをCHECK

①売主の契約不適合責任は債務不履行責任の特則である。
②売主の契約不適合責任には２類型と４つの効果がある。

では次へ行きましょう！

3　売買契約の効力（2）——買主の義務

今までのところで売主の義務がすべて終わりました。買主の義務は試験に出にくい地味なところなんですが、ざっと見ておきましょうか。

義務の内容というところは、よろしいかと思います。当然、買主ですから、代金の支払い義務があるわけです。

ただし、代金の支払いを拒絶できる場合があります。例えば、目的物に対して「それは私の物ですよ」と第三者が言ってきたような場合（576条）です。このような場合には、買主は不安になるわけだから、「はっきりするまでは代金は支払いません」と言える。

もう１つ。買主が目的不動産に付着していた契約の内容に適合しない登記のある抵当権につき抵当権消滅請求をしている場合（577条）。この場合に買主は、570条の費用償還請求権を持つことになりますから、先に代金を払いたくない。570条の債権が立った後で、これを自働債権として代金債務と相殺をしたいわけです。だから買主に代金支払い拒絶権が与えられています。

ここまでをCHECK

①買主は、代金債務を負う。
②買主は、第三者が権利を主張する場合や費用償還請求権が成立しそうな場合は支払いを拒絶できる。

では次へ行きましょう！

Chapter 5
Section 3　契約各論（2）賃貸借

今回の学習テーマは、「賃貸借」です。ここも公務員試験の頻出分野です。中でも、賃貸人が目的物を第三者に売却したときの三者の関係、反対に賃借権の譲渡・転貸が生じたときの関係については、特にしっかりと学ぶようにしましょう。

1　賃貸借契約の内容と成立

では、賃貸借について勉強したいと思います。

賃貸借の内容については、皆さんすでにおわかりいただいているかと思われますので、敷金というあたりから見ていきたいと思います。この敷金関係というのは非常によく出題されますので、しっかり押さえましょう。

(1) 敷　金

まず、敷金というのは、いったいどんなものなのかということですが、「賃貸借契約に付随して、賃借人の債務を担保するために、借りる側が貸してくれる側に入れる一定のお金」。これを敷金というふうに呼ぶわけです。「担保」という個所、チェックです。

①　性　質

敷金の性質としては、賃貸人のために、賃借人が負担する賃料など金銭の給付を目的とする債務を担保するということです。何も賃料債務に限りません。例えば、賃借人の目的物の使い方が悪くて、賃貸人の持ち物を傷つけてしまったというような場合にも、賃貸人は敷金から損害賠償債権を回収できるということになるわけですね。

②　返還の時期

敷金の返還の時期は、賃貸借契約終了後、賃貸人が目的物の返還を受けた時です。「返還を受けた時」にチェックです。例えば、マンションを借りている場合には、きれいに掃除をして、家具も全部出して、賃借人が部屋を明け渡した段階で、初めて敷金を返してもらえる。つまり、同時履行の関係にはないということです。これは以前、説明したかと思います。

③　当事者の交代と敷金の承継

次の③当事者の交代と敷金の承継は、少しややこしいところです。当事者が交代した場合というのは、２通りあるんですね。まず１つは、賃貸人が別の人に代わった場合に、従来の敷金関係が受け継がれるのかどうか。２つ目は、借りている側、つまり賃借人が交代した場合、従来の敷金関係が承継されるのかどうか。この２つの関係に分けて勉強しておく必要があるわけです。

それぞれの場合に敷金関係が承継されるのかどうか、先に結論だけ見ておきましょう。まず、賃貸人が交代した場合には、敷金関係は承継されます。貸している側が代わった場合は承継。このことは改正民法で明文化されました（605条の２第４項）。それに対して、借りている側、賃借人が代わった場合は承継なし。これも、結論を丸覚えするというのは面白くないので、***ボード１・ボード２***を使ってそのあたりを説明したいと思います。

（ア）賃貸人の交代と敷金関係

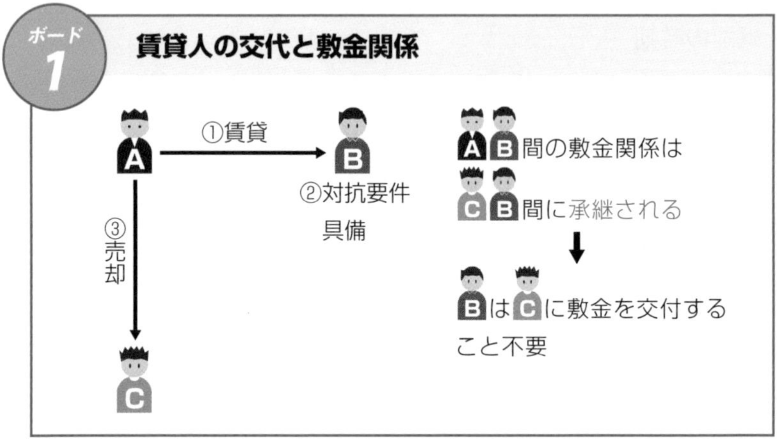

まずは、賃貸人が代わる場面から見ていきましょう。

今、AがBに対してマンションを賃貸しています。Bが借りているわけです。そして、後ほど勉強するBの賃借権が対抗要件を具備している場合、具体的にいうとマンションの場合だと引渡しを受けている場合に、賃貸人であるAがそのマンションをCに売却しました。そうすると、CはBを追い出せそうだけど、Bの賃借権は対抗要件を備えていて物権化しているので、CはBを追い出せないという状態になるわけです。

そうすると、Aが今まで賃貸人だったわけですが、賃貸人としての立場が自動的にCにそっくりそのまま移転することになるわけです。このような場合に、新しい賃貸人としてのCと、賃借人Bとの間で、AB間にあった敷金関係が受け継がれるんですかということを考えたいわけです。結論は先ほど説明したように、承継されるということになっているわけですが、これが具体的にどんな意味なのかというところも考えたいわけです。

賃借人BはCに対して、改めて敷金を交付する必要はありません。もともとBはAに対して敷金を払っていたわけで、それがそのままCに受け継がれるので、新しい賃貸人Cとの関係で、改めてBは敷金を交付するという必要はないわけですね。これがＡＢ間の敷金関係がＣＢ間に承継されるということの具体的な意味です。

（イ）賃借人の交代と敷金関係

では、今度は借りている側が交代した場合は、いったいどんなことになるのでしょうか。***ボード2***を見てください。

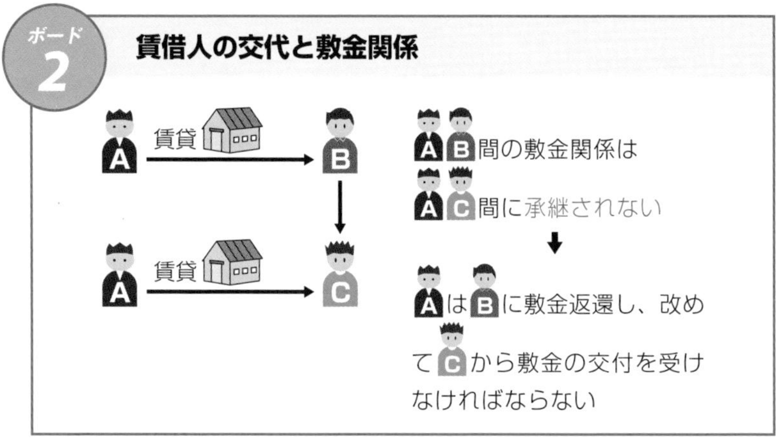

ボード
2
賃借人の交代と敷金関係
A
賃貸
B
A
賃貸
C
AB間の敷金関係は
AC間に承継されない
AはBに敷金返還し、改めてCから敷金の交付を受けなければならない

今、ＡがＢに対して家を貸しています。ということは、Ｂは賃借権を持っているわけですね。その賃借権をＢがＣに譲渡するわけです。そうすると、今まではＡとＢとの間で賃貸借契約があったんだけど、それがＡとＣとの間の賃貸借関係というふうに変わりますよね。このように借りている側、賃借人の側が交代した場合に、敷金関係は承継されるんでしたか。先ほど見たように、承継されませんね。

どうして承継されないのかということですが、今、Ｂは自分の債務を担保するために、Ａに敷金を払っていたわけです。だけど、ＢはＣに賃借権を譲渡したわけだから、自分はこの契約関係から抜けるわけですよね。それなのに、その後も他人のＣの債務について、Ｂが担保し続けるというのは、ちょっとＢにとってひどいでしょう。

一方、Aはというと、いったんBに敷金を返して、改めて別途Cから敷金を預からなければならないという不利な地位に立たされますね。けれども、これはすぐ後で説明しますが、AはもしCが気に入らなければ、BからCへの賃借権の譲渡について、承諾を与えなくてもいいんです。承諾を与えないということで、Aは不利な立場に立たされそうな場合を阻止できる。つまり、自分の身を守るチャンスがあるわけです。だから、この場合には、AB間の敷金関係はAC間には承継されないということになります。

(2) 不動産賃借権の物権化

① 第三者への対抗力

では、続いて「**不動産賃借権の物権化**」というところを見ておきましょう。ここは抵当権の部分の短期賃貸借の関係で、すでに説明したところですが、ざっと復習しておきたいと思います。

まず、賃借権は債権にすぎません。したがって、**本来賃借人は**、債務者つまり賃貸人に対してのみ、自分の権利を主張できるという「**相対的権利**」にとどまるわけです。そうすると、先ほども出てきましたが、例えば、マンションのオーナーがマンションを売却すると、新しいオーナーから追い出されかねません。「**売買は賃貸借を破る**」**が原則**です。

ところが、これでは生活の場が安定しないということで、まずいわけですね。そこで、民法自身が、あるいはそれに加えて借地借家法が、不動産賃借権を物権化するために、それぞれの手段を規定しているというわけです。

まず1つは民法605条の「**不動産賃借権の登記**」です。ところが、これは共同申請主義を採っている関係で、賃貸人が協力をしてくれなければ、この登記はできません。そのため、現実にはあまり機能しないという問題があったんですね。そこで、借地借家法が、土地と建物それぞれ個別に、第2の対抗要件具備方法を定めてくれているというわけです。そのあたりを***ボード3***で説明したいと思います。

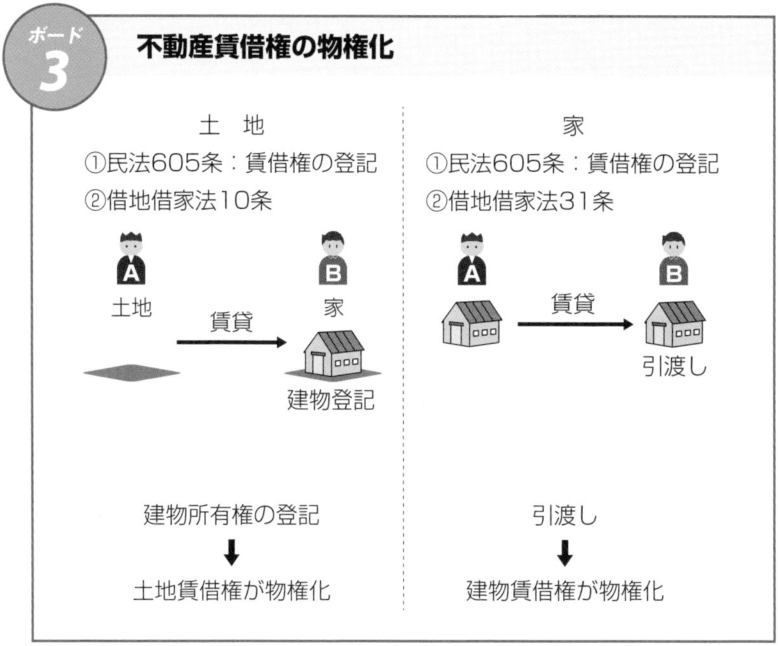

不動産賃借権の対抗要件具備方法について、土地の場合と家の場合とを個別に考えたいと思うのですが、まず土地の場合から見ていきましょう。***ボード3***の左側の図を見てください。

1つは、先ほど説明したように、民法605条で賃借権の登記という方法があるわけです。しかし、これは賃貸人が協力してくれない限りできないものなので、いまいち実際上は機能しないわけですね。そこで借地借家法10条というものが定められているわけです。

▶ **第605条**
　不動産の賃貸借は、これを登記したときは、その不動産について物権を取得した者その他の第三者に対抗することができる。

▶ 借地借家法第10条
① 借地権は、その登記がなくても、土地の上に借地権者が登記されている建物を所有するときは、これをもって第三者に対抗することができる。

いいですか。今、Aが土地をBに貸しています。土地を借りているBが建物を建てるわけですね。この建物はBの所有物です。この建物の登記は自分１人でできます。自分の持ち家なので、こんな建物を建てましたという登記は、Aが協力してくれなくても、Bが１人でできるわけです。そして、この建物の登記をすれば、土地の賃借権についても、Bは対抗要件を備えたことになります。したがって、債権にすぎなかったBの土地賃借権が物権化する。つまり、誰に対しても主張することができるという、絶対的権利になるわけです。建物の登記なのに、土地の賃借権について効果が生じるというあたり、しっかりと確認をしてもらいたいと思います。

今度は家の場合です。***ボード3***の右側の図を見てください。家の場合も同じように民法605条の条文があるにはあるけれども、あまり機能しません。そこで借地借家法31条の出番となるわけです。

▶ 借地借家法第31条
建物の賃貸借は、その登記がなくても、建物の引渡しがあったときは、その後その建物について物権を取得した者に対し、その効力を生ずる。

今、AがBに対してAの家を貸していて、実際にBがすでに住んでいます。引渡しを受けているわけですね。この状態でBの借家権、つまり、この家についての賃借権の対抗要件は備わったというふうに扱われるんですよ。例えば、Aがこの家をCに譲渡したとしても、BはCとの関係で「私が借りています。住み続けますよ」ということを主張できるという法的立場に立つわけです。

したがって、借地借家法上の対抗要件として、まず土地の場合は、その上に建物を建てて、建物の登記をすればいい。家の場合は、引渡しを受ければいい。それによって相対的権利だったのが絶対的権利にランクアップする、というように整理しておくといいと思います。

それから、土地賃借権の対抗要件である、建物の登記について補足しておくと、この登記は「表示の登記」でよいとされています。「ここにこんな建物を建てました」ということを法務局に認識してもらうのが表示の登記で、これは登記の第１段階なんです。その次は、「この土地、あるいは建物は誰々の所有です」という「保存登記」という段階になるわけですが、そこまでいかなくても、第１段階の表示の登記でいいということです。

それに対して、他人名義はバツです。他人名義の登記は無効の登記なので、対抗要件として認められないというあたりも確認しておきましょう。

②　存続期間

次は、存続期間です。借地借家法が適用される場合、借地は「最低30年」です。チェックしましょう。それから、借家については、解約や更新拒絶には「正当事由が必要」という部分にチェックすればいいでしょうね。

ここまでをCHECK

①敷金関係は賃貸人の交代の場合は承継され、賃貸人の交代の場合は承継されない。
②土地賃借権は民法605条の賃借権の登記 or 地上に建てた建物の登記で物権化する。
③建物賃借権は民法605条の賃借権の登記 or 引渡しによって物権化する。

では次へ行きましょう！

2　賃貸借契約の効力

(1) 賃貸人の義務

では、次に「賃貸借契約の効力」というところに進みたいと思います。効力は、賃貸人・賃借人の双方に義務を生じさせるというものです。

まずは賃貸人、貸している側の義務ですが、これは4つあります。キーワードをチェックしましょう。まず1つ目は「使用・収益させる義務」。これは賃貸人の本体的義務ですよね。貸している以上、借りている人がしっかり使えるようにしてあげるという義務があるわけです。2つ目が「修繕義務」。例えば、雨漏りがするとか、あるいは少し水道の状態が悪いといった場合には、それを直してあげる義務があるわけです。3つ目は「費用償還義務」。これはすぐ後で説明します。そして4つ目が「契約不適合責任」。これは売買のところで勉強したものですが、契約不適合責任は有償契約に準用されるというようなことがありますので、4番目の項目として問題になるわけです。

以上のことを踏まえたうえで、論点を順に見ていくことにしましょう。

①　目的物の一部が賃借人の帰責事由なく滅失した場合

まずは、①目的物の一部が賃借人の帰責事由なく滅失した場合です。例えば、アパートの窓が台風で割れてしまった場合、賃借人は賃貸人に対してどんなことが言えるのかというと、オーナーたる賃貸人に電話をかけて(通知して)、「窓が割れましたのですぐに修繕してください」といえるわけです。「通知」と「修繕」にチェックしておきましょう。

これに賃貸人が応じない場合は、使えなくなった部分の割合に応じて賃料が減額されるので、その分の賃料の支払いを拒むことができます。例えば、2部屋あって、同じような効用があるという場合に、1つの部屋の窓が割れて、その部屋が使えないとすると、家賃は半額しか払わなくていいという扱いになるわけです。

それから、オーナーが修繕してくれるのを待っていられないという場合には、賃借人が自ら修繕して、その費用を請求することもできます。「自ら修繕」にもチェックしよう。ただし、次チェックですよ。この修繕に、新築に匹敵する程度の費用がかかる場合は、賃貸人に修繕義務は発生しません。

例えば、大地震なんかがあって、これを修繕するにはほとんど新しく建て直すのと同じくらいの費用がかかるという場合にまで、賃借人が「修繕せよ」と言えるとなると、今度はオーナーのほうがちょっと厳しいですよね。賃貸人側に酷な結果になります。したがって、そういう場合には例外的に修繕義務は発生しないというふうに扱われるわけです。

皆さんの中にも、賃貸マンションにお住みの方がいらっしゃるかと思うんですが、このあたりは非常に現実的というか、日々問題になるような法律関係になっていますね。

②　賃貸人の費用償還義務

賃貸人の義務の３つ目に示した「費用償還義務」は、占有者の費用償還請求権というところと似ています。ただ１点違っているのが、必要費のところなんです。必要費に関しては、賃借人は支出と同時に請求できる。賃貸人の側から言うと、支出と同時に返さなければならないということです。

なぜかというと、そもそも必要費が生じるのは、例えば、窓が割れた、雨漏りがしたというような場合ですよね。それを修繕する義務は、賃貸人が負っているわけだから、それを賃借人がいわば立替払いをして、必要費として支出しているわけでしょう。だから、直ちに賃貸人はそのお金を、賃借人に支払わなければならないということです。ここが通常の所有者と占有者の関係と違うところです。

有益費のところは同じなので、そう問題はないかと思います。

③　他人物の賃貸借契約

他人物の賃貸借契約については、他人物売買と同様、債権的に有効だという程度にわかっておけば大丈夫です。あとは、債務不履行の一般規定により処理されるという扱いになるわけです。

（2）賃借人の義務

今度は、借りている側の賃借人の義務についてざっと見たいと思います。

まずは「賃料支払義務」。これはもう本体的な義務でしょう。その次なんですが、「用法に従って使用する義務」を賃借人は負っています。ここのところで一番多いのは、「ペットを飼うな」という条項が入っているケースですね。このような条項が入っている場合には、賃借人の義務としてイヌとかネコとかカメとか、そういうものを飼ってはいけないという義務が生じるということです。３つ目は、「契約終了時には返す」という義務、つまり目的物返還義務があるということです。

ということで、貸している賃貸人の義務が４つ、借りている賃借人の義務が３つということで、確認しておいてください。

ここまでをCHECK

①賃貸人は、使用収益させる債務・修繕債務・費用償還債務・契約不適合責任を負う。
②賃借人は、賃料債務・用法遵守債務・目的物返還債務を負う。

では次へ行きましょう！

3　賃借権の譲渡・賃借物の転貸

(1) 意　義

では、「賃借権の譲渡・賃借物の転貸」というところに入りましょう。

ここは「譲渡」と「転貸」の違いを正確にわかっていただきたいと思います。まず譲渡ですが、賃借権の譲渡というのは、賃借権自体を、賃借人のＢが第三者のＣに売ることです。そうすると、Ｂは賃貸人Ａとの関係から抜けます。離脱してしまうわけです。そんな場合の敷金関係については承継されないということを、先ほど説明しましたね。

それに対して、転貸というのは、賃貸人Ａが賃借人Ｂに貸しているものを、Ｂが第三者のＣに又貸しするいうことです。つまり、ＡからＢ、ＢからＣというように、２つの賃貸借関係が成立する場合をいうわけです。

さあ、ここで大切なのが次の部分です。賃借権の譲渡も、賃借物の転貸も、いずれも賃貸人Ａの承諾が必要だということです。「Ａの承諾が必要」というところを、しっかりとチェックしておくといいと思います。

ＡはＢだから貸しているんです。誰彼なしに自分のものを貸したりなんてしていません。だから、ＢがＣに貸すことになりそうなら、果たしてＣがしっかりした人かどうか、Ａとしては改めて判断したいわけですよ。だから、Ａの承諾なしに、賃借権の譲渡や転貸ということは許さないわけです。

では、許されないのに、Ｂが譲渡や転貸をした場合はどうなるのかというと、Ｂが無断で行った場合には、ＡはＡＢ間の契約を解除することができます。「ＡＢ間の契約を解除」というところにチェックしましょう。

これは以前、法定解除原因のところで出てきたんですよ。債務不履行以外の場合の法定解除原因として、売主の契約不適合責任と、貸主の同意のない転貸借があるということだったわけです。

では、ここでもう一度、この賃借権譲渡と転貸の場合の権利関係を、

ボード4で確認しておきたいと思います。

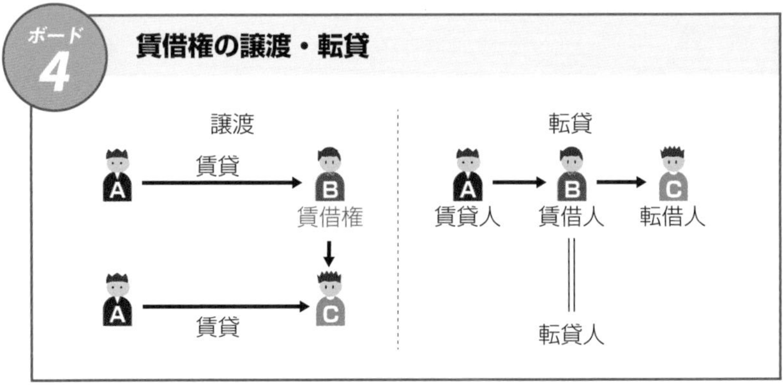

譲渡と転貸の区別がきちんとつくようになってほしいわけですが、まず譲渡から確認しておきましょう。***ボード4***の左側の図です。今、ＡがＢにある物を貸しています。Ｂは賃借権を持っているわけですよね。この賃借権をＢがＣに売ります。そうすると、もちろんＡの承諾が必要だけど、Ａの承諾があればＢは賃貸借関係から離脱し、ＡがＣに貸しているという状態に変化するということですよね。

それに対して右側の図ですが、転貸は、ＡがＢに貸しているその物を、そのままの形でＣに対して貸すというのが、ＢＣ間の転貸借契約なわけです。これについても、Ａが承諾するかしないかという、関与する権利が与えられているわけですね。それから、転貸の場合の言葉づかいの問題ですが、この賃借人ＢはＡとの関係では借りている立場だけど、Ｃとの関係では貸している立場ということになるでしょう。だから、Ｂは賃借人であると同時に「転貸人」というわけです。このあたりは、選択肢で平気でこんな言葉が出てきますので、素早く権利関係を把握できるようにしてください。Ｂは賃借人であると同時に転貸人。そして、Ｃのことを「転借人」というふうに呼びます。

このことを踏まえたうえで、具体的な権利関係について見ていきたいと思います。

（2）賃貸人の承諾のない譲渡・転貸

①　BとCとの関係

まず、賃貸人Aの承諾がないのに、賃借人Bが第三者のCに譲渡あるいは転貸した場合です。BC間の関係は1点。「**他人物賃貸借と類似**」。ここだけチェックしておけば問題はなかろうかと思います。

②　AとBとの関係

メインはAB間ですよね。先ほど説明したように、無断転貸借は法定解除原因です。つまり、BがAに無断でCに転貸、あるいは賃借権譲渡をした場合は、AはAB間の契約を**解除できる**のが原則ですよね。

そのことを踏まえたうえで、AB間の関係がどうなるのかを確認すると、まず、AはBCの契約は無視してBに賃料請求ができます。これは当然でしょう。

次に、BがCに実際に目的物を使用させた場合、Aが認めていないCがAの所有物を**実際に使い始めた場合**は、その段階で初めてAはBとの契約を解除することができることになります。つまり、BC間で転貸借契約が結ばれただけでは、まだAは解除ができないということです。これが1点ですね。

その次が、「**信頼関係破壊の理論**」という話になるわけですが、本来、無断転貸借は法定解除原因です。BがAの承諾なくCに転貸借すれば、Aは解除ができるはずです。ただし、この賃貸借関係は継続的契約なので、信頼関係が破壊されたか破壊されていないかということが、非常に重要な意味を持つわけです。通常は、無断転貸があると、ほとんどの場合、信頼関係は破壊されます。だからAは解除ができるんです。

ただし、例外的に、譲渡・転貸が「**親族間**で行われた場合」。例えば、

ＢがＢの息子のＣに対して転貸をした場合には、別にＢが使ってもＣが使っても、このＡから見て差異は生じないわけなんですよ。あるいは、「特に使用状況に変化がない場合」。ここもチェックですね。このような特殊事情があれば、例外的に信頼関係は未だ破壊されていませんと扱って、Ａの解除権は制限されるということです。

賃貸人に対して背信的とはいえない特段の事情があれば、賃貸人は解除できない。ほとんどの場合、無断譲渡や無断転貸があれば、解除はできるんですよ。だけど、例外的に信頼関係はまだ破壊されていないと認められる特段の事情があれば、Ａの解除権は制限されるということです。ここが一番メインのところでしょう。

③　ＡとＣとの関係

ＡＣ間の関係については、Ａから見てＣは不法占拠者なので、いつでも追い出せるということになります。

以上が、Ａが承諾しない場合の問題でした。

（3）賃貸人の承諾のある譲渡・転貸

今度は、Ａが承諾した場合の問題について、見てみたいと思います。転貸の場合のＡＣ間の関係です。ここは結構出るんですよ。この場合は、ＣはＡに対して転借権を主張できます。ＢＣ間の転貸について、Ａが承諾してくれたわけだから、Ｃはちゃんと使えます。ただし、ＡはＣに賃貸人としての義務は負いません。それはそうですよね。ＡＣ間には契約関係はないんですから。したがって、例えば、ＡがＣから修繕の請求をされたとしても、Ａは「Ｂに修繕してもらいなさい」と言えばいいわけです。

ところが、ＡのＢに対する権利を確保するため、ＣはＡに対して義務を負います。「Ｃが義務を負う」というところにチェックをしておけばいいと思うんです。いいかな。ＡはＣに義務を負わないのに、ＣはＡに義務を負うという扱いになっているんですね。このあたりは改めて説明したいと思いますが、その前に次も見ておきましょう。

今、Bが債務不履行をしたとします。具体的にいうと、BがAに家賃を払わないというような場合です。そのような場合には、もちろんAはAB間の解除ができますよね。そうするとBの賃借権がなくなるわけだから、Cの賃借権もなくなります。AがCに明渡請求したらBC間の転貸借契約も終わる。復代理の場面で同じような事案があったけれども、親ガメこけると子ガメもこけるということになるわけです。

それに対して、AB間の解除が合意解除の場合、これは結論を先に見ますと、Cに対抗できず、AB間で合意解除をしてもCは追い出せないということです。613条3項ですね。この部分も大切なところなんですね。

そこで、先ほどの転貸の場合のAC間の関係と併せて、今のAB間の解除がCに与える影響の2点について、***ボード5・ボード6***を使って説明したいと思います。

①　片面的債権関係

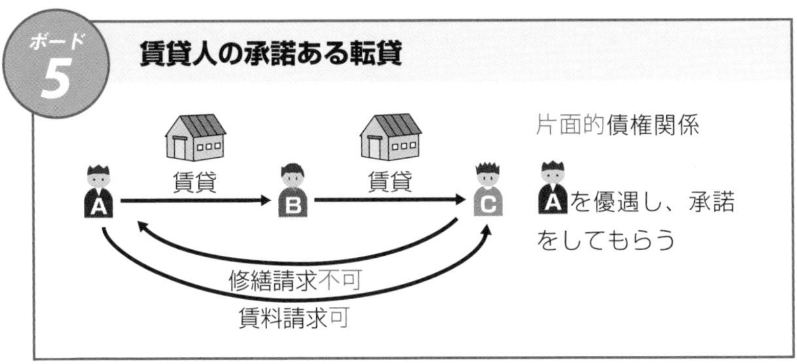

まずは、転貸の場合のAC間の関係からです。今、AからB、BからCということで転貸があり、それについてAは承諾してくれているという場

面です。この場合の債権債務関係を確認しておきたいと思うんですが、今、CはAに対して**修繕請求はできません**。これは、まあまあ素直な結論だと思うんです。というのは、CはあくまでBと契約しているのだから、Cに対して債務を負担しているのはBでしょう。だから、修繕請求はBに対してするべきで、Aに対してできない。「ごもっとも」という感じですよね。

ところが、AはCに対して**賃料請求ができる**、とされているわけです。先ほど、修繕請求できないのは、AC間の契約関係がないからだと話しましたよね。なのに、AはCに対して賃料請求ができるというふうに扱われているわけです。

Aは請求できるのに、Cはできない。片面的ですよね。だから、これを**「片面的債権関係」**というわけですが、どうして民法はAを優遇しているのでしょうか。

その理由は、BはCに転貸をしたい。Cも借りたいと思っているわけでしょう。そうすると、BもCも、Aの承諾がほしいわけです。そこで、Aが承諾しやすいように、民法は**Aの立場を優遇**している。

別にBからCに転貸して移っても、Aは新たな義務が追加されるわけではない。むしろ、賃料をBにも請求できるし、Cにも請求できる。二重取りはできないけれども、Bが払えない場合、Cから払ってもらうことができる。このようにAを優遇することによって、BC間の転貸について「どうぞAさん承諾してあげてくださいね」と、働きかけているんだということです。この片面的債権関係は押さえておきましょう。

②　契約解除の場合

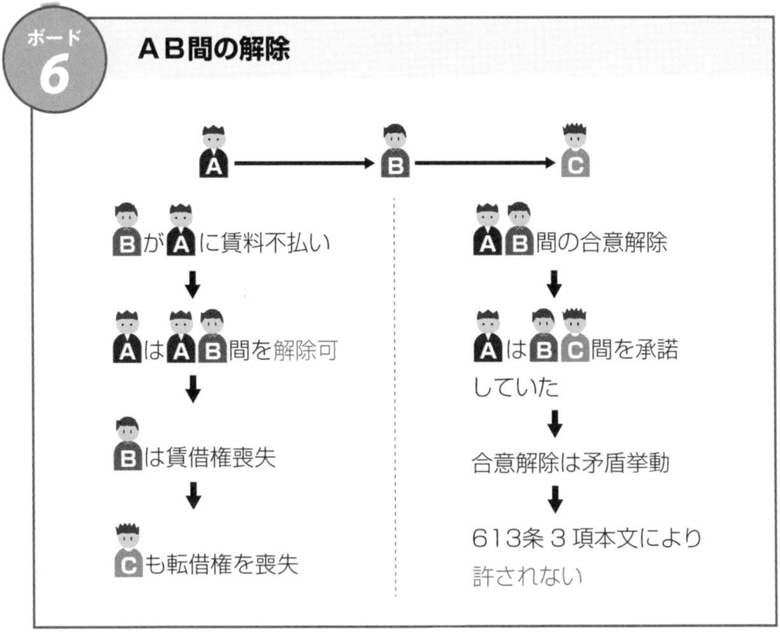

次は、ＡＢ間の解除の話です（***ボード6***）。

まず左側からですが、今、Ａ→Ｂ→Ｃと来ている場合に、まずＢがＡに賃料を払いません。**Ｂが債務不履行**をしています。そんな場合には、ＡはＡＢ間を解除することはできますよね。これは問題ないかと思います。ＡはＡＢ間を解除する。Ｂは債務不履行なんですから、Ａは解除する。そうすると、Ｂの賃借権がなくなりますから、Ｂは物を使用・収益できなくなるわけです。ということは、ＢはＣに物を貸すことができなくなるわけでしょう。だから、**Ｃも転借権を失う**わけです。Ｂが家賃を払わないと、結果としてＣも追い出されるということになるわけですね。あとはＣがＢに対して債務不履行に基づく損害賠償請求をするという形で解決されます。ただ１点注意してほしいのが、**Ｃの転借権が失われる**タイミング。これはＡがＡＢ間を解除した時ではありません。Ａが**Ｃに出ていけと言った時**です。なんでかというと、ＡにとってＢは気に食わないけどＣに問題はないって場合、Ｃと直接契約する余地を残すためですね。

さて次は、右側のＡＢ間の合意解除の場合です。合意解除というのは、皆さん覚えていますでしょうか。特にＡＢ間で解除原因があるわけじゃないんだけど、Ａが「そろそろ終了しませんか」とＢに持ちかけ、Ｂも「私もやめたいと思っていました」ということで、２人の気持ちが合致して、この賃貸借関係をやめてしまうということでしたね。そこで、そのような合意解除をして、Ｃを追い出すことができるのかという問題です。

結論は、Ｃを追い出すことはできません。なぜかというと、もともとＡはＢＣ間の転貸について承諾していましたよね。いいかな。Ａは一度承諾していたんです。それなのに、ＡＢ間の契約を合意解除してＣを追い出しにかかる。これは矛盾挙動ですよね。そうすると、「矛盾したことをしてはいけません」という、信義則の分身として禁反言というのがありましたよね。したがって、合意解除は矛盾挙動だから、ＡＢ間の合意解除でＣを追い出すことはできないということなのです。そしてこのことは改正民法で明文化されました（613条３項）。

この矛盾挙動というところは、無権代理人の本人相続の個所とか、あるいは時効完成後の債務の承認のところで出てきていますけれども、この場面でもＣを守るためにＡの矛盾挙動を阻止するというふうに現れるわけですね。

ここまでをCHECK

①賃借権の譲渡や転貸には賃貸人の承諾が必要である。
②承諾のない譲渡や転貸は解除原因である。
③解除原因があっても信頼関係が破壊されていない場合は例外的に解除されない。
④承諾ある転貸借がなされた場合、賃貸人には新たな債務は生じないが、転借人は賃貸人にも賃料債務を負担する。

では次へ行きましょう！

4　賃借人と第三者との関係

（1）不動産賃貸人が賃貸目的物を譲渡した場合

では、続きに行きましょう。次は、不動産賃借人と第三者との関係です。

まずは、賃貸人が賃貸目的物を譲渡した場合ですが、例えば、AがBにある不動産を貸していて、Bの賃借権が対抗要件を具備している。AがCにその不動産を譲渡するという場合を念頭に置いてください。このとき、賃借人Bと新所有者Cの関係はどうなるのかということです。先に結論を確認して、改めて説明したいと思うのですが、まず1つは、Cが新しい賃貸人になります。この賃貸人たる地位がAからCに移転するについては、「Bの承諾は不要」です。従来から判例はこのように考えてきましたが、平成29年改正でこの点を明文化しました（605条の2第1項）。

これは大切なところですよ。賃貸人たる地位の移転というのは、例えば、司法試験の論文式の過去問でも何回も出題されているところなわけですけれども、Bの承諾は不要だということです。

それからもう1点。新しい賃貸人として、CがBに賃料請求をするには、登記が必要です。「登記が必要」というあたりも確認しておきたいと思います。従来から判例はこのように考えてきましたが、改正民法ではこの点も明文化しました（605条の２第３項)。今の話は、Ｂが自分の賃借権の対抗要件を備えている場合、Ｂの賃借権が物権化している場合の話でした。

それに対して、Ｂが対抗要件を備えていない場合はどうかというと、あくまでＢの賃借権は債権にすぎないんだから、「売買は賃貸借を破る」という形になるわけですね。ただ、この場合でもＡＣ間の合意によって賃貸人たる地位をＣに移転させることはできます。この場合も賃借人Ｂの承諾はいりません。従来から判例はこのように考えてきましたが、改正民法ではこの点も明文化しました（605条の３)。

そこで、Ｂが対抗要件を具備している場合の、賃貸人たる地位がＡからＣへ自動的に移転するという話と、Ｃの賃料請求には登記が必要だというところを、***ボード７・ボード８***を使って説明しましょう。

①　賃貸人たる地位の移転

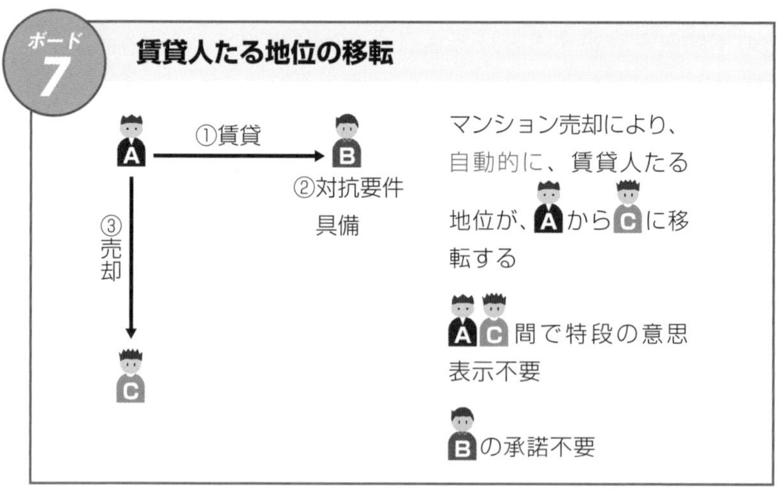

これは何度かすでに見た図ですけれども、ここで正確に最終確認という意味で説明したいと思うんです。ＡがＢにマンションを賃貸していて、Ｂの賃借権は対抗要件具備により物権化している。そのような状況下で、ＡがＣにそのマンションを売却しました。このような場合に、ＢとＣとの関係はどうなるのかということだけど、マンションの売却によって自動的に賃貸人たる地位がＡからＣに移転する。いいでしょうか。自動的に賃貸人たる地位が、ＡからＣに移転するんだということです。したがって、Ｃが新しい賃貸人ということになるわけですね。

この「自動的に」という意味を確認しておこうと思うのですが、どういうことかというと、ＡＣ間で特段の意思表示は不要だということです。ちょっとこれは意味がわかりにくいですよね。今、ＡはＣにマンションを売却したわけです。マンション売却については、もちろん意思表示は必要ですよね。ＡとＣとの関係で「買ってください」「買いましょう」という意思表示は必要です。

それとは別に、「今、私はＢにマンションを貸しているんだけど、つまり私は賃貸人なんだけど、賃貸人という立場もあなたは受け継いでくださいね」「わかりました、受け継ぎます」といった、賃貸人たる地位の移転についても意思表示が必要なんですかというと、それは必要ないということを言っているわけです。よろしいですか。特段の意思表示は不要というのは、このマンションの売買契約の気持ちがあれば、自動的に賃貸人たる地位も、ＡからＣに移転するんだということを言っているわけです。

もう１つの「Ｂの承諾が不要」というのがどういうふうに説明されるのかというと、別に賃貸人の債務というのは、目的物の所有者なら誰でも容易に尽くせるものだから、ＢにしてみればオーナーがボであろうとＣであろうと、別にそんなに差異はない。だから、取り立てて、「Ｃに売ろうと思うんですが、賃貸人たる地位もＣにお譲りしようと思うんですけれども、いいでしょうか」と、ＡがＢの承諾をもらう必要はないということですね。そんなわけで、AからCにマンションの売却があれば、自動的に賃貸人たる地位が、AからCに移転するということになります。

② 賃料請求における登記の必要

次は、賃料請求の話です。ちょっとここは理屈っぽい問題があるんですよ。

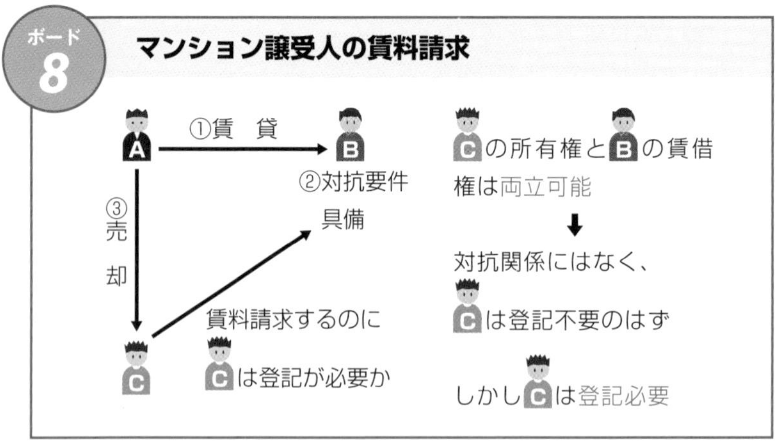

今、Cが新しい賃貸人としてBに対して賃料請求をするのに、マンションの所有権の移転登記が必要なんでしょうか、という問題です。結論は先ほど説明したように、登記が必要なんですね。だけど、そのあたりをしっかり考えてみると、若干微妙な問題があるわけです。

今、Cの所有権とBの賃借権は両立可能だということを、まず確認したいと思います。Cは所有者として、賃借人としてのBの存在を認めたうえで賃料請求するわけですね。だから、Cのマンション所有権とBのマンション賃借権は十分両立しているわけですよ。そうすると、両立し得ない物的支配を相争う関係にはないでしょう。だから、両立可能ということは対抗関係にはない。このあたり物権変動のところで勉強しましたね。

CとBとは対抗関係にないということは、登記は不要のはずですよね。

ます、このあたりの問題の所在はしっかり押さえるべきですよ。「登記必要」という結論だけを覚えるのではなく、理論上は登記は不要のはずだと、まずここまで理解する必要があると思うんです。

そもそも、対抗関係というのは両立し得ない物的支配を相争う関係だから、今は両立しているので対抗関係にない。したがって、登記は不要のはずなんだけど、判例は登記は必要というふうに持っていくわけですよね。これはいったいどういうことか、ということですけれども、**判例**は理論よりも実際上の**結論の妥当性を大切**にするわけです。そして先ほどもお話ししましたように改正民法はこれを明文化しています（605条の２第３項）。

今、Ｃは登記なしにＢに賃料の請求ができるとしてしまうと、ＢはＣに賃料を払わざるを得ませんよね。ところが、ＢがＣに賃料を払った後で、ＡがＤにこのマンションを二重譲渡して、Ｄのほうに先に所有権の移転登記をしてしまったとしましょう。

そうすると、ＣとＤとの関係では、Ｄが所有者になるので、ＢはＤに重ねて賃料を支払わなければならないという**二重支払いの危険**に、Ｂがさらされることになる。それがまずいわけです。

そもそも、Ｃはマンションを買い受けた以上、その旨の登記はしておくべきですよね。理論的にはＢとＣの関係は対抗関係にはないけれども、不動産を購入したなら登記をしておきなさいと、Ｃに要求してもいいんです。だから、Ｂの家賃の二重払いの危険を回避するために、理論的には登記は不要なはずなのに、**実際上の必要性**から**登記は必要**というふうにされているのです。

③　賃貸人の地位が移転しないケース

さらに改正民法では、賃貸不動産の売主・買主が**賃貸人たる地位**を売主に**留保**し、かつその不動産を買主が売主に賃貸するという合意をすることを認めました。ＡがＢに賃貸し、引き渡している（つまりＢの賃借権は対抗要件具備です）マンションをＡがＣに売却しました。本来この場合、賃貸人たる地位はＣに移転する、それが605条の２第１項ですよね。ところが賃貸人たる地位をＡに留保し、あくまでＢに対する賃貸人はＡであり続け、でもＣに売ったのだからＡがそのＣから借りていることにするわけです（605条の２第２項前段）。ＣからＡ、ＡからＢの転貸借関係になるわけです。

実は改正前の民法下で、この賃貸人たる地位の留保特約の有効性が判例で争われ、判例はこれを否定していました。賃借人の「直接に所有者から借りる利益」を重視したのです。そこで改正民法はこの場合にＣＡ間の賃貸借が終了すればＡに留保されていた賃貸人たる地位は、Ｃに移転するとしました。(605条の２第２項後段)。そうすることでＡＣ間で賃貸人たる地位がＡに留保されても、特段従来からの賃借人Ｂに不利益にならないとしたわけです。

(２) 目的物の二重賃貸の場合

次は、目的物の二重賃貸の場合です。ここは普通の物権変動の話と同じなので、「不動産の場合は、対抗要件具備の先後で決する」「動産の場合は、先に引渡しを受けたほうが優先する」という、この２点を押さえてもらえば十分です。

(３) 第三者が目的物の使用・収益を妨害する場合

ここは、第三者が目的物の使用・収益を妨害する場合に、いったい賃借人はどんな法律構成で自分の権利を確保できるのか、という問題です。もうこのあたりまでくると総復習という感じがしますね。

まず、Ｂが対抗要件を具備している場合、つまりＢの賃借権が物権化している場合です。この場合には、Ｂは自分の力で妨害している人を追い出せます。物権化した賃借権を根拠に、直接ＢがＣに対して妨害排除請求をすることができるわけです。従来から判例はこのように考えてきましたが改正民法ではこの点も明文化しました（605条の４）。ただし妨害予防請求権は認めていません。この点は注意が必要ですね。

それに対して、対抗要件がない場合には、占有訴権ともう１つ、懐かしいなという感じさえしますけれども、債権者代位権の転用ということができるわけですね。

そのあたりをもう一度、***ボード９***で説明しておこうと思います。

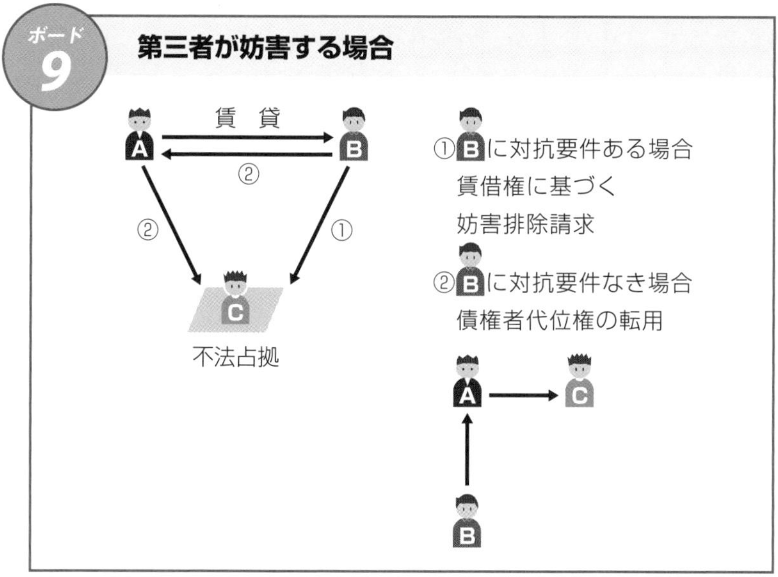

いよいよこの最終局面という感じがしてきましたが、今、ＡがＢに賃貸していて、Ｂは賃借権を持っています。ところが、目的物はＣによって不法占拠されているという場面ですよね。

順番に行くと、まずＢに対抗要件がある場合、Ｂの賃借権が対抗要件を備えていれば、Ｂの賃借権は物権化しています。物権化しているから、他人に頼らず自分の力で直接、妨害排除請求ができるわけです。これはＢの賃借権が対抗要件具備によって物権化し、絶対的権利になったことから、

Ａのみならず、Ｃに対しても「私が借りているんです。出ていってください」と言えるわけです。

それに対して、対抗要件を備えていない場合はどうなるんでしょうか。一度占有をＢが持てば、占有訴権という戦い方もあります。しかし、一度も引渡しをしてもらわないうちに、もともとＣが不法占拠していたような場合には、占有訴権は無理ですし、また、対抗要件がないＢの賃借権はここでは債権にすぎないわけですから、賃借権に基づく妨害排除請求はできませんよね。そこで、以前勉強した「債権者代位権の転用」という処理になるわけです。いいですか。債権者代位権の転用です。

この場合の被保全債権は何か、皆さんおわかりですか。今、ＢはＡに対して「使わせろ」と請求できます。Ａは所有者としてＣに対して「出ていけ」と請求できます。そこで、このＢからＡへの②の矢印を被保全債権として、ＡのＣに対する所有権に基づく物権的請求権を被代位権利として、債権者代位権の転用という話になるわけです。

いいかな。ＢのＡに対する「使わせろ」という債権。これが被保全債権です。ＡがＣに対して所有権に基づいて明渡請求ができる。これを被代位権利とした債権者代位権の転用です。被保全債権が金銭債権ではないという意味で、本来の使われ方ではないことから「転用」というふうにいわれるわけでした。懐かしいところですね。

ここまでをCHECK

①賃貸不動産が譲渡されたが、賃借人が対抗要件を備えている場合、賃貸人たる地位は自動的に新所有者に移転する。
②そのことにつき賃借人の承諾を要しない。
③賃料請求をするには、新賃貸人は所有権移転につき対抗要件を備えていることを要する。

では次へ行きましょう！

5　賃貸借契約の終了

最後に、賃貸借契約の終了というところを見ておきましょう。賃貸借契約の終了には、次の５つの場合があります。まず１つは「期間の満了」。２つ目は「解約の申入れ」。３つ目は「目的物の滅失」。４つ目が「混同」。５つ目が「債務不履行による解除」です。

５つ目のところはちょっと説明を加えたいと思います。債務不履行による解除は、少し出てきていましたけれども、賃借人が賃料を払わないと、もちろん賃貸人は債務不履行を根拠に、契約を解除することができるわけです。

ただし、ここで少し注意してほしいのは、賃貸人による解除は信頼関係破壊の理論による制限があるということです。信頼関係破壊の理論は無断転貸のところで出てきた理論でしたが、債務不履行の場合にも出てくるわけです。

例えば、家賃を１か月分お支払いしていません。そんな場合、催告をして相当期間経過後、常にＡはＡＢ間の賃貸借契約を解除できるんですかというと、それは事案次第だということなんですよ。今まで２年半なり３年なり、ずっと賃貸借関係が続いてきて、Bは一度も家賃の支払いが遅れたことがない。それが、たまたまちょっと旅行に行っていたということで、先に家賃を振り込んでおくのを忘れてしまいました。そんな場合にAから「3日以内に払え」という催告が来たけれども、Bはそれも留守で読んでいなかった。このような場合には、信頼関係は未だ破壊されていないと言えるので、Aは解除はできないということになるわけです。

このような形で、無断転貸の場合のみならず、債務不履行解除の場合も、信頼関係破壊の理論による解除権の制限というのがあるんです。そうすると、この理論は**賃借人側に優しい理論**だなというイメージがあると思うんです。しかし、これは**逆の側面**もあるんですよ。どういうことかというと、信頼関係がはっきりと破壊されてしまった場合は、もはや催告なしに解除（**無催告解除**）ができるということです。

以前説明したように、履行遅滞の場合の解除については、履行の催告をしなければなりませんでしたよね。「3日だけ待ってあげます。3日以内に支払ってください」というラストチャンスを与えてからでないと、解除はできないはずでしたよね。ところが、信頼関係が破壊されている場合には、催告なしに、ラストチャンスを与えることなしに、いきなり解除ができてしまう。これは借りている側（賃借人）にとっては、厳しい作用の仕方ですよね。こんなところも併せて知っておくとよろしいでしょう。

ここまでをCHECK

①信頼関係が破壊されていない場合は債務不履行解除はできない。
②信頼関係が破壊されれば、催告なしで即解除ができる。

では次へ行きましょう！

Section 4　不当利得・不法行為

今回の学習テーマは、「不当利得・不法行為」です。ここでは、不当利得制度とその特殊型である非債弁済、不法原因給付等について押さえてください。また、不法行為は契約と並んで債権各論の中核部分です。各論点について正確に理解しましょう。

1　不当利得とは

(1) 意　義

では、不当利得のところに進みましょう。

まず、不当利得の意義ですが、***ボード 1*** を見てもらいましょうか。

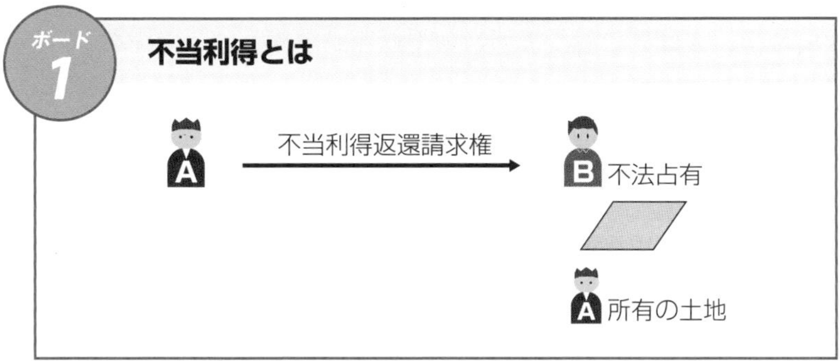

今、A所有の土地をBが何の権原[2)]もなく占有している。この場合AはBにどんな請求ができるでしょうか。皆さん第I巻で勉強されたかと思いますが、まず思いつくのはBを追い出し、土地の占有を回復するということですね。**物権的請求権**です。所有権に基づく明渡請求。でもただ占有を回復するだけではAとしては不満が収まらない。そこでBに対して何らかの金銭支払いを要求したい。そこで思いつくのは後に見る**不法行為**に基

2）ある行為に正当性があることを示す、法律上の根拠・原因。

づく損害賠償請求です。ただこれにはBの故意または過失という要件が必要となる。そこでたとえBに過失さえなかったとしても、Bは占有により利益を受けているし、その分Aは損をしているわけですから、今の「その分」というのも要件としてすぐに説明しますが、こんな場合AはBに対してその利益を返せと言えるわけ。これが不当利得というものです。「不当」利得というくらいですから、Bの受益が不当でなければAはBに返還請求できない。当たり前ですよね。ですので不当利得になるためにはもう1つ、これが最も重要な要件ですが、Bの受益につき「法律上の原因がないこと」。これも要件となります。

今、Bに①利得（受益）があり、Aに②損失がある。しかも、Aの損失とBの利得との間には③因果関係がある。ちょっとここは難しいですよ。Aの損失はBの利得のせいです。あるいは、Bの利得はAの損失のおかげですよ、という原因・結果の関係、因果関係がある。しかも、そのような損失と利得という利益の不均衡について、④法律上の原因がない。そのような場合に、AはBに対して不当利得返還請求権という債権を持つに至るわけです。

今のところをもう一度確認してみますと、今挙げた4要件、これはまだ勉強していませんが、この4要件を満たせば、損失者Aは受益者Bに対して不当利得返還請求権という債権を取得するんだ、と。これが不当利得の基本構造というふうにご理解いただきたいと思います。

では、その4要件について、次で詳しく説明することにしましょう。

（2）成立要件

①　受益と損失

先ほど少し説明したように、不当利得の成立要件には4つあるわけです。そこで、まず第1要件としての「受益」ですが、これは積極的な利得（現実的な財産の増加）のみならず、消極的利得（本来かかるべき費用を免れた）も、受益の中に含めて考えることになるわけです。本来なら手に入るはずのものが手に入らなくなってしまったというような場合は、それは第2要件としての「損失」です。

そして、その受益は「他人の財産または労務」から生じたものでなければならない。例えば、洪水で隣の家の池の鯉が自分の家の浴槽で泳いでいる場合も「受益」です。さて先ほどの例に戻ると、今、第1要件としての受益がどこで生じているのかというと、Bのところです。何の権原もなくA所有の土地を使用しているBのもとに受益が生じているというわけです。

他方で、もうお気づきだと思うけれども、「損失」はAのもとで自分の土地を使えないという形で生じているということになるわけです。

②　受益と損失の因果関係

次に、第3要件としての「因果関係」について話を進めます。この受益と損失とには、先ほど少し説明したけれども、原因と結果という関係がなければならないとされているわけです。まあ、それはそうでしょう。

例えば、Aが損失し、Bが受益した場合のすべての場合で、不当利得返還請求ができるというのは、ちょっとおかしいのではないでしょうか。例えば、Aが財布を落としてしまいました。損失がありますよね。他方で、Bは宝くじに当たりました。受益があります。だけど、それはAが財布を落としたから、Bが宝くじに当たったという関係にはありませんよね。つまり、因果関係がない。そういう場合は不当利得にはならない、という話になるわけです。

③　法律上の原因がないこと

第4要件は、法律上の原因がないことです。これが最も重要な要件です。受益と損失との間に法律上の原因があれば、不当利得ということで清算する必要はないわけです。例えば、先ほどの***ボード1***の事例でBがAからこの土地を賃借していたならば、Bには賃借権という法律上の原因はあるわけでしょう。受益と損失の存在について法律上の原因があるわけだから、不当利得にはならない。今はBには賃借権のような占有権原がないから、その分利益をお金で返してくださいという問題になるわけです。したがって、不当利得の第4要件として「法律上の原因がないこと」というのが立つわけなのです。

④　成立要件の確認

では、先ほどの***ボード1***を使って、もう一度、今の4要件を当てはめてみましょう。

ボード1を見てください。簡単に確認しますと、まず第1、第2要件としての受益と損失からですが、今、Bの手もとで受益が生じているわけです。この言葉に振り回されずに、必ず事案を通じてご理解いただきたいわけです。今、土地の占有ですね。Bには占有権原がないので、Bのところにあるはずのない占有の利益がBの手もとにある。これが「**受益**」で、第1要件クリアです。それに対して、自分（A）の土地なのにBに占有されていて自分は使えないという意味で、第2要件の「**損失**」がAの手もとで生じているわけです。

それで、第3要件として、この受益と損失との間に因果関係がなければならないわけですが、先ほどの財布を落としたとか、宝くじが当たったということからお考えいただくとわかると思うのです。因果関係がなければならない。本件ではこれを満たしています。どうしてかというと、Aの損失のおかげでBが受益しているという関係が認められるからです。だから、本件では、第3要件の「**受益と損失との因果関係**」という要件もクリアしているわけです。

第4要件の**法律上の原因がないこと**というのはどうかというと、土地の占有権原。これが受益と損失との法律上の原因で、例えば賃貸借契約が有効なら原因があるのですが、今はないわけですね。だから、「受益と損失について法律上の原因はない」。これで第４要件もクリアということで、ＡのＢに対する不当利得返還請求権という債権が成立したということになるわけです。

こんな形でこの４要件は完全に記憶していただきたいのですが、一番問題のところである法律上の原因の有無について、２つの事案を改めて***ボード2***、***ボード3***で説明したいと思います。

⑤　騙取金銭による弁済

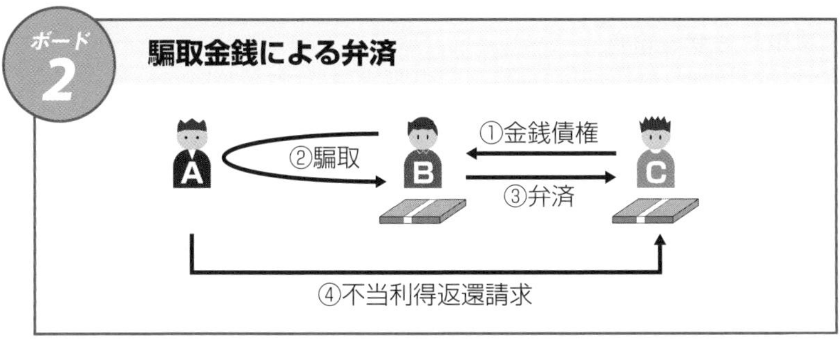

まずは**騙取金銭による弁済**というテーマです。今、ＣがＢに対して金銭債権を持っています。そこでＣはＢからその弁済を受けました。Ｃのところに金銭が来ています。これはＣの不当利得でしょうか？　違いますよね。だってＣはＢに対して金銭債権を持っていたわけだから、つまりＣの**Ｂに対する金銭債権が弁済を受けるについての「法律上の原因」**です。だからＣの利得は正当利得。ただこの正当利得って言葉は私の造語ですから答案では使わないでくださいね。聞いたことない言葉を妙に嫌がるのが法学の業界ですから。みんな真面目で素直で頭固いんです。「お前ら、おもんないねん！」

もっとも、この弁済資金がもし、BがAからだまし取ってきた金銭だったらどうでしょうか。そんなこと知らねえよ、ってCは言いますよね。確かにそうだ。Cが、このお金はBがAからだまし取ってきた汚れたお金だって知らなかったなら、Cは債権者として堂々と受け取ればいい。正当利得です。ってことは、逆に言うとCが汚れたお金であることにつき悪意または重過失があった場合は、たとえ債権者でもそんな汚れたお金を受け取ることにつき法律上の原因はない。つまり不当利得になるわけです。ですからこの場合はお金をBにだまし取られたAはCに対して不当利得返還請求をすることができることとなります。CにしてみればBに「ちゃんとマネロンしとけよな」って感じ。

⑥　ブルドーザー事件

次が、「ブルドーザー事件」と呼ばれるものです。これも、かなり重要な判例なので、しっかりご理解いただきたい（***ボード3***）。

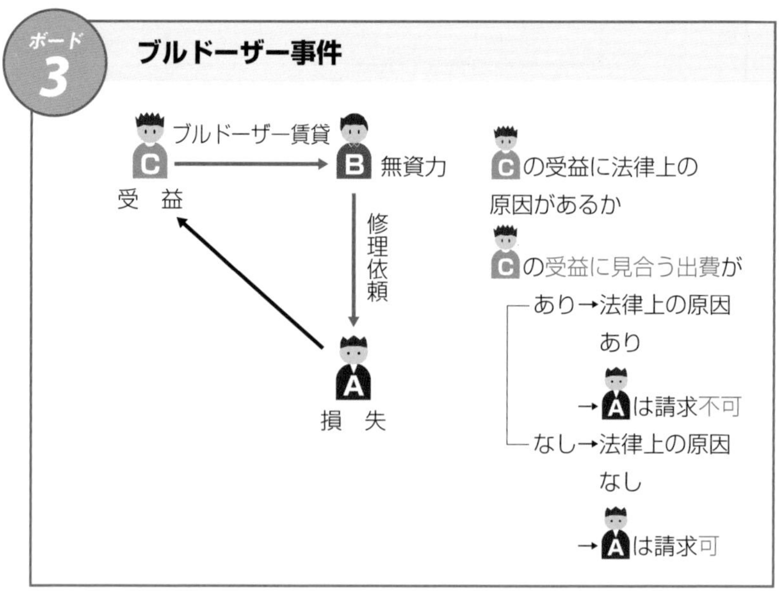
ボード
3
ブルドーザー事件
ブルドーザー賃貸
C
受　益
B
無資力
修理依頼
A
損　失
Cの受益に法律上の原因があるか
Cの受益に見合う出費が
あり→法律上の原因あり
→Aは請求不可
なし→法律上の原因なし
→Aは請求可

今、ＣがＢに対してブルドーザーを貸しているんです。ところが、そのブルドーザーの調子が悪くなったので、借りている賃借人のＢが、Ａに修理の依頼をしました。所有者ではなく、ブルドーザーを借りて使っているＢが、Ａに対して修理の依頼をしたわけです。

そうすると、皆さんおわかりのように、今、修理をしてあげたＡは、誰に対して修理代金債権を持つのかというと、どうかな。もちろん契約の相手方はＢですから、Ｂに対してＡは修理代金債権を持つわけです。

ところが、Ｂは資力がないのです。倒産してしまうわけなんです。そうすると、確かに契約上、ＡはＢに対して修理代金債権を持つけれども、Ｂが無資力なら、そんな債権は経済的には無意味ですよね。回収できないわけですから。そう考えると、Ａのもとには損失が生じています。これはどんな損失かおわかりでしょうか。例えば、修理に要した部品代、あるいは修理のための労力です。部品代や労力という損失が、Ａの手もとで生じているわけです。

そこで、Ａは何とか修理代金をどこかから回収したいと考えているわけです。本来、契約の相手方Ｂに請求するべきところなんだけれども、Ｂは無資力なので、誰かからＡは取りたいと思っていろいろ考えるわけです。そこで、よく考えてみると、誰の所有するブルドーザーをＡは修理したのでしょうか。これはＢの所有物ではなく、賃貸人Ｃの物です。Ｃがブルドーザーの持ち主なわけでしょう。

そうすると、ブルドーザーの部品の調子が悪かったのが、部分的に新品になって調子がよくなっているという受益が、ブルドーザーの所有者Ｃの手もとで生じているわけです。そこで、Ａは考えるわけです。自分には損失がある。その自分の損失によりＣの受益が生じているので、不当利得の第１要件、第２要件、第３要件は満たしている、と。

では、法律上の原因はどうでしょうか。Ａが修理をしてくれたおかげでＣのブルドーザーの一部部品が新品になっている。全体に調子がよくなっている。これはCの受益です。さて、これにつきCに法律上の原因があると言えるためにはCが受益に見合う出費をしていることが必要です。身銭を切っている、棚ボタではないということ。これを判例風に言うと対価関係があるということ。なるほどね。C所有のブルドーザーがよくなっていてもその分Cがそれに見合う出費をしていれば何らその利得は不当ではない。

ではどんな場合にCに受益に見合う出費があったと評価できるでしょうか。例えばCB間のブルドーザー賃貸の賃料が安く設定されていた場合。相場が月10万円だとした場合に月3万円で賃貸されていた場合、この場合、賃貸人Cは実質毎月7万円修理代を負担していたのと同じです。だから受益に見合う出費をしていた、対価関係ありってことですね。そんな場合はCには法律上の原因があるわけですから、不当利得の第4要件「法律上の原因がないこと」をクリアできず、したがって修理屋さんAは所有者Cに対して不当利得返還請求はできないことになります。Cに受益に見合う出費がない場合にAの不当利得返還請求が認められるということですね。

(3) 効　果

では、続きに行きましょう。今のところで、要件については説明が終わりました。今度は効果です。不当利得になったとすると、いったいどのような法律上の変化が生じるのかということです。これは、もうすでに皆さんおわかりのように、不当利得返還請求権という債権が発生するということです。問題は、ではいったいどの部分まで返さなければならないのですか、というところです。

不当利得だとされた場合に、果たしてどの部分まで返すべきなのでしょうか。これは、受益者が善意の場合と悪意の場合とで、区別して考える必要があります。

①　受益者が善意の場合

まず、①受益者が善意の場合。この場合は、「**現存利益**」を返せばよい。法律上の原因がないということを知らなかった善意の受益者は、現存利益だけを返せばよいとされているわけです。

現存利益というのは、物の場合は現物を返せばよい。それから、金銭の場合は、制限行為能力者の取消しのところでも出てきましたが、浪費した場合は、その分は減少しているので「現存利益なし」。つまり、返還不要という意味です。必要費に充てた場合は、減少していないので「現存利益あり」。したがって、返還必要という割り振りになるわけです。そんなわけで、善意の受益者は「現存利益」を返せばよいということになります。

②　受益者が悪意の場合

それに対して、悪意の受益者はどうかというと、まずは「**利益の全部**」を返す。ここをチェックしてください。それから「**利息**」、さらに「**損害**」も返す。つまり、受けた利益の全部に利息を加えて、さらに損失者の損害があればその分も、すべて返さなければならないというふうに扱われているわけです。

③　返還の範囲のまとめ

ここで、不当利得となった場合の返還の範囲について、もう一度***ボード4***で整理してみようと思います。このあたりは、もう財産法の最終の仕上げの段階というふうな部分になります。

ボード 4

返還の範囲

不当利得	その他の制度
受益者善意 現存利益	解除の場合の原状回復 利益全部＋利息＋損害
受益者悪意 利益全部＋利息＋損害	制限行為能力者取消し 現存利益

先ほど説明したとおりですが、受益者が善意の場合は「現存利益」を返せば足りる。それに対して、悪意の場合は「利益全部」と「利息」と「損害」の３つ返さなければならない。さらに、これはその他の制度についてもまとめて整理しておくといいのではないかと思います。

１つは、**解除の場合**です。解除の場合に、どんなことがあったかというと、これは「利益全部」と「利息」。これはまるで悪意の受益者と同じような扱いになっているのではないでしょうか。しかし、解除されるというけれども、解除というのは、されるかどうかわからないわけだから、受益者は本来、善意のはずです。本来、善意だから「現存利益」だけ返せば足りるのだけれども、**全部返せ**というふうに、不当利得の原則論が返還の範囲に関しては拡大されているのです。

これはなぜかというと、解除というのは、もともと契約がなかった状態に、完全にきれいに戻しましょうという制度だから、別に解除された契約の当事者は悪意ではないんだけれども、解除という制度の特質上、あえて**返還の範囲を拡大**しているんだ、と。この原則と例外という整理を、ぜひかっちりしていただきたいと思うわけです。

もう１つ、今度は非常に懐かしい話になりますが、制限行為能力者の取消しです。これはどんなものだったかというと、多くの制限行為能力者は自分はまだ未成年者だ、あるいは自分は成年被後見人だ、ないしは被保佐人だと知っているわけです。知っているということは、悪意の受益者のはずです。悪意の受益者なら、本来は「利益全部」と「利息」と「損害」を返すべきでしょう。なのに、今度は「現存利益」だけ返せばよいというふうに返還の範囲が縮められているのです。

この2つの例外というのはどんな関係か、もうお気づきの方が多いかもしれません。善意の受益者は「現存利益」を返せばいいはずなのに、解除のときは善意でも全部返せ、と。逆に、悪意の受益者は全部返すべきなのに、制限行為能力者は「現存利益」でよい、と。ちょうどクロスするような形で、それぞれに非常に有名な返還の範囲に関しての例外があるのだということです[3)]。 **こういう形で整理をしておくと、いろいろな個所で関連づけができて、復習の能率が一気に高まるというふうに思うわけです。**

ここまでをCHECK

①不当利得の要件は、受益・損失・因果関係・法律上の原因がないことの４つである。
②不当利得の効果は、返還請求権の発生である。
③返還の範囲は善意の受益者は現存利益、悪意の受益者は利益の全部＋利息＋損害である。

では次へ行きましょう！

2　特殊な不当利得

今のところで、一般不当利得については終わりました。続いて、特殊不当利得というところに入っていきましょう。

特殊不当利得というのは全部で4つの類型があります。①非債弁済、②

3）また、平成29年改正で無効（取り消されて無効となった場合も含む）な行為に基づく債務の履行として給付を受けた者による相手方に対する原状回復義務について121条の2が新設され、これは703条、704条の特則とされている。

期限前の弁済、③他人の債務の弁済。ここまでは比較的簡単なのですが、④不法原因給付というところは、それなりの理屈があるところなのです。

（1）非債弁済

では、順番に見ていきましょう。まず、非債弁済です。これも変な言葉ですけれども、非債弁済というのは、「債務が存在しないのに、弁済として給付を行った場合」のことをいいます。その場合、給付したものを、「すいません。これは不当利得返還請求ということで返してください」と言えるのかどうかという問題です。

これについては、通常の不当利得となる。つまり、原則として、非債弁済は返してもらえるという点を、まず押さえたいと思います。

ところが、債務がないということを知っていたのに弁済した場合、債務の不存在を知っていた場合は、債務がないとわかっていて弁済してくるような者に返す必要はありませんね。だから、弁済者が悪意の場合には、例外的に不当利得にならない。これが第１類型の非債弁済です。このあたりは地味なのでわりと忘れがちなんですが、**試験の直前期には４類型とも完全に覚えるということが必要な部分だといえます。**

（2）期限前の弁済

２つ目は、期限前の弁済です。期限前に、早めに返してしまいました。「あっ、すいません。これは１か月後に払えばよかったものなので、もう１回戻してください」と言えるかどうかという問題です。さあ、これは返還請求権は否定です。どうして否定かというと、どうせ返すものだから、返還請求は否定ということです。

ただし、利息相当額は返ってきます。１か月早く返しました。最近は金利も安いので利息相当額といっても大したことはないと思うかもしれませんが、何百億という代金を支払う場合などを考えてみると、利息もバカにならないわけです。

そこで、弁済者が期限未到来ということに気づかずに、勘違いをして早めに返してしまった場合は、利息相当額は戻してもらえます。もちろん、わかっていて早く返した場合は利息分も戻してもらえません。これが第2類型の期限前の弁済というものです。このあたりは余裕という感じですね。

（3）他人の債務の弁済

第3類型は、他人の債務の弁済です。これは、第三者の債務を自分の債務だと勘違いして払ってしまったという場合です。このとき「すいません。私の債務ではなかったのでお返しください」と、不当利得返還請求ができるのかというと、もちろんできます。原則として、返還請求できます。

ただし、次が大切です。返還請求が否定される場合があるんです。今、皆さん、債権者の立場に立って考えてみてください。債務者ではなく、全然関係のない第三者が支払ってくれました。債権者は安心します。そこで、例えば、債権証書（金銭消費貸借契約証）をシュレッダーにかけてしまう、と。そりゃあ、第三者とはいえ、お金を払ってくれたのだから、債権者は、これで回収できたと思って、証書を破棄してしまうことは十分あることです。あるいは、担保を放棄する。あるいは、時効になってしまった。債権者はお金を払ってもらうと油断しますから、ついそのようなことはしがちなんです。

そのような場合には、第三者は不当利得返還請求ができないというふうにされているのです。その場合は、第三者は誰に文句を言うのかというと、債務者に求償するという話になるのです。今のところを***ボード5***でもう一度確認してみましょう。

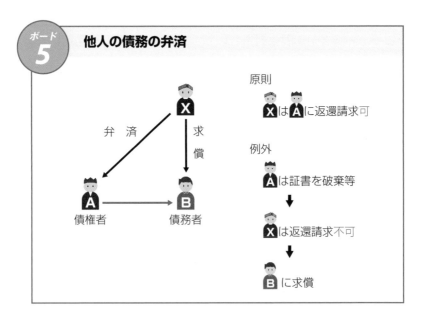

ボード5 **他人の債務の弁済**

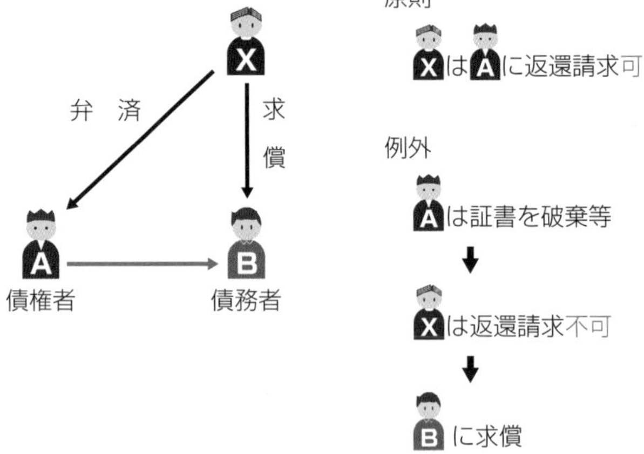

今、Aが債権者で、Bが債務者なので、本来Bが返すべきで、Xは返す必要なんてありません。だけど、勘違いしてXが自分の債務だと思い込んでAに支払ってしまいました。そこで、「すいません。間違っていました」ということで、XはAに払ったお金を返してもらえるのかというと、原則として返ってきます。原則として弁済者XはAに返還請求することができます。

しかし、例外です。先ほど説明しましたが、支払いを受けた債権者Aが、弁済があったと油断して証書を破棄、あるいは担保を放棄、あるいは請求せずに放っておいたがために自分の債権が時効で消えてしまったような場合には、XはAに対して不当利得返還請求ができないということになっているわけです。かなり理にかなった条文ではないかと思われますね。

さあ、そうすると、間違って払ったXは、Aからそのお金を取り戻すことはできません。その場合、Xは誰にどんな文句が言えるのかというと、債務者Bに対して求償することができるわけです。なぜかというと、今、

Xは自分は債務を負っていないのにAに支払い、その支払ったお金は返ってきません。他方、Bは自分の債務を免れています。いわば、Xに立て替え払いをしてもらったのと同様の状態になっている。だから、XはBに対して求償できるという話になるわけです。

（4）不法原因給付

では、一番複雑な第4類型の不法原因給付というところを見てみようと思います。

給付行為が不法な原因に基づいて行われたために、その原因行為が無効だとなると、**本来は不当利得**のはずです。「本来は不当利得」という個所はしっかりチェックしてください。本来は不当利得のはずなんです。しかし、返還請求を認めると正義に反するような場合には、**例外的に、返還請求権を認めない**というのが、「不法原因給付」という制度です。

これをもう少しシンプルに贈与契約をモデルにして、***ボード6*** で説明したいと思います。

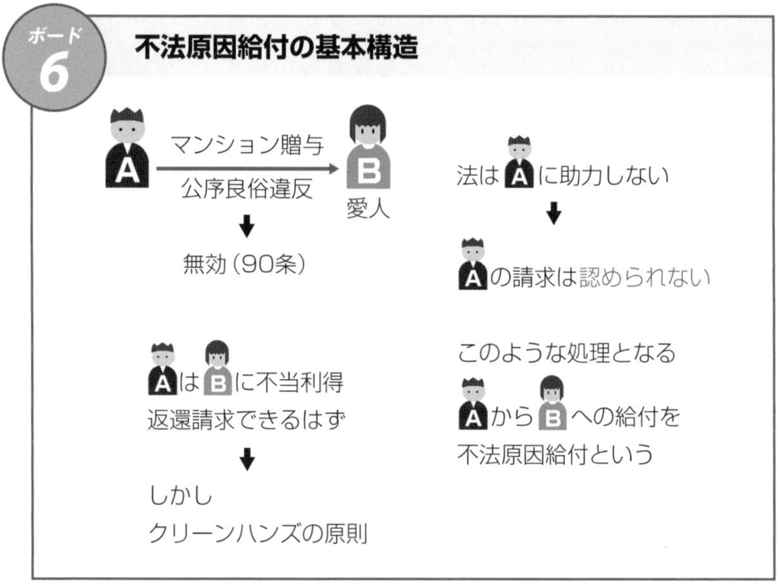
ボード
6
不法原因給付の基本構造
A
マンション贈与
公序良俗違反
B
愛人
無効（90条）
法は A に助力しない
A の請求は認められない
A は B に不当利得
返還請求できるはず
しかし
クリーンハンズの原則
このような処理となる
A から B への給付を
不法原因給付という

さて、最初に不法原因給付の基本構造を見ておきたいと思うんです。今、AがマンションをBに贈与しました。Aの自由ですが、動機がちょっとヤバイんです。愛人Bに対して、愛人関係を継続するという目的でマンションをあげたわけです。こういうことは結構ありました。バブルのころは、「私、もらっちゃった」とか言って、マンションの鍵を振り回しているお姉ちゃんを見かけたことがありますけれども、意外にあるんです。愛人関係を維持するために、Aがマンションを愛人Bにあげてしまう。こんなことをしてもいいのでしょうか。

1つの考え方として、Aの財産権行使の自由という問題もあるけれども、民法上、**公序良俗違反**でしょう。公序良俗違反だとすると、この贈与契約は法律行為の客観的有効要件を欠くわけだから、**贈与契約は無効**ということになるわけです。さあ、そうすると、受益と損失と因果関係と法律上の原因がないこと、不当利得の4要件を全部クリアするはずですよね。AはBに不当利得返還請求ができるはず。AはBにマンションを返せというふうに言えるはずです。

もう一度ゆっくりと、この不当利得の４つの成立要件を満たしているかどうか、確認してもらいたいと思います。受益・損失・因果関係・法律上の原因がないこと、全部満たしています。だから、ＡはＢに対してマンションを返せと言えるはずです。ところが、**クリーンハンズの原則**。覚えているかな。第Ⅰ巻、**Chapter 1 のSection 1** で「信義則の分身」という形で説明しましたね。裁判所というのは、手がきれいな人に対してしか、救済の道を与えないという原則です。

そこで、今、Ａはどんな人かというと、自ら公序良俗違反の行為をしている人です。Ａの手はクリーンではない。Ａの手は汚れているわけです。そうするとクリーンハンズの原則が機能して、法はＡに対して力を貸しません。本来は不当利得返還請求になるはずなのだけれども、Ａの手が汚れているから**法はＡを助けない**。

そうすると、どんなことになるのかというと、Ａの請求は認めません。本来は、703条の不当利得の成立要件は全部クリアしているのでＡは返せと言えるはずなんだけど、708条の不法原因給付という制度があって、このＡの請求は認めない。根拠はクリーンハンズの原則ということになるわけです。このような処理となるＡからＢへの、本件でいうとマンションの贈与契約。これを「不法原因給付」と呼ぶわけです。まず、本来はできるはず。しかしクリーンハンズの原則によってできない、という流れを押さえておいてほしいと思います。

▶ **第703条**
法律上の原因なく他人の財産又は労務によって利益を受け、そのために他人に損失を及ぼした者（以下この章において「受益者」という。）は、その利益の存する限度において、これを返還する義務を負う。

▶ **第708条**
不法な原因のために給付をした者は、その給付したものの返還を請求することができない。ただし、不法な原因が受益者についてのみ存したときは、この限りでない。

① 要　件

では、不法原因給付の要件をもう少し正確に見ておくと、「不法の原因によって給付が行われたこと」となっています。

そこで、まず「不法の原因」とはいったい何かというと、これは「公序良俗違反」です。これはしっかりチェックしましょう。単なる強行規定違反は含まれません。強行規定というと、例えば流質契約の禁止。流質契約は禁止だというのが強行規定で、これに違反した程度なら、ここでいう不法原因とはいわない。もっとどぎつい公序良俗違反に当たる行為を、初めて不法の原因というふうにいうわけです。また、不法原因がもっぱら受益者にのみ存在する場合も不法原因給付の要件に当たらず、返還請求権は否定されません。これはクリーンハンズの原則から考えればわかると思うんです。相手だけが不法な場合は自分の手は汚れていないでしょう。だから、そのような場合はこの不法原因給付には当たらず、したがって返還請求ができるということになるわけです。

次に「給付行為」とは何か。ここ結構出ますよ。もし給付行為があったとしてしまうと、本来返してもらえるはずの物が返ってこなくなる。このような強度の効果であることから、給付行為は終局的になされなければ、つまり、「そこまで渡してしまったら、もう返ってはきませんよ」と言えるほどにしっかり給付しなければ、不法原因給付には当たらないということです。「強度の効果」というところと、「給付行為は終局的」というところにチェックしておきましょう。

具体例を見ておくと、登記されている不動産については、登記名義を移転して初めて給付となります。例えば先ほどの、愛人Ｂにマンションをあげるという話で、第１段階として鍵を渡しました。第２段階で、愛人Ｂが家具を備えて住み始めた。この段階だと、まだ返ってくるのです。給付は未だなし、と評価するわけです。ただ、登記名義をＡ名義から愛人Ｂ名義に書き換えてしまう。ここまでくると、さすがにそれは終局的給付だと扱われて、もはやマンションは返ってこないということになるわけです。

それに対して、未登記の不動産。これはどんなものかというと、法務局が認識していない、登記簿の用紙が起こされていない、そういう不動産です。これは具体例としてどうかという面もありますが、例えば橋の下に勝手に建てた掘っ立て小屋のようなものには、登記はありません。そのような未登記の不動産は、占有を移せばもはや給付完了。したがって、返還請求はできないということです。

もちろん橋の下に建てた掘っ立て小屋をもらって喜ぶ愛人がいるのかという問題はありますが（笑）、一応理論的にいうと、すでにA名義でしっかり登記されている不動産は、そのA名義を愛人B名義に移したら給付。それに対して、もともと誰名義でも登記がされていない、法務局に認識されていない不動産の場合は、登記の移しようがないわけですから、そんな場合には引き渡せば給付ありというふうになるわけです。

②　効　果

効果のところも見ておきましょう。所有権がどうなるか。これはかなり大切な部分なんです。所有権は反射的に相手方、つまり愛人Bに移るということです。

これについて、***ボード7***で説明したいと思います。このあたりは物権と債権の違いという点を、改めて確認できる非常にいいところなのです。

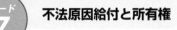

ボード7 **不法原因給付と所有権**

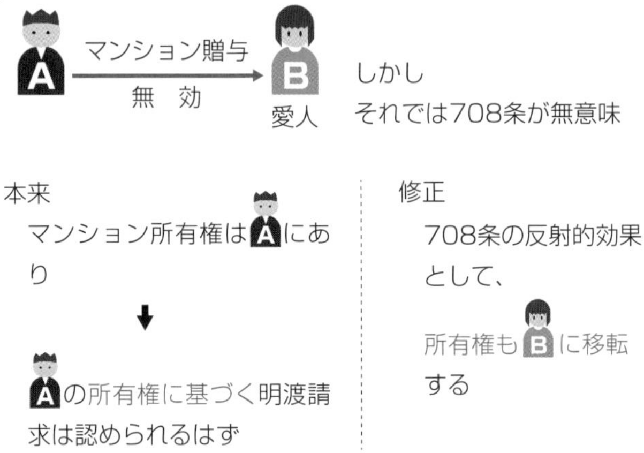
A
マンション贈与
無　効
B
愛人
しかし
それでは708条が無意味
本来
マンション所有権はAにあり
Aの所有権に基づく明渡請求は認められるはず
修正
708条の反射的効果として、
所有権もBに移転する

先ほどと同じ設例で考えてみましょう。Aが愛人Bにマンションをあげました。本来は自由なはずだけど、愛人関係維持のためにというあたりで、公序良俗違反で無効でした。さあ、そうすると、マンションの所有権は、本来Aにある。おわかりですよね、所有権移転原因たる贈与契約が無効なわけだから、所有権はAにとどまっています。

先ほど勉強した不法原因給付というのは、条文をそのまま文字どおりに考えると、不当利得返還請求権という債権の世界でのAの主張を封じ込める。つまり、債権の世界で、Aのマンション取戻しを阻止する。そのような条文だったわけです。

そこで、Aは考えるわけです。債権的に請求できないなら、所有権に基づいて物権の世界で取り戻してやろう、と。本来マンションの所有権はAのもとにあるはずです。そうすると、Aは所有権に基づいて明渡請求ができるのではないですか。言ってしまえば、708条はちょっと作り損なっているというのかな。債権の世界での手当てしかしていなくて、物権の方向からAが改めて来た場合に、Aの請求を認めざるを得ないというような規定のされ方になってしまっているわけです。

でも、これを認めるのはいかにもおかしいですよね。不当利得返還請求はできないけれども、物権の世界で所有権に基づく返還請求はできてしまう。これを認めてしまうと、何のための708条、不法原因給付なんですかという話になるわけです。

そこで、**修正**として、債権的請求ができないということは、物権的請求も併せて封じ込めているはずだ。立法者は法を書き損なわないという前提で解釈をするわけです。**708条の反射的効果として、所有権自体もBに移転**してしまうというふうに考えるわけです。本来は贈与契約が無効だから、所有権移転原因がないので、所有権はAのもとにとどまっているはずなんですが、債権的な不当利得返還請求ができないということの反射的効果として、物権的にもAは請求ができない。つまり、所有権は愛人Bに移転してしまうと考えているわけです。

ここまでをCHECK

①非債弁済は原則返還される。
②期限前弁済は利息相当額のみ返還される。
③他人の債務の弁済は、原則返還されるが、債権者が証書破棄・担保放棄・時効の場合返還なし。
④不法原因給付は返還されない。不法原因は公序良俗違反。給付は終局的給付。

では次へ行きましょう！

3　不法行為

（1）意　義

では、次に行きましょう。今のところで不当利得が終わりました。次は、財産法の分野の最終項目となる不法行為です。ここもいろいろな判例がありますし、非常によく出題されるところです。

まず、不法行為とは、「故意または過失によって他人の利益を侵害する行為、ないしその行為によって他人に生じた損害を賠償させる制度」です。故意または過失で他人に迷惑をかけたら損害は賠償せよ、というのが709条です。すでに皆さんは、いろいろなところで目にしている制度かと思います。

▶ **第709条**
　故意又は過失によって他人の権利又は法律上保護される利益を侵害した者は、これによって生じた損害を賠償する責任を負う。

債務不履行との関係については、今は結論だけチェックしておきましょう。詳しいことは、後ほど「不法行為の効果」というところで、債務不履行という制度と不法行為という制度とをしっかり比較してみたいと思います。

そこで、結論はというと、不法行為責任と債務不履行責任とは併存します。「併存」というところにしっかりチェックしてください。つまり、どちらで攻めるかは、被害者あるいは債権者が選ぶことができるということです。このような関係を、「請求権競合」というふうにいうわけです。

例えば、患者が医療過誤で損害を受けた場合、不法行為ということで医者に損害賠償請求することもできますし、あるいは、受任者たる医者の善管注意義務という債務の不履行として、債務不履行責任の請求もできるということです。

（2）成立要件

では、続いて「一般不法行為の成立要件」です。***ボード8***は、全体像をうまく整理できているかという感じがするわけですが、5つに枝分かれしている右の部分を見てください。

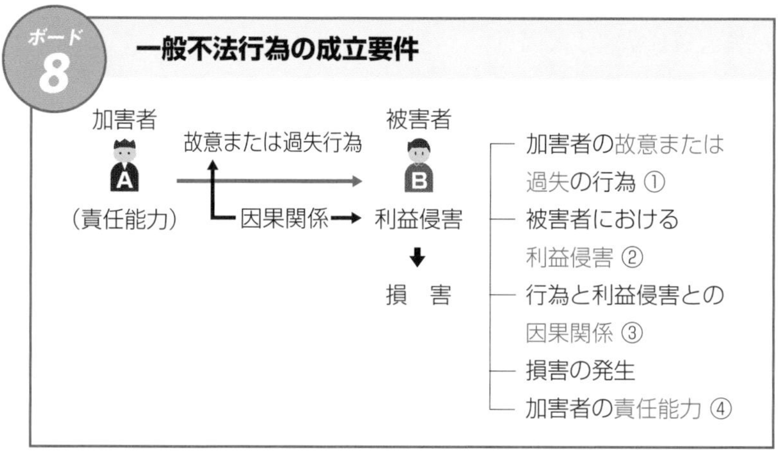

そこに数字を書き込んでいきます。まず、一番上の「**故意または過失**」のところにチェックをして、ここに①と書きます。2段目は「**利益侵害**」にチェックして②。3段目は「**因果関係**」に③です。それから1段飛ばして5段目の「**責任能力**」に④と、このようにキーワードをチェックしていただいて、早速①の「故意または過失」から見ていきたいと思います。

①　加害者の故意または過失の行為

（ア）平均人の基準に基づく

ここでは3つのことがわかればいいです。まず1つは、過失における注意の基準は、「**平均人を基準**にする」ということです。例えば、ものすごいうっかり者の人がいて、その人のミスで損害が生じた場合に、「私はもともとうっかり者なんです。これくらいのミスは、私にとっては過失とはいいませんよ」と、そんなことで賠償責任を免れてしまうというのはちょっとどうかなという感じですよね。社会生活を営む以上、「せめてこのラインまでは注意義務をちゃんと負担してね」というべき面はあろうかと思います。だから平均人を基準にする。これが第1です。

（イ）失火責任法による特則

第2は、「**失火責任法**」という特別法の話です。これはどういう話かというと、通常、過失があれば賠償責任を負わされるはずなんだけど、火事の場合はものすごく損害が拡大し、賠償義務者にとって負担が厳しすぎることになりがちです。そこで失火責任法によって、不法行為の成立要件を厳しくしているんです。つまり、**重大な過失**があったときに初めて**責任**を負わせる、と。軽い過失にとどまる場合には賠償責任は負わなくてもいいですというふうに、不法行為の成立の範囲を狭くしているんですね。このような失火責任法という特別法の存在は、知っておきたいと思います。

（ウ）故意・過失の立証責任

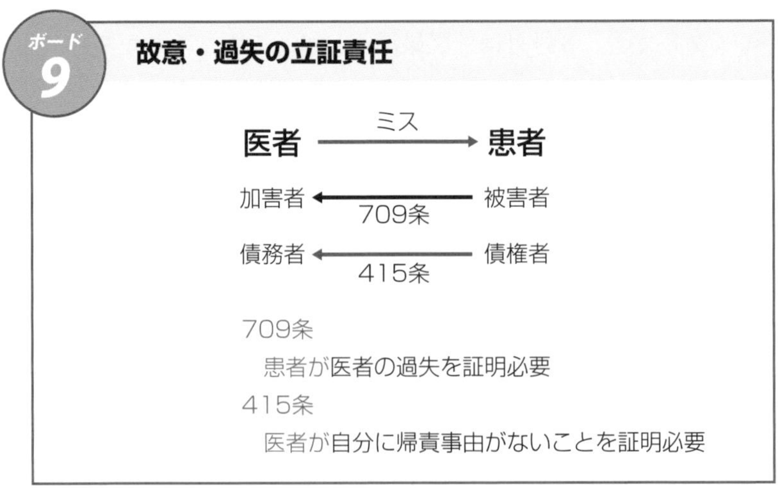

ボード
9
故意・過失の立証責任
医者
ミス
患者
加害者
709条
被害者
債務者
415条
債権者
709条
患者が医者の過失を証明必要
415条
医者が自分に帰責事由がないことを証明必要

３つ目が「故意・過失の立証責任」です。結論は、被害者（債権者）が負います。このあたり、債務不履行と対比しながら**ボード９**で説明したいと思います。

今、医者が患者に対して不法行為をしてしまいました。医療過誤があったわけで、医者が加害者で、患者が被害者です。そうすると、被害者は709条の一般不法行為責任の追及をすることになるわけです。

ところが、他方で、医者と患者との間には契約関係があります。委任契約です。正確にいうと、法律行為を頼んだわけではないので、準委任契約です。準委任契約という契約があると、受任者としての医者は債務者だから、善管注意義務を負担しています。それに対して、委任者の患者は債権者なわけです。

さあ、そこで、709条の不法行為責任を追及する場合には、患者が医者の過失を証明しなければなりません。それに対して、債務不履行の場合には、医者が自分に帰責事由がないことを証明するということになっているんです。

皆さんもよく聞かれるかと思うのですが、この過失・帰責事由の証明というのはすごく難しいといわれますね。最近はそうでもないのかもしれませんが、以前、『白い巨塔』という小説がありました。医療過誤がテーマになっていたわけですが、どうしても医者側には仲間意識があるので、本当のことを証言をしてくれる人が当時はあまりいなかった。だから、患者のほうから、医者ないし病院の過失を証明するのはかなり難しいといわれていたわけです。

それに対して、債務不履行責任を追及する場合は、今度は債務者たる医者が、自分に帰責事由がないことを証明しなければならないというふうに扱われるわけです。そうすると、今、故意・過失・帰責事由の証明責任、あるいは立証責任という点に着目すると、不法行為で攻める場合と債務不履行で攻める場合とで、患者にとってはどちらが有利かというのは、すぐに皆さんおわかりですね。この過失・帰責事由の証明責任という点に限っていえば、415条の債務不履行責任の追及のほうが患者にとっては有利なわけです。

患者のほうから医者の過失を証明するのは大変なので、医者の側に自分に帰責事由がないことを証明させる。医者がこの証明ができなければ、帰責事由があったものと認定してもらえる。そんな形で、債務不履行責任のほうが有利なわけです。

ところが、後ほど勉強するのですが、別の要素に着目すると、今度は逆に、不法行為で攻めたほうが有利だという場合があるんです。だから、2本用意しておいて、どちらか好きなほうで攻めてくださいという「請求権競合」という解釈が採られているわけです。

② 被害者における利益侵害（または加害者の行為の違法性）

では、次に行きましょう。第2要件の「利益侵害」というところを見ておきたいと思います。709条の条文によれば、「故意又は過失によって他人の権利又は法律上保護される利益を侵害した者」と書かれているわけです。権利というと、法律で何々権という形ではっきり規定されているものを指す、というふうに捉えるのが素直です。判例は、古くはそのように非常に狭く考えていたわけです。

ところが、後にもう少し侵害される対象を広げたんですね。緩やかな態度に改めました。そのあたりを見ておくと、判例の態度というところで「権利というのを文字どおり法律ではっきり何々権と書かれてあるもののみを指す」と狭く解していた時代には、浪曲のレコードの無断複製は権利侵害ではないとしていました。これを「雲右衛門（くもえもん）事件」といいます。「雲右衛門事件」をチェックしましょう。

どういう事件だったかというと、ビジュアル系浪曲師（本当ですよ）の雲右衛門さんが浪曲の微妙な節回しを真似られたということで、不法行為の訴訟を提起しました。けれども、この時点では浪曲の節回しというのは、何々権とはっきり法律で書かれている権利ではなかった。したがって、不法行為によって保護されるものではないとして、「雲右衛門事件」では雲右衛門さん側が敗訴したわけです。

ところが、間もなく判例は「大学湯事件」という事件で緩やかな態度に変わります。どういう事件だったかというと、「大学湯」という銭湯のノレンの売却機会を逸したとして訴えた事件です。ノレンというのは、大学湯という名前に付随している信用やブランドイメージといったもので、そのノレンもきっちりと「ノレン権」という権利が規定されているわけではありません。なのに、これは不法行為という制度で救済される利益だと認められて、今度は大学湯の側が勝訴したわけです。

このような形で、判例は狭い権利というものから、保護に値する利益というふうに、不法行為の成立範囲を広げたのだ、というあたりがわかればいいと思います。

学説の状況は、混迷の不法行為法というふうにおっしゃる学者の先生がいるくらいで、学者の先生ごとに独自のお立場を説かれているところなので、学説状況が試験に出るということは、まず考えられません。例えば、京都大学の前田先生や、名古屋大学の森島先生などが、権利侵害を「違法性」と読み替えようという主張をなさっていて、通説というふうにいえようかと思いますが、皆さんは判例のところを固めればいいと思うんです。

ここでの不法行為の第２要件である「権利侵害」というのは、法令上権利性が明確な権利の侵害には限らない。判例は広げているんだ、というところを理解いただきたいわけです。では、今のところを***ボード10***で改めて説明したいと思います。

ボード 10　利益侵害

旧判例
法令上明確な権利の侵害に限定

現在の判例
保護利益の侵害といえれば不法行為責任を肯定

ボード 10 の左側の図は、保護利益侵害というものの中の一部分として、権利侵害が含まれているという意味を表しているわけです。今、この権利侵害の周辺部分に属するものとして、２つの事件がありましたね。第１が「雲右衛門事件」。これは浪曲の節回しで、はっきり権利とは書いてもらってはいないけれども、「保護に値する利益」には含まれる。もう１つは「大学湯事件」のノレンです。これもはっきり権利とは書いていないけれども、「権利侵害」の周辺部分に属する、と。

そこで、以前の判例、この「雲右衛門事件」のころは、保護されるのはこの「権利侵害」だけだと、狭く解釈していたわけです。だから雲右衛門さんは保護されなかった。不法行為の請求が認められなかったという結論になったわけです。

しかし、その後の「大学湯事件」で判例は、この狭い「権利侵害」に限定せず、より広く「保護に値する利益」が侵害されれば不法行為になりますよと広げてくれました。だから、「大学湯事件」ではノレンを侵されたという銭湯の主張が通って、大学湯のほうが勝訴したということになったわけです。

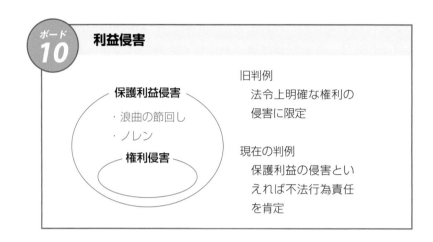

そのあたりをもう１回見ると、旧判例は法令上はっきり書かれた権利に

限定していたわけです。だから、雲右衛門さんは負けてしまいました。だけど、現在の判例はもっと広く「保護利益の侵害」といえれば不法行為に当たる、というふうにしてくれたわけです。この周辺領域のところにまで保護領域を広げたわけです。そんなことから、ノレンを侵害された大学湯は勝訴できました。このような形で、昔の判例がどのように考えていて、現在の判例は周辺領域まで広げてくれたのですよ、というあたりがわかればよろしいかと思います。

なおこの論点は、平成16年民法改正で立法的に解決されました。従来の709条は「他人ノ権利ヲ侵害シタル」とされていました。この部分を平成16年改正法は「他人の権利又は法律上保護される利益を侵害した」としたのです。「又は法律上保護される利益」が書き加えられたわけです。これは従来からの確立された判例に、条文を合わせた改正です。

③　行為と利益侵害との因果関係

では、第３要件に進みましょう。因果関係のところです。

709条は「故意又は過失によって他人の権利又は法律上保護される利益を侵害した者は、これによって生じた損害を賠償する責任を負う」と書いているわけですが、この条文の内部に「故意又は過失によって」と「これによって生じた」というふうに、２つの「よって」がある。そこで、この２つの「よって」の意味をどう考えるのか、という問題があるわけです。

まず、１つ目の「よって」は、これが事実的因果関係を示しています。ちょっとわかりにくいですよね。不法行為がありました。その結果、損害が発生しました。この行為と損害発生との間に、原因と結果の関係が認められる。そのような意味で「事実的因果関係」というわけです。これは不法行為の成立要件です。

２つ目の「よって」というのは、これは賠償の範囲を定めるうえでの相当因果関係を示しています。賠償の範囲というのは、生じた損害すべてを賠償させられるわけではありません。因果関係は債務不履行のところでも説明したように、無限の連鎖でどんどん拡大しますから、発生した損害すべてを賠償しなさいというのは、非常に厳しいわけです。そこで、生じた損害のうち、この部分はちゃんと賠償してあげなさいと、賠償の範囲を限定するという意味の因果関係。これが第２の「よって」なのだということです。

では、相当因果関係の範囲内とは何ですかというと、通常損害プラス予見すべきであった特別損害。つまり、債務不履行の場合の損害賠償の範囲と全く同じ扱いです。通常損害プラス予見すべきであった特別損害を賠償すればそれでいいですよと、扱われているわけです。

今の２つの因果関係はちょっと複雑なので、***ボード 11*** で図解したいと思います。

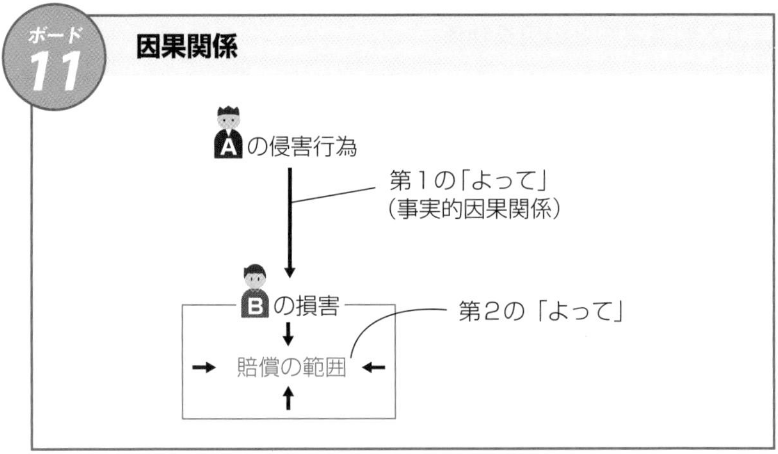

今、ＡがＢに対して利益侵害行為をしたわけです。加害者がＡで、被害者がＢだという形になっています。Ａの行為のせいで、Ｂに損害が生じました。これが事実的因果関係です。「あなたがこんなことをしたから、私はこんな害を受けたんですよ」という、原因と結果の関係です。これを事

実的因果関係といって、709条の条文の文言でいうと、最初の「よって」です。

それに対して、もう1つ、第2の「よって」とはいったい何なのかというと、このAの行為によって損害が生じました。損害が生じたのですが、そのすべてを加害者Aは賠償しなければならないとすると、ものすごいことになります。この損害というのは無限の連鎖でどんどん広がっていきますから。全部賠償というと、我々の自由な行動が萎縮して、事なかれ主義に陥ってしまうということなので、生じた損害のうち賠償するべきは、先ほど見たように「通常損害と予見すべきであった特別損害に限られます」と。このような賠償の範囲を限定する概念として相当因果関係、第2の「よって」があるんだよということなわけです。不法行為の**成立要件**としての「**事実的因果関係**」と、**賠償の範囲**を限定するという意味での「**相当因果関係**」。この2つがあるんだということがわかればいいと思います。

④　加害者の責任能力

第4要件の「損害の発生」は自明なので特に言うことはありません。最後の「責任能力」に行きたいと思います。

不法行為責任は、ある一定の行為をすれば賠償責任を負わせるというものでしょう。だから、このような責任が発生するためには、自分の行為が賠償という重い責任をもたらすものだということを理解できる、そのような精神能力がないと不法行為責任を課すことはできない、というふうに扱われるわけです。これが「責任能力」と呼ばれるものなのです。

したがって、「**行為の責任を認識しうる程度の知能**」、ここまでが責任能力の定義になっていて、そのような知能がない人は責任無能力として、不法行為の成立要件を欠くので、不法行為責任は負わされないということになるわけです。

このあたりは、刑法などでより詳しく勉強するところですが、確かにそうでしょうね。全く意味がわからない人が他人に損害を及ぼしてしまいました。意味がわからずやったんだから、非難できないわけです。非難できないので、不法行為責任を追及して「弁償してください」ということでお金を請求することはできない。被害者の救済は他のチャンネルで確保する、実現するというふうにするべきで、意味がわからずにしてしまった加害者を非難することはできない。まあ、この原則はやはり維持されるべきかというふうに思うわけです。

（ア）未成年者のうち、行為の責任を認識できない者

では、例えば、どんな人が責任無能力なんですかというと、未成年者のうち、行為の責任を認識できない者。おおむね小学校卒業程度。12〜13歳未満といわれています。ここはチェックしてください。しかし、結構これはファジーというか、グレーゾーンが幅広いです。

刑法の場合は違いますよ。14歳未満は責任能力なしということで、13歳11か月29日は責任能力なしと、くっきり線を引きます。憲法で勉強する明確性の原則ですよね。徳島市公安条例事件。それに対して、民法はお金の問題なので、まあまあ理論的な枠組みは柔軟にしておいて、裁判官がそのケースに応じて妥当な結論を導けるように、理論的枠組みがかなり緩やかなんです。

（イ）心神喪失者

もう１つ、心神喪失者というところです。心神喪失者も、自分の行動の意味がわからない人を非難することはできないので、責任無能力と扱われます。ただし、心神喪失状態を故意や過失によって招いた者は、責任を免れない。これはおわかりでしょうか。これも刑法で非常にメジャーな論点なんですが、民法でもこのレベルまでわかっておきたいと思います。

例えば、覚せい剤、あるいは自分の酒癖が極端に悪いとわかっていて多

量の飲酒をしてしまう。わざと心神喪失状態になって暴れ回る。あるいは、わざとではないにせよ、心神喪失になってしまったことに落ち度が認められる、過失ですね。このような場合には、行為時、つまり暴れ回って物を壊した、他人にケガを負わせた時に心神喪失であったとしても、これを責任無能力として不法行為責任を免れさせるのは妥当ではありませんよね。そこで、この場合には責任を免れないというふうに扱うわけです。この理論が「原因において自由な行為」と呼ばれるものです。

これは法学部の方は刑法でよくご存じかと思うのですが、他の学部の方はあまり聞き慣れない言葉かと思うのです。これを民法のレベルの限度で***ボード 12*** を使って説明したいと思います。

ボード 12　原因において自由な行為

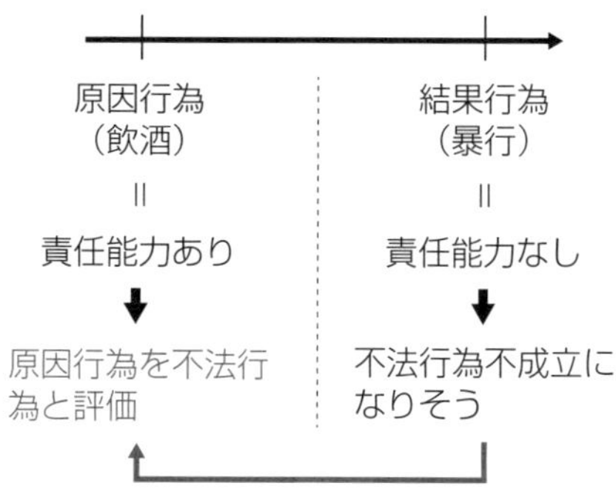

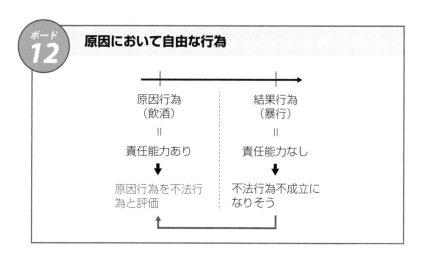

今、原因行為、例えば飲酒という事案で考えたいと思います。飲酒という原因行為があって、時が流れて、責任能力なしのべろんべろんに酔っ払った心神喪失状態になってしまいました。その心神喪失状態で、結果行為となる暴行をはたらきました。物を壊す、周りの人にはケガをさせるという不法行為をしてしまったのです。

このような場合、この暴行による傷害なり器物の損壊なりは、責任能力がなかった心神喪失状態でなされました。そうすると、不法行為不成立ということになりそうです。確かに責任能力のない心神喪失状態でやった行為だから、不法行為の成立要件である責任能力がなく、不成立になりそうです。でも、これを不成立にするのはいかにもおかしいですよね。

そこで、何かいい理論はないかなと思って、みんなあれこれ考えたわけです。現在どんなふうに考えられているのかというと、そもそも原因行為、つまりお酒を飲み始めた時には心神喪失にはなっていません。普通の状態でお酒を飲み始めた。だから、飲酒行為時点では責任能力はありました。

そこで、お酒を飲むという原因行為を、不法行為というふうに考えるわけです。原因行為というのは飲酒です。お酒を飲むという行為を不法行為だと評価してしまうわけです。そうすることによって、あなたは不法行為、つまり飲酒をしました。そのときには責任能力がありました。だから不法行為の要件である責任能力がありということなので、お酒を飲んで暴れた加害者の不法行為責任を肯定できるということです。

責任能力のところについては、12～13歳がラインですよということと、今の原因において自由な行為の理論のあたりがわかっていれば十分かと思います。

（3）不法行為の効果

続いて、不法行為の効果というところに進みたいと思います。

まず被害者は損害賠償請求権を有するに至るということで、不法行為の基本的効果は、被害者が金銭債権を持つに至るということになるわけです。まず「金銭賠償」だという点を押さえていただきたいと思います。

そのほかにも、名誉毀損の場合には、名誉を回復する措置として「謝罪広告」。ここはチェックが必要でしょう。裁判所が謝罪広告を命じるという救済制度もあるわけです。謝罪広告というと、皆さん憲法で勉強されているかと思うのです。裁判所が「陳謝の意を表します」というような謝罪広告を命じる。そうすると、名誉毀損した側が無理やり謝罪させられる。これが憲法19条の思想良心の自由に反しないのかという判例が、憲法で出てきますけれども、それは民法のこの部分なんです。ここが憲法上で争われたということになるわけです。

それから、「差止請求」です。これは学者の先生方がいろいろ主張されていますけれども、現在これが通説だという立場が固まっていないので、おそらく試験には出にくいのではないかと思います。

ということで、不法行為の効果としては、まず金銭賠償（金銭債権の取得)、それと名誉毀損の場合には謝罪広告と、この2点を押さえればよろしいでしょう。

①　損害賠償請求をなしうる者

(ア）法　人

では、次に、損害賠償請求はいったい誰ができるのですかという問題です。まずは法人。法人も、もちろん損害賠償請求はできます。ただ、注意したいのは、「法人には精神がない、心がないので、慰謝料請求はできない」ということです。法人が悲しむとか、心が傷つくとか、そんなことはちょっと考えられません。だから法人は慰謝料請求はできない。ただし、法人であっても、名誉とか信用の毀損ということは生じますので、名誉毀損ということで損害賠償請求は法人にもできる、と。慰謝料請求はできないけれども、名誉毀損ということで損害賠償請求はできるというあたりは、しっかりと区別してご理解いただきたいと思います。

(イ）胎　児

胎児については、以前すでに勉強しましたね。胎児は、本来は権利能力はないと扱われるのだけれども、不法行為の場合の損害賠償請求に関しては、例外的に胎児にも権利能力ありというふうに扱うんでしたよね。ただ、この理論構成に若干の対立がありまして、判例・通説は**停止条件説**に立っているというところでした。「生きて産まれた場合に、事故が起きた時まで遡って権利能力を取得する」。これを称して「法定停止条件説」と呼ぶわけです。このあたりはそう難しくないと思います。

（ウ）被害者本人が死亡した場合

これについては、被害者本人が死亡した場合の財産的損害と慰謝料請求権の相続性をめぐって、判例と学説とで厳しい対立がある部分ですので、項を改めてしっかり見ておきたいと思います。

② 被害者本人の損害賠償請求権の相続性

（ア）財産的損害

まずは「財産的損害」です。財産的損害について、被害者が亡くなった場合、被害者の遺族がこれを相続することができるのでしょうかという問題です。

加害と死亡との間に「時間的な間隔」があれば、加害時に被害者のもとに請求権が成立し、その損害賠償請求権は普通の金銭債権だから、遺族はその損害賠償請求権という金銭債権を相続することになります。これはいいんです。問題はその次です。

即死の場合というところをしっかりチェックしてください。即死の場合には、理論的には請求権の**主体が存在しません**。加害を受けた瞬間に死んでしまっているわけですから、死んでしまった人には権利能力はないので、被害者本人が損害賠償請求権を取得するということはないはずです。そうすると、相続などということも問題にならないはずなんです。

しかし、それでは「**均衡を失する**」。ここもチェックです。したがって、判例はどう言っているのかというと、即死の場合でも損害賠償請求権は相続されるとしています。「相続される」という結論部分もしっかりチェックをお願いしたいと思います。ちょっとここは複雑なので、もう一度***ボード 13***で説明したいと思います。

ボード13
一般不法行為の効果（財産的損害の相続性）

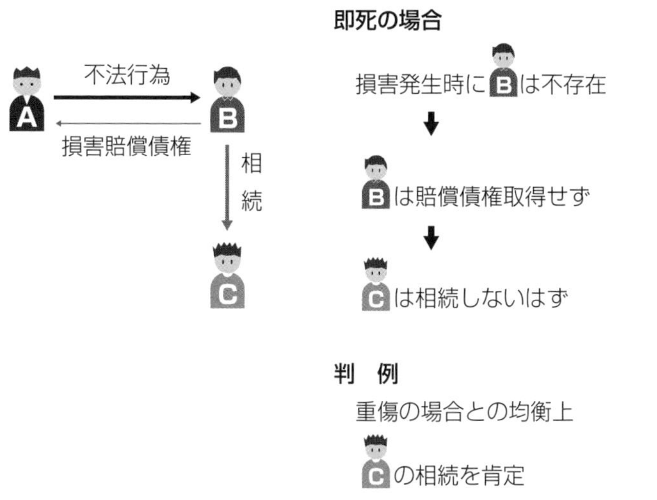
不法行為
A
B
損害賠償債権
相続
C
即死の場合
損害発生時にBは不存在
Bは賠償債権取得せず
Cは相続しないはず
判　例
重傷の場合との均衡上
Cの相続を肯定

さて、即死の場合の損害賠償請求権の問題です。今、AがBに対して不法行為をしました。例えば、車で轢いてしまいました。通常は被害者のBは、Aに対して損害賠償債権を持つわけです。このような債権が発生した後で、Bが死亡したとすると、被害者Bの遺族Cがこの損害賠償債権を相続することができるので、何の問題もないわけです。

ところが、即死の場合というのはちょっと特殊な処理を要するわけです。損害発生時にBが不存在。不存在というのは皆さんおわかりですか。即死なんだから、轢かれたその瞬間にBは死んでしまっているわけです。そうすると、死んでしまっているということはBは損害賠償債権を取得しない。不存在なのだから損害賠償債権の取得のしようがないということになるはずですね、理論的には。

そうすると、これを相続することもできない。相続しないはずだという問題があるわけです。即死の場合には、Ｂは損害賠償債権を取得しようがないわけだから、Ｃも相続できないということになってしまいそうなんです。でも、それではバランスが悪いですね。そこで、どう考えるのかというと、判例は、重傷の場合との均衡上、Ｃは相続ができる、と。まず、結論部分を確認しましょう。判例は「Ｃは相続できる」としているわけです。

このあたり、かなり意見が分かれるところかと思うのです。理論を純粋に貫くと、すでに存在しないＢが損害賠償請求権をいったん取得し、死亡によりＣがこれを相続する。こんなことは起きようがないという感じがするわけです。例えば、元神戸大学の西原先生は非常に説得的な論文を書かれていますけれども、こんな相続なんてことはあり得ない。確かにそんな感じがするわけです。

だけど、実際上これを認めないと、あまりにもバランスが悪い。どういうことかというと、ＡはＢに重傷を負わせた場合には遺族Ｃからも請求される。しかし、Ｂが即死の場合には遺族Ｃへの相続はない。そうすると、「あっ、危ない」と思った瞬間にブレーキを踏むのではなく、むしろ、いっそアクセルを踏んでしまえ、ということにもなりかねないわけです。そのようなことから、判例は均衡上相続を肯定する。これは今をときめく内田貴先生も、判例に賛同されている部分です。

（イ）慰謝料請求権

では、今度は「慰謝料請求権」について見てみたいと思います。慰謝料請求権のところも、まずは問題の所在を正確につかみたいと思います。

慰謝料を請求するかどうかは、被害者本人の心の問題です。そうすると、それを行使するかしないかは、もっぱら被害者本人が決めるべき問題だということになります。これを「(行使上の) 一身専属権」というわけですが、被害者にのみ使う使わないの決定権（形成権）があるということです。

そうすると、その被害者が死亡する前に、「私は慰謝料がほしい」と意思表示すれば、この被害者のもとに具体的な金銭債権が発生していて、これを遺族は相続できるということになります。反面、被害者本人が慰謝料をくださいという意思表示をせずに死亡した場合は、未だ具体的金銭債権は発生していないわけですから、相続人は慰謝料請求権を取得できないということになるはずです。まず、理論的にどうなるはずかということを、かっちり押さえるわけです。

このあたりで、判例は以前苦労していました。旧判例は、慰謝料請求権を持っていた人が、死亡する前に慰謝料を払いなさいという意思表示をしていれば相続肯定、していなければ相続否定という「意思表示説」という立場に立っていたわけなんです。

しかし、そうすると、かなり不自然な判例が出てきたわけです。例えば、「残念残念」と叫びつつ死亡した場合には、これは慰謝料請求の意思表示あり。したがって相続肯定というふうに扱われるのです。それに対して、「助けてくれ」と言って亡くなった場合は、慰謝料請求の意思表示なし。したがって相続否定。このように扱われてしまっていたわけです。

これはおそらく皆さんもちょっと不自然だな、というふうにお感じかと思うのです。死ぬ直前にどんなことを口走るかというのは、ほとんど偶然というふうにも言えようかと思うんです。なのに、一方では100％相続、他方では全く相続できないとはっきり分かれてしまうと、ちょっとこれはどうかなという感じがするわけです。

そこで、その後、判例は変わりました。結論は「当然相続説」。つまり、自動的に相続は生じます、と。慰謝料請求権者が生前、慰謝料請求の意思表示をしていようが、していまいが、常に自動的に相続人に慰謝料請求権が相続されるという「当然相続説」に、今日の判例は立っているということです。今の話も改めて***ボード 14*** で見てみたいと思います。

ボード14 一般不法行為の効果（慰謝料請求権の相続性）

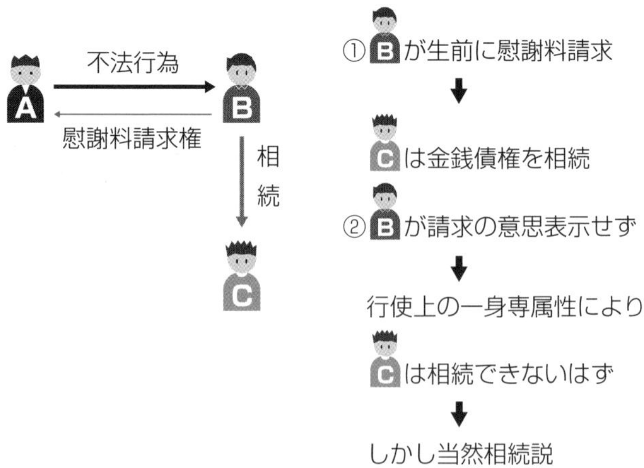

不法行為
A
B
慰謝料請求権
相続
C
①Bが生前に慰謝料請求
Cは金銭債権を相続
②Bが請求の意思表示せず
行使上の一身専属性により
Cは相続できないはず
しかし当然相続説

慰謝料請求権の話です。先ほどと同じように、ＡがＢに不法行為をしました。そうすると、Ｂは慰謝料請求権を持つ。それが相続人Ｃに相続されるということになるわけです。ちょっとここで注意したいのは、今、ＢがＡに対して慰謝料請求権を持つというのは前提があるということです。それはＢが生前に慰謝料をくださいという意思表示をしていました。このような意思表示をしていれば、まずＢのもとにこのような債権が立つわけです。そして、この状態でＢが亡くなれば、もちろんＣはこの金銭債権を相続できます。

問題はＢが慰謝料請求の意思表示をしなかった場合なんです。Ｂが請求の意思表示をしなかったという場合を考えたいと思うのです。慰謝料というのは行使上の一身専属性、つまり「使う、使わない」はもっぱら被害者たるＢが決めることだということです。

そのことから考えると、Bが意思表示をしない以上、具体的な金銭債権としての慰謝料請求権は発生していないはずなんです。そうすると、Cは相続できないはずですよね。ところが、それではあまりにも判例も、苦し紛れな「残念残念」事件とか、「助けてくれ」事件のような不自然な結果になってしまう、と。

そこで、どういうふうに扱うことにしたかというと、慰謝料請求の意思表示をしていようがいまいが、常にCによる相続を認めます。当然相続説です。当然というのは「常に、自動的に」というような意味です。

ちょっとここで理論的なところを補足的に説明しますと、Bによる慰謝料請求の意思表示とは、どういうことだかわかりますか。慰謝料請求の意思表示をすると、具体的な金銭債権としての慰謝料請求権が立つわけです。これはもちろん相続の対象になるものです。このような具体的金銭債権が発生するためには、Bが請求の意思表示をするという必要があるわけです。

つまり、慰謝料請求の意思表示とはいったいどういうものかというと、具体的な債権を発生させる権利なわけです。この「慰謝料請求権を行使します」というのは、「**形成権**」といって**権利を生み出す権利**を行使する意思表示のことです。今、Bがこの形成権を行使する。つまり「慰謝料を払ってください」という意思表示をする。そうすると、初めて具体的金銭債権としての慰謝料請求権が生じるということなんです。

条文は百何年前に作られたものなので、権利関係を変動させる権利としての**形成権**と**請求権**とをはっきり**区別**していないのです。だから、わかりにくいんです。2段階に分けて考えてください。Bが慰謝料を払えという形成権を行使する。そうすると、具体的金銭債権としての慰謝料請求権が発生する。これは問題なく財産権として、Cに相続されるわけです。したがって、この**形成権の行使が一身専属的**なんだ、と。慰謝料請求の意思表示があれば、このような債権が生まれ、これは行使上の一身専属性がないのでCが理論上も無理なく行使できる。こんなふうに、本当は2段階に分けて考えると、正確な理解ということになるわけです。

③ 近親者固有の慰謝料請求権

では、続いて「近親者固有の慰謝料請求権」に進みましょう。このあたりはそんなに難解なところはありません。まず被害者本人の損害賠償請求権とは別に、被害者が「死亡した場合」には、「父母・配偶者・子」は自分自身の固有の慰謝料請求権を持つことになります。まあ、そうでしょうね。身内が殺されてしまった場合には、ものすごい精神的ダメージを受けるでしょうからね。だから、父母・配偶者・子は、被害者死亡の場合に自分固有の慰謝料請求権を持つ。この部分はそう問題ないかと思うのです。

問題は次です。判例は一定の場合に、今の711条の条文ズバリではないけれども、一定の請求を認めましょう、というふうに拡張しているわけなんです。本来、条文上は請求できるのは父母・配偶者・子に限定されているわけだけれども、それ以外の近親者にも類推適用をしています。具体的にいうと、「長年同居した身寄りのない妹」。妹はもちろん父母でも配偶者でも子でもないのだけれども、そのような妹にも、この711条固有の慰謝料請求を類推適用で認めているということです。これが拡張の第1です。

第2に、711条は死亡の場合に近親者の慰謝料請求を認めているのだけれども、死亡でない場合はどうなっているかというと、「死亡にも比肩しうるような精神的苦痛」を受けた場合は、709条と710条によって慰謝料請求ができるとしているわけです。例えば、10歳の娘さんがスキーで顔にものすごいケガを負わされてしまいました。そんな場合に、この近親者の慰謝料請求を、今度は709条、710条を根拠に認めているということです。

▶ **第710条**

他人の身体、自由若しくは名誉を侵害した場合又は他人の財産権を侵害した場合のいずれであるかを問わず、前条の規定により損害賠償の責任を負う者は、財産以外の損害に対しても、その賠償をしなければならない。

▶ **第711条**
　他人の生命を侵害した者は、被害者の父母、配偶者及び子に対しては、その財産権が侵害されなかった場合においても、損害の賠償をしなければならない。

④　損害賠償額の調整

（ア）概　観

　では、「損害賠償額の調整」というところに進みたいと思います。

　この賠償額の調整というところでは、「過失相殺」がかなり大切です。国家総合職ではこの過失相殺の部分だけで５つの選択肢が出題されていますけれども、国家一般職とか地方上級レベルでも、この部分は十分に出題されるところだと思うのです。

　まず、そもそも過失相殺というのがどんなものかという大枠を確認しておく必要があります。**被害者の側にも落ち度**があった場合、生じた損害の全額を請求できるというのはやはりおかしいですよね。そこで、そのような場合には、その過失割合に応じて、発生した損害の全額ではなく、いくらか割り引かれた額のみを請求することができる。これは、損害の公平な分担という不法行為制度の趣旨から考えて、うなずけるところかと思います。

　ここで、不法行為と債務不履行との比較というところがあります。こういうところは大切なんです。**不法行為**の場合は、過失相殺をするかどうかは裁判官の**裁量**です。この「裁量」というところをしっかりチェックしましょう。つまり、被害者に落ち度があったとしても、裁判官の判断で過失相殺はしません、**全額**の賠償責任を認めますという処理が**可能**なのです。それに対して、債務不履行の場合には、必ず過失相殺がされるということになるわけです。これがまず１つです。

　次に、過失相殺をするためには、被害者に責任能力は不要だとされています。「事理弁識能力」があればよい。事理弁識能力を備えているとされる年齢は、５～６歳程度です。責任能力は先ほど勉強したように、12～13歳程度の精神能力ですが、事理弁識能力はそれよりもう少し低く設定されている。これを「**過失相殺能力**」といったりもしますが、これは５～６歳でよいというふうにされているわけです。

これがどのような理由からなのかということは、後ほどすぐに説明しますが、今の時点では、５～６歳程度の能力は必要だということを前提に、今度は「被害者側の過失」というところを見ておきたいと思います。

今、過失相殺能力のない、例えば３歳の子どもに落ち度がありました。過失とは言えませんけれども、落ち度があった。そんな場合には**過失相殺能力**（事理弁識能力）がないのだからということで、加害者が全額賠償を負わされる。これはどうかなという感じがすると思うのです。

そこで、被害者たる３歳の子ども本人には過失は認められないけれども、その保護者、例えばその子どもの**両親に落ち度**があった場合には、**被害者側の過失**として過失相殺の対象にしますという考え方があるわけです。

さあ、そんなところで、過失相殺は論点が目白押しなんだけれども、まず、過失相殺の制度一般をお話しして、過失相殺能力、続いて、被害者側の過失と、この３つについて***ボード15～ボード17***で説明したいと思います。

（イ）過失相殺の基本構造

まず、***ボード15***で過失相殺の基本構造というところから説明します。

ボード15 一般不法行為の効果（過失相殺の基本構造）

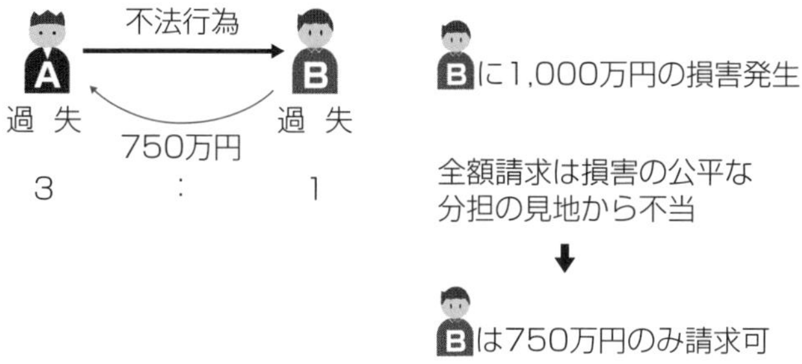

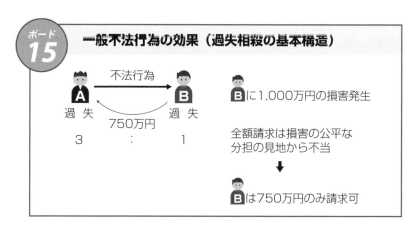

いつものようにAがBに不法行為をしました。今、Bに1,000万円の損害が発生したとしましょう。さあ、このときに被害者たるBにも過失がありました。もちろん不法行為が成立しているわけだから、Aには過失があるんです。今、AとBの過失割合が3対1というふうに認定されたとしましょう。そうすると、損害額は1,000万円だけれども、被害者のBにも落ち度があるのに1,000万円全額の請求ができるというのは、損害の公平な分担という見地から考えて、ちょっとまずいなという感じがあります。

では、いったいいくら請求できるというふうにすればいいのですか。これは皆さんお気づきかと思いますけれども、こんな場合には、Bは750万円しか請求できないとするのが損害の公平な分担という形になるといえるのではないでしょうか。**750万円のみ請求可**。この額は皆さん大丈夫ですよね。今、1,000万円の損害が生じているけれども、これについて過失割合が3対1です。そうすると、1,000万円の損害について3対1で負担し合いなさい。つまり全体の4分の1は被害者のBが自分でかぶりなさい、と。そんなことから1,000万円の4分の3に相当する750万円のみを請求できるというのが、過失相殺の一番の基本形です。

（ウ）過失相殺能力

このことを踏まえたうえで、次に「過失相殺能力」について考えたいと思うのです（***ボード 16***）。

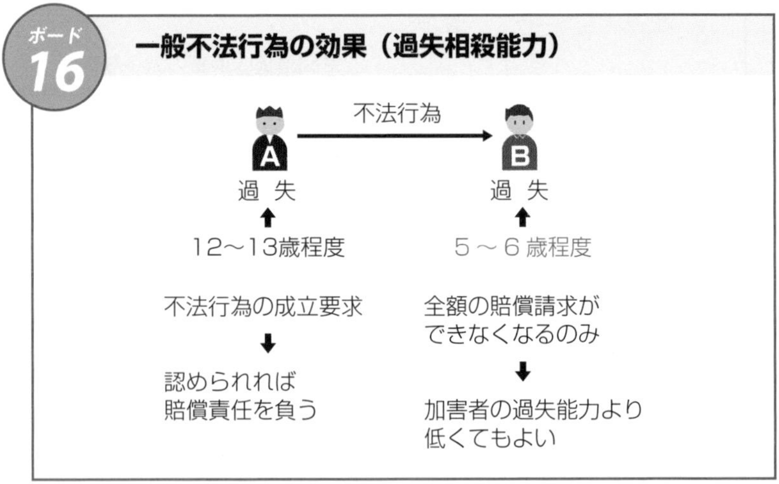
ボード
16
一般不法行為の効果（過失相殺能力）
不法行為
A
B
過　失
過　失
12〜13歳程度
5〜6歳程度
不法行為の成立要求
認められれば
賠償責任を負う
全額の賠償請求が
できなくなるのみ
加害者の過失能力より
低くてもよい

今、加害者Aに不法行為が成立するための責任能力は12〜13歳程度の精神能力だとされています。それに対して、過失相殺の対象にするための事理弁識能力は５〜６歳程度でよい、とされているわけです。つまり、精神能力が少し低く設定されているわけです。

それがどんな理由からかということなのですが、まず、左側のAの過失。これは不法行為の成立要件としての過失なわけです。つまり、このような過失が認められれば、Aは賠償責任を負担するという効果が出てくるための要件だから、12〜13歳程度というふうにかなり高めに設定されているわけです。

それに対して、被害者Bはどうして５〜６歳程度と低く設定されているのかというと、これは、今、過失相殺でいうところの過失が認められたとすると、損害の全額は請求できなくなるというだけで、別にこのBが損害賠償責任を負わされるわけではないのです。このような能力があったらどうなるのですか、という効果が違うわけです。

先ほどのAの過失は責任を負わされる。実際にお金を支払わなければならないという効果が出てくるのに対して、Bは損害の全額はもらえませんよ、という効果があるにすぎないわけです。そんなことから、5～6歳というふうに、先ほどの不法行為の成立要件としての過失よりは低く設定されているんだ、というあたりをおわかりいただくといいと思います。

そうすると、5～6歳程度の精神能力がなければ、過失相殺はできないことになります。そこで要求されるのが「被害者側の過失」という概念なわけです。

(エ) 被害者側の過失

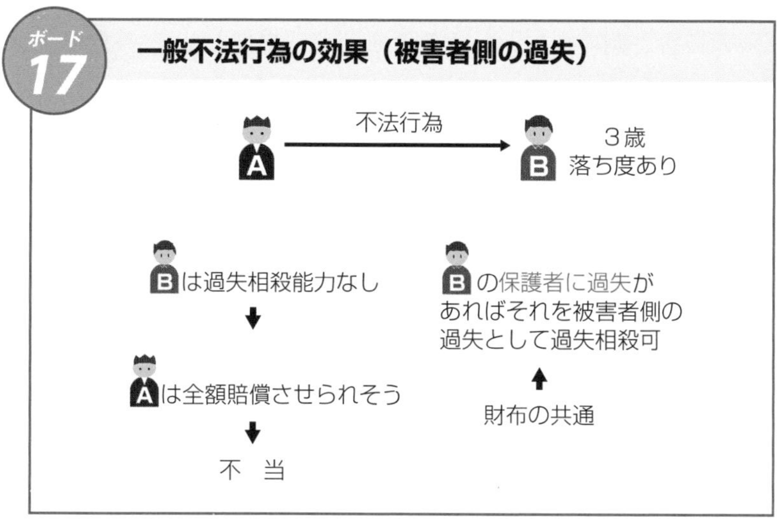
ボード
17
一般不法行為の効果（被害者側の過失）
A
不法行為
B
3歳
落ち度あり
Bは過失相殺能力なし
Aは全額賠償させられそう
不　当
Bの保護者に過失があればそれを被害者側の過失として過失相殺可
財布の共通

今、被害者Bは3歳です。5～6歳の精神能力がありません。3歳だけど、例えば、飛び出してしまったために車にはねられたというような落ち度があるわけです。これを過失相殺でいうところの過失とは評価できません。

というのは、5～6歳程度の能力がないのですから、これを過失とは評価できない。そうすると、過失相殺能力がないのだから、Aは生じた損害の全額を賠償させられることになりそうですよね。

でも、それはいかにも不当です。そこで、どんなふうに考えるのかということですが、Bの保護者（両親）に過失がある。例えば、自分の3歳の子どもはやんちゃ盛りなので、子どもが道路に飛び出すなどということがないように、ちゃんと見ていなければならない。なのに、見ていなかったというような過失が保護者に認められる場合、それを被害者Bの側の過失と評価して、過失相殺を認めてしまうわけです。

今、仮に加害者Aの過失と、B側の過失割合を先ほどと同じように、例えば3対1というふうに認定して過失相殺する。そうすることで、Aが全額の賠償をさせられないようにしようとしているわけです。このような過失相殺の被害者側の過失ということを認める根拠として、「財布の共通」ということをいったりします。

今、この3歳の子どもBとその両親とは、単一の家計で財布を共通に生活しているわけです。Bの親に落ち度があったのに、Bにはなかったということで、全額お金を取れるとしてしまうとやはりおかしいですね。財布の共通という関係にあるBの親に落ち度があるのに、結局全額Bの親に入ってくるというのがまずい。だからこのような被害者側の過失という概念があるわけです。

（オ）遅延利息の発生

これは、不法行為と同時に、つまり事故があったその瞬間に損害賠償債務は履行期を迎えるから、直ちに遅延利息が発生するということです。これは皆さんも納得してもらえると思いますが、少しでも早く被害者に賠償してあげる必要があることから、直ちに遅滞に陥るという扱いになっているわけです。

⑤　賠償責任の制限・消滅

（ア）違法性阻却事由

では、「賠償責任の制限・消滅」のところに行きましょう。

まず「違法性阻却事由」というのがあります。「阻却」というのは、あまり使わない言葉ですが、「なかったものにしてしまう」という意味です。違法性がなかったものとしてしまうということは、不法行為責任が成立しなくなるというわけですが、その事由として**「正当防衛」**と**「緊急避難」**があるというわけです。

これは刑法で詳しく勉強されるところでしょうが、ちょっと注意してほしいのは、若干、刑法でいうところの「正当防衛」や「緊急避難」と、言葉の意味が違っているということです。

まず、正当防衛ですが、これは「他人の不法行為に対して、自己または第三者の権利を守るために、やむを得ずに加害行為を行った場合」です。問題は、誰に加害行為をしたかということで、「侵害者・不法行為者」に対して加害行為をしたというのが、刑法上の正当防衛の問題で、民法上はもう少し広いんです。

侵害者・不法行為者のみならず、**「第三者」に対して**侵害行為をしてしまっても、それも**正当防衛**というんだというのが、民法の場合です。この点を、特に法学部の方は、刑法のノリで解いてしまうと間違えることがありますので、注意してほしいと思います。

緊急避難というのは、「他人の物から生じた急迫の危難を避けるために、その物を損傷した場合」です。「物から生じた」というふうに限定されている点に注意してほしいと思います。

（イ）損害賠償請求権の消滅時効

２つ目は、時効です。これは３年と20年なのですが、３年とされるのは「損害および加害者」、つまり**損害**と**加害者**の**両方**を知ったら、そこから３

年で損害賠償債権は消えてしまうということです。そうでなくても、不法行為の時から20年経てば時効消滅します。ここは３年と20年というあたりを覚えておけばいいでしょう。ただし人身の場合は３年が５年とされた点に注意しましょう。

（4）不法行為と債務不履行との比較

以上で、一般不法行為についての説明が終わったわけですが、ここで改めて、不法行為の場合と債務不履行の場合とで、果たして被害者側はどちらの請求をしたほうが有利になるのかということについて、いろいろな項目を表にまとめた***ボード 18***を使って説明したいと思います。

ボード 18　**一般不法行為の効果（請求権競合）**

	過失・帰責事由の立証	過失相殺	時　効
不法行為	被害者が加害者の過失を証明	裁判官の裁量	損害と加害者を知って３年（人身なら５年）行為から20年
債務不履行	債務者が自分に帰責事由がないことを証明	必ず相殺される	主観的起算点から５年 客観的起算点から10年（人身なら20年）

過失・帰責事由の立証責任というところで出てきた、医者が医療過誤をしたという場合に、被害者たる患者が不法行為責任を追及するのと、債務不履行責任を追及するのとでは、どちらが有利でしょうかという話です。

今、この過失・帰責事由の立証責任に着目して見比べてみますと、不法行為責任を追及する場合は、患者の側が医者の過失を証明しなければならなかったですね。それに対して、債務不履行責任を追及する場合には、債務者、つまり医者が自分には帰責事由がなかったということを証明しない限り、損害賠償しなければならないというふうに扱われているわけです。

次に第２要素として、過失相殺についてはどうかというと、不法行為の場合には、過失相殺をするかしないかは、裁判官の裁量になっています。ということは、自分にも落ち度がある被害者にとって、どちらの請求をしたほうが有利になるのか、皆さん考えてください。債務不履行の場合には、必ず過失相殺されてしまうわけです。

第３項目として、時効についても見てみたいと思います。不法行為の場合には、損害と加害者の両方を知った場合には３年あるいは５年で消えてしまう。知らなければ20年消えないということになるのですが、債務不履行責任の追及はというと、時効については、５年か10年あるいは20年ということになっているわけです。

さあ、そこでこの表全体を見て、どんな場合にどちらの請求をしたほうが有利なのかを見ておきたいと思います。まずは、**過失・帰責事由の立証**ということからすると、不法行為と債務不履行、どちらが被害者としては有利に訴訟を闘えるでしょうか。どうかな。過失・帰責事由の立証という点からは、**債務不履行**責任の追及のほうが患者側にとっては有利ですね。

さあ、それに対して、**過失相殺**の場合、患者の側にも落ち度がありました。例えば、以前このような注射をしてもらってショック症状になったことがあるとか、そんなことを事前に医者に告げておくべきなのに、それを怠っていました。このように患者の側にも落ち度がある場合には、債務不履行責任の追及をすると、必ず過失相殺されてしまう。つまり、全額の賠償をしてもらうことはできない。だから、**不法行為**責任追及のほうが有利だというふうにいえるでしょう。うまくいくと、患者の側にも落ち度があるのに、全額請求を認めてもらえるかもしれないということになるからです。

時効についてはどうかというと、まず人身以外の場合は損害と加害者を知ってしまえば、債務不履行責任のほうが権利の行使期間が長いから有利だといえるでしょう。それに対して、損害と加害者を知らなければ、20年責任追及ができますから、そんな場合には、むしろこの不法行為のほうが有利というふうになるわけです。これに対して人身の場合は、どちらも5年・20年ですので違いはないことになりますね。

ですから、事案によってどちらで攻めたほうが被害者の救済に有利かというのが違ってくるわけです。だから、この2つ、不法行為と債務不履行というのは、**請求権競合**という形で併存して、被害者の側でどちらかを事案に応じて選んで請求を立てるという形になっているのです。これで、一般不法行為はすべて終わりました。

ここまでをCHECK

①不法行為の要件は、故意過失・利益侵害・因果関係・責任能力。
②被害者即死の場合でも財産的損害賠償債権は相続される。請求の意思表示前に被害者が死亡しても慰謝料請求権は相続される。
③被害者と財布の共通の関係にある者の過失は被害者側の過失として斟酌されうる。

では次へ行きましょう！

4　特殊な不法行為

では、続いて「特殊な不法行為」に進みたいと思います。特殊な不法行為ということで、***ボード19***の表を見てください。全部で6つの類型があるわけですが、試験で問われるのは、おそらく4つというふうにいえようかと思います。

ボード19　特殊な不法行為

類　型	内　容	要　件
監督者責任（714条）	責任無能力者が賠償責任を負わない場合に、その監督義務者が代わって負うもの	監督義務を怠ったこと
使用者責任（715条）	被用者が他人に対し不法行為を行った場合に、使用者が被用者とともに責任を負うもの	被用者の選任監督を怠ったこと
注文者責任（716条）	請負契約の注文者の注文・指図に過失がある場合 ➡一般の不法行為となる	注文・指図に過失があったこと
土地の工作物責任（717条）	┌土地工作物の設置・保存上の瑕疵 └竹木の栽植・支持の瑕疵 により他人に損害を与えた場合 第一に占有者、占有者が免責される場合、第二に所有者	①占有者…損害発生防止に必要な注意を怠ったこと ②所有者…無過失責任
動物占有者（718条）	自己の占有する動物が他人に損害を加えた場合	保管上の注意を怠ったこと*
共同不法行為（719条）	数人が共同して同一の加害行為を行った場合 ➡各自連帯＝損害全部の賠償責任	加害行為に共同関係（関連共同）が存在

＊　通常の不法行為における過失と異ならないが、過失の立証責任が占有者＝加害者にある点で異なる。

まず、一番上の**監督者責任**。これは大切です。2段目の**使用者責任**。これも非常によく問われます。3段目の**注文者責任**はかなり地味なので、***ボード19***の表に書いてある限度でわかっておけばよろしいかと思います。4段目の**工作物責任**。これも行政法でより詳しく皆さんは勉強されるかと思いますけれども、まずまず重要なところです。5段目の動物占有者の責任。これは地味です。最後の共同不法行為はメジャーどころです。

そんなわけで、これから監督者責任（714条）、使用者責任（715条）、工作物責任（717条）、共同不法行為（719条）の4つの類型について勉強していきたいと思います。

（1）立証責任の転換

その前にまず「立証責任の転換」というところを見ておきましょうか。これは何のことかというと、「何が特殊不法行為なのか」「どの点で一般不法行為責任と違っているのか」ということです。結論は、過失の立証責任が、被害者の側にではなく、賠償義務者側にあるということです。「賠償義務者側」というところにチェックすればいいと思います。

ここで「加害者側」とはなっていなくて、「賠償義務者側」とされている理由はお気づきでしょうか。必ずしも、直接の加害者本人が責任を負うとは限らないから、加害者側ではなく賠償義務者側とされているわけです。では、個別に、各類型ごとに見ていきたいと思います。

（2）監督者責任

まず、第1類型の監督者責任からです。

> ▶ **第714条**
> ①　前2条の規定により責任無能力者がその責任を負わない場合において、その責任無能力者を監督する法定の義務を負う者は、その責任無能力者が第三者に加えた損害を賠償する責任を負う。ただし、監督義務者がその義務を怠らなかったとき、又はその義務を怠らなくても損害が生ずべきであったときは、この限りでない。
> ②　監督義務者に代わって責任無能力者を監督する者も、前項の責任を負う。

例えば、親が目を離したすきに、5歳の子どもが他の子どもにケガをさせたというような場合、被害者はいったい誰に、どんな損害賠償請求ができるのでしょうか。今、直接の加害者は５歳です。５歳の子どもには責任能力がありません。責任能力は12～13歳程度というラインになっているので、５歳の子どもにやられた場合、その５歳の子どもに損害賠償請求はできません。

　では、泣き寝入りなんですかというと、そんなはずはないわけで、そんな場合には、その子どもの監督者、通常は親ですけれども、親に対して損害賠償請求ができるとされているのです。そのことを根拠づけるのが、714条の監督者責任と呼ばれるものなのです。

**ここで試験に出るのは何かというと、「責任の成立」というところで、「責任無能力者が加害行為を行った場合には監督者責任が生じる」ということです。**「責任無能力者」というところに、しっかりチェックをしてもらいたいわけです。12～13歳程度の精神能力がない人にやられれば、親に714条で損害賠償請求ができるわけです。

　そこで問題は、例えば15歳の少年にやられた場合です。15歳というのは責任能力があるわけだから、15歳の少年に加害行為をされた場合には、親に向かって714条の監督者責任を追及することができないことになります。後ほどきちんと説明しますが、まず結論だけ押さえておきますと、そのような場合に「15歳の少年に請求できるからいいじゃないですか」と思うかもしれませんが、それでは被害者は困ります。

　通常、15歳の少年はお金を持っていません。だから賠償資力という点で、やられた被害者の救済にはならないわけです。何とかして親から賠償してもらいたいわけです。そこで、「監督義務者（親）も通常の不法行為責任である709条の一般不法行為責任を負うんですよ」という形で、被害者の救済を図っているわけなんです。今のところも含めて、改めて監督者責任の全体について、***ボード20***で説明したいと思います。

ボード 20

特殊不法行為（監督者責任）

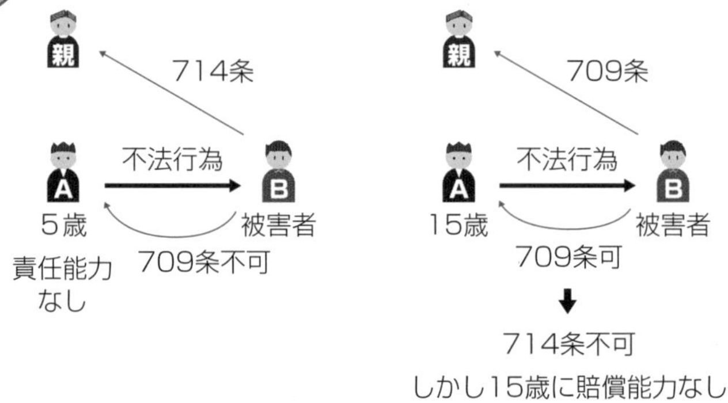

714条の監督者責任では、最後の部分が一番出るのですが、順々に行きましょう。

今、Bが5歳の子どもAに不法行為をされました。正確にいうと権利侵害行為とか利益侵害行為のほうがいいんでしょう。理論的に厳密な方はお気づきかもしれませんが、責任能力がないのなら、本当の意味での不法行為ではないからです。Bが被害者です。

そうすると、直接の加害者たるAには責任能力がないので、Bは709条の一般不法行為責任の追及はできません。そんな場合に、親に対して714条の監督者責任を追及するということになるわけです。責任能力のないAにやられた場合に、親に文句が言えるということになっているわけです。これはそれでいいとして、次の場合なんです。

今度は、15歳の少年Aに不法行為をされました。今度は文字どおり不法行為です。責任能力があるからですね。Aには12～13歳程度の能力がありますから、15歳の少年Aに利益侵害行為をされた場合に、被害者Bは709条の一般不法行為責任を追及することができてしまうのです。この709条による追及ができるなら、結構なことじゃないですかという感じもするけれども、実際上のことを考えると、Aは大してお金を持っていないのが通常ではないでしょうか。一方で、714条は「責任無能力者がその責任を負わない場合」の規定なので、Aに責任能力がある場合は714条は適用されません。

そうすると、Aに対して一般不法行為責任が追及できるというのは、むしろBにとって不都合なわけです。この709条が請求できないから、親に対して714条で追及することができるわけで、直接の加害者Aに709条の請求ができてしまうと、親に714条の請求ができないということになってしまって、かえってこの被害者の救済にならないという問題があるのです。

そこで、どうしましょうかという問題になるわけですが、今、Aに対して709条の一般不法行為の責任追及ができてしまうから、親に対する714条請求ができません。しかし、賠償資力という点で15歳の人間に十分なことは期待できないから、何とかして親から賠償してもらいたいわけです。

そこで、どのように考えるのかというと、A自身に責任能力があるので714条は無理だけど、「親の監督不行き届きのせいで、私は利益を害されました。それは、あなた（親）自身の監督不行き届きという一般不法行為です」と、このように持っていく。そうすることで、親に対して714条ではなく709条の責任を追及できるようにするわけです。 **こういう形で被害者Bを救済しているということを、しっかり押さえておいてください。これが一番出ます。**

（3）使用者責任

では、第2類型の「使用者責任」に進みましょう。

▶ **第715条**

① ある事業のために他人を使用する者は、被用者がその事業の執行について第三者に加えた損害を賠償する責任を負う。ただし、使用者が被用者の選任及びその事業の監督について相当の注意をしたとき、又は相当の注意をしても損害が生ずべきであったときは、この限りでない。

② 使用者に代わって事業を監督する者も、前項の責任を負う。

③ 前2項の規定は、使用者又は監督者から被用者に対する求償権の行使を妨げない。

これは、会社員のAが車で営業回りをしている途中で事故を起こし、Bにケガをさせてしまったというようなケースです。このような場合、被害者Bは、もちろん直接運転していたAに709条の一般不法行為責任を追及できる。だけど、仕事上のことで生じた事故だから、できれば背後にある会社に対しても損害賠償請求がしたいわけですね。それを可能ならしめるのが、**715条の使用者責任**ということになるわけです。

まず、この使用者責任の主体は、「使用者」と考えておけばよろしいかと思います。そしてこの使用者責任が成立するためには、「**事業の執行について**」と言えなければならない。「職務を行うについて」でなければならないのと同じような要件です。休日に仕事とは全く無関係に、プライベートな用事で車を運転していて事故を起こしました。そんな場合にまで会社が責任を負わされるということはありませんよということです。

① 外形標準説

さて、この「事業の執行について」と言えるかどうかというところで、法人の不法行為のところと同じような論点があるのです。外形上、事業の執行と見られる場合には、本当は仕事のことではなくても会社は責任を負うという「**外形標準説**」です。

この外形標準説には2つの類型があります。まず1つは、会社の株券発行担当の課長が株券を使って悪いことをした場合（**取引的**不法行為）。もう1つは、経産省の運転手さんが事故を起こした場合（**事実的**不法行為）

です。この両方の類型について、取引的不法行為のみならず、事実的不法行為についても、判例は外形標準説を使っています。これは出題されますので、しっかり確認してもらいたいと思うのです。

でも、考えてみたらちょっとおかしいんじゃないでしょうか。取引的不法行為の場合には、背後にある会社を意識して、被害者は直接の加害者と関わり合いを持ちますよね。「あっ、この人はあそこの会社の人だから大丈夫だな」と思って取引をするわけです。しかし、車で轢かれる場合に、「あっ、経産省の車だ。賠償資力完璧。じゃあ、轢かれましょう」。逆に「TACの車だ。これは危ないので避けましょう」ということは、実際にはあり得ないと思うのです（笑)。車に轢かれるときに、相手の名前を見て、信頼して轢いてもらうというようなことは、ちょっと考えにくいという感じがするわけです。

そこで、学説上は「事実的不法行為の場合に、外形標準説を使うのはおかしい」という主張があって、非常に説得的なわけです。だけど、判例は両類型ともに外形標準説を使っているというところをしっかり確認してもらいたいと思います。

②　被用者に対する求償

それから、「被用者に対する求償」ですが、被用者というのは雇われ人、従業員、サラリーマンのことです。ここもよく出題されます。会社は対外的には被害者に賠償しますが、もとはと言えば従業員のミスなので、会社は従業員に対して求償することができるということです。

ただ、会社は被用者に対して、常に全額の求償ができるわけではなく、信義則上の限定がありますよ、という部分も、非常に大切な判例なので、このあと併せて***ボード21***で説明したいと思います。

③　使用者責任のまとめ

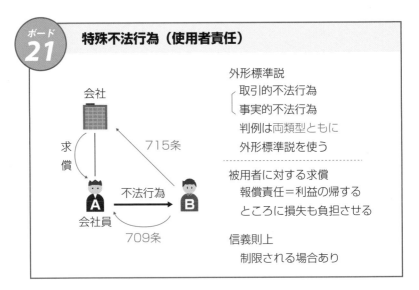

ボード21　**特殊不法行為（使用者責任）**

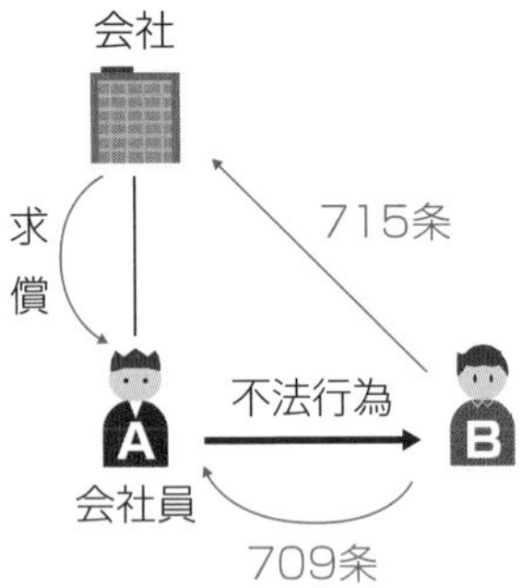

外形標準説
- 取引的不法行為
- 事実的不法行為

判例は両類型ともに
外形標準説を使う

被用者に対する求償
報償責任＝利益の帰する
ところに損失も負担させる

信義則上
制限される場合あり

第２類型の使用者責任というのは、先ほどの監督者責任よりももっと出題されるところなので、しっかりと押さえてほしいと思います。

今、従業員のＡが仕事上のことで、Ｂに対して不法行為をしてしまいました。そうすると、被害者のＢは直接の加害者Ａに一般不法行為責任を追及できます。しかし、賠償資力という点でいうと、通常、会社のほうがお金を持っていますので、被害者の救済という点から、715条の使用者責任というものを追及できるという話です。

これは、会社は普段、従業員を使って活動の場を広げています。生じた利益は自分のポケットに入れていますね。そうすると、「損害が生じた場合にも、会社も対外的に責任を負ってあげなさい」という考え方に基づいているわけです。

さあ、ここで先ほどの外形標準説について少し見てみたいのですが、取引的不法行為ともう１つ、交通事故のような事実的不法行為。この両類型とも、判例は外形標準説を使っているというところは、意識して覚えてもらいたいと思うのです。

理屈でいうと、ちょっと変な感じがありますよね。先ほど話したように、車に轢かれるときに、「経産省の車だ。じゃあ、轢かれましょう」ということはまずないので、ちょっとこれは理論的にはおかしい感じがあります。

だから、例えば、**学説上は「支配領域説」**という説得的な主張があるのだけれども、こういうところが狙われると間違えやすいのです。リーガルマインドで解けるという自信のある方は、この通説が主張する「支配領域説」などが選択肢で出てくると、思わず「筋が通っているので○」と、正解肢と考えがちなんです。だけど、**判例は両類型ともに外形標準説**を使っています。こういうところは意識的に記憶する必要があろうかと思うわけです。

それから、もう１つ、求償の制限のところです。これも見ておきますと、そもそも、確かにやったのはＡです。直接の加害者はＡです。だけど、会社も普段は従業員が頑張ったことによる利益を、自分が吸い取っているという問題があるわけで、**「利益の帰するところに損失も負担させろ」**という**報償責任**という考え方があるわけです。

そうすると、常に生じた損害の全額を従業員に負担させるというのは、必ずしも妥当ではありません。だから、信義則上、制限される場合がある。何が制限されるかおわかりですか。例えば、今、1,000万円の損害がＢのもとに発生したとしましょう。そして、会社がＢに対して1,000万円賠償したとします。そのとき、常に従業員のＡに対して、1,000万円の求償ができるのかというと、そうとは限りませんよということです。

これは、例えばＡの勤務条件というか、働いている事情とか、どの程度にミスが生じるのも仕方ないと言えるような状況があるとか、いろいろなファクターをカウントして、この場合は、例えば700万円だけ請求できるにとどまるから、300万円は会社がかぶりなさい、というような形で、信義則上、会社の従業員に対する求償が制限される場合があるのです。

（4）工作物責任

では、第3類型の工作物責任に進みましょう。

▶ **第717条**

① 土地の工作物の設置又は保存に瑕疵があることによって他人に損害を生じたときは、その工作物の占有者は、被害者に対してその損害を賠償する責任を負う。ただし、占有者が損害の発生を防止するのに必要な注意をしたときは、所有者がその損害を賠償しなければならない。

② 前項の規定は竹木の栽植又は支持に瑕疵がある場合について準用する。

③ 前2項の場合において、損害の原因について他にその責任を負う者があるときは、占有者又は所有者は、その者に対して求償権を行使することができる。

例えば、家屋の屋根瓦の固定が不十分だった。このような客観的瑕疵があったために、屋根瓦が落下して、通行人Aに当たってケガをさせたようなケースです。「屋根瓦の固定が不十分」と「客観的瑕疵」いうところをチェックしてください。このような場合には、通行人Aはいったい誰に損害賠償請求ができるのかという問題です。

これは「占有者と所有者が別の場合」のところが出されると思います。占有者Bで、所有者Cというように異なる場合、まずこの被害者Aは誰に請求できるかというと、第1次的には占有者B。つまり、まずは賃借人Bに請求ができるということです。

ただし、賃借人Bが必要な注意をしていれば、賃借人Bは免責されます。その場合には、所有者Cが責任を負わされることになります。しかも、所有者Cの責任は無過失責任だということです。このあたりは、誰が責任を負うのか。第1次的に占有者、第2次的には所有者というところがわかればよろしいかと思います。

では、そのあたりを***ボード22***でもう一度確認してみましょう。

ボード22　特殊不法行為（工作物責任）

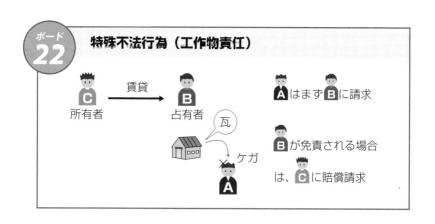

今、Cが所有者で、Cが所有する家屋を賃借人Bが借りて占有しているという状態です。その家の瓦が落ちて、通行人のAがケガをしてしまいました。このとき、Aは誰に損害賠償請求ができるのですかという問題です。

これは、まず占有者Bに請求する。この順番は正確に記憶したいところです。Bというのは占有者、賃借人です。ただし、Bが自分は十分注意していましたということを証明できたら免責されるわけです。Bが免責されると、Aは今度は、所有者のCに対して請求することになります。この順序ですね。AはまずB。Bが免責される場合にはC。そして、Cの責任は無過失責任だ、と。そんなところで、第3類型の工作物責任はいいんじゃないかと思います。

（5）共同不法行為

①　共同不法行為制度の存在意義

では、第4類型の「共同不法行為」に行きましょう。

▶ **第719条**

① 数人が共同の不法行為によって他人に損害を加えたときは、各自が連帯してその損害を賠償する責任を負う。共同行為者のうちいずれの者がその損害を加えたかを知ることができないときも、同様とする。

② 行為者を教唆した者及び幇助した者は、共同行為者とみなして、前項の規定を適用する。

共同不法行為というのはどんなものか、というところから話を始めたいと思います。今、A・B両名が共同してCを殴り、Cにケガを負わせました。このような場合、Cは果たしてA・Bにいくらずつの賠償請求ができるのでしょうかという問題です。

例えば、Cの損害が10だとした場合、CはAとBにいくらずつの損害賠償請求ができるのでしょう。民法上は個人主義というか、個別の責任を負うというのが大原則なので、原則として、自分の加えた行為から発生した損害のみを、AとBは負担すればいいはずなのです。例えば、Aは3発殴り、Bは7発殴ったというような場合、Aが3で、Bが7の賠償責任を負うというのが、本来の個人責任の原則という帰結なわけです。

ところが、そんなことだと被害者Cの救済が不十分です。そこで、共同不法行為とすると、各自連帯して賠償責任を負う。つまり、生じた損害10に対して、AもBもそれぞれ10の損害賠償責任を負わされるわけです。これは刑法では、一部実行の全部責任というふうに言われる「共同正犯」と同じような考え方になっているわけです。

もちろん、やられた被害者CはAとBの両方から10ずつもらって、全部で20取るということはできません。一方から、全額もらえば他方に対する債権は消えますので、そんなことはない。だけど、例えば、Aが逃げてしまって見つかりませんとか、Aが賠償資力がありませんというような場合には、Bに向かって全額賠償してもらえるという形で被害者が保護されている、ということになるわけです。

ボード23 で説明したいと思います。

ボード 23　**特殊不法行為（共同不法行為の存在意義）**

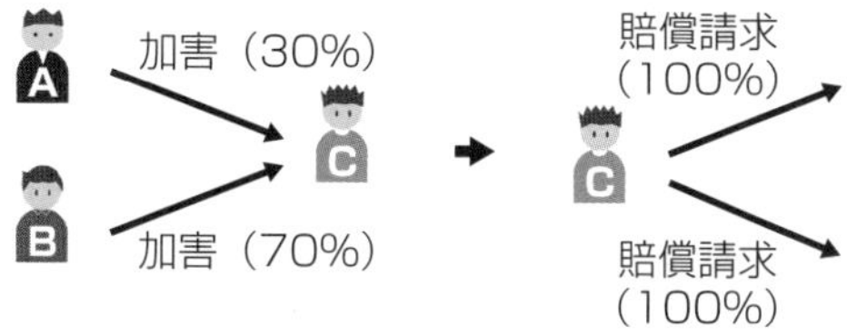

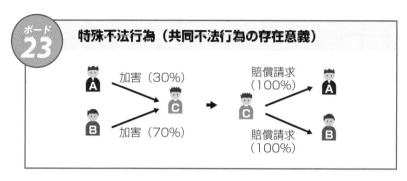

この719条の共同不法行為というのは、通常は法学部の講義でも後ろのほうなので、ざっと流されがちなんです。したがって、多くの受験者が苦手にしがちな分野なのですが、皆さんにはしっかりと押さえておいてほしいと思います。

今、Aの加害行為とBの加害行為の損害発生に与える**寄与度は、3対7**というふうな比率だと認定されたとしましょう。そうすると、本来は、Aは全損害のうちの30%を賠償すればいいはずだし、Bは70%の賠償をすればいいはずですね。これが連帯責任ではなく、個人責任の原則なわけです。だけど、そんなことだと被害者Cの救済という点でよくありません。だから、CはそれぞれA・Bに対して**全額の100%の請求**ができる、と。ここに共同不法行為の意味があるわけです。まず、それはよろしいかと思います。

②　共同不法行為責任の成立

では、続いて「共同不法行為責任の成立」というところを見てみましょう。共同不法行為と言うためには、2つのことが要求されています。まず1つは、「**各人がそれぞれ不法行為を犯した場合でなければならない**」。ここが実は1つ問題なんです。

不法行為には4つの要件がありましたよね。「故意過失」「利益侵害」「因果関係」「責任能力」。この中の第3要件としての因果関係。それぞれの行為者の行為と、損害発生との間に因果関係を肯定できる場面でなければならない。それぞれについて不法行為責任が成立しているということだから、それぞれについて因果関係がなければならないというのが、1つの問題なんです。この問題は後ほど**ボード24**で説明したいと思います。

もう1つ、第2要件として「共同不法行為者間に関連共同性がなければならない」とされているわけです。共同不法行為だと言うためには、それぞれに不法行為があり、さらに、相互に関連共同性がなければならないとされているのです。

③ 関連共同性

では、関連共同性というのはいったい何なのですかというと、判例は、主観的関連共同は不要で、客観的関連共同で足りるとしているわけです。これを「客観的関連共同性説」というわけですが、ここはチェックしましょう。この意味は、必ずしも共同不法行為者の気持ちが通じている必要はないということです。

例えば、「四日市に大規模なコンビナートをつくるという話があるそうだけれども、お宅もそこに進出しませんか」と、そのように複数の企業が事前に話し合いをもって、「わかりました。じゃあ、いついつからこれこれという操業をいたします。ついては港は共同で使用しましょう」とか、「パイプラインを共有しましょう」というような、気持ちの上での連携が必要だとする立場を「主観的関連共同性説」というわけですが、判例は、それはいらない、と。お互いの気持ちの連絡がなくても、たまたま同じ地域で、同じ時期に操業を始めれば、それで関連共同性は認められるという立場なわけです。

こちらのほうが共同不法行為が幅広く成立しやすいという考え方なのですが、それを判例が採っている「客観的関連共同性説」というふうに言うわけです。まあ、そんなところでよろしいかと思います。

④　共同不法行為の要件

では、共同不法行為責任の問題性のあたりを***ボード 24*** で見てみたいと思います。

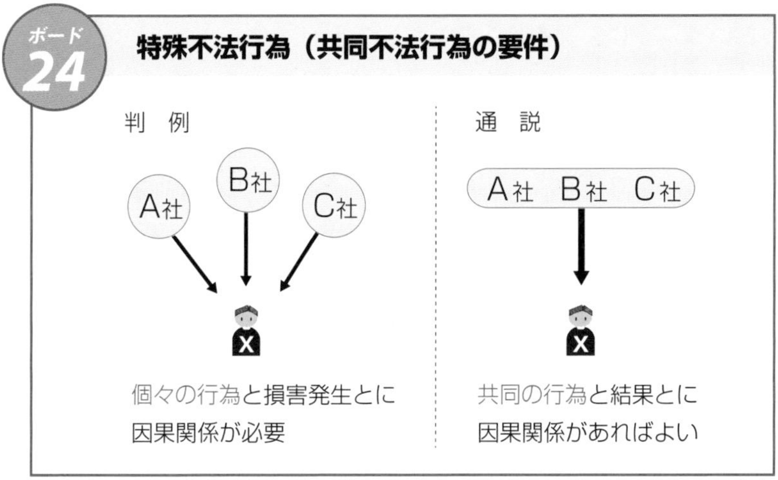

まず、共同不法行為の要件として、判例はどのように考えているのかというと、A社・B社・C社が、例えば亜硫酸ガスを排出しているとしましょう。それで、Xが被害者で、ぜんそくで困っているわけなんです。そんな場合に、A社の行為、B社の行為、C社の行為、それぞれの行為が不法行為でなければならないと判例は考えています。

不法行為の成立のためには、故意過失・利益侵害・因果関係・責任能力が必要です。だから因果関係もそれぞれについて認められなければなりません。そうでないとA社・B社・C社は共同不法行為にはならない。これが判例の立場です。

そうすると、この個別の因果関係の証明というのがかなり難しいことから、学者の先生方は別の考え方を主張されているわけです。通説の言い分も一応この個所では知っておいたほうがいいと思います。

通説はこのA社・B社・C社、個別の亜硫酸ガス排出とぜんそくとの間の因果関係、そんなものは要求しません。これを要求すると、共同不法行為（719条）の適用領域が狭くなってしまうからです。そして、A社・B社・C社を一括りにするわけです。一括りにして、共同の行為と損害発生という結果との間に因果関係が認められれば、それで共同不法行為にしてよいというふうに、通説は主張しているわけです。

もう１回確認しますと、判例によれば、それぞれが不法行為でなければならない。だから、それぞれの行為と結果との間の因果関係を要求しているわけです。そうすると、実際上この１本１本の因果関係の証明がかなり困難なので、被害者の救済という点で問題がある。そこで、こう考えればいいわけです。

共同の行為です。共同の行為と結果発生との間の因果関係が認められれば、それで共同不法行為になる、と。そういう形にすると、被害者の側で、それぞれの行為者に対して生じた損害の全額を請求できるということで、被害者救済という観点から妥当な結論が導ける。だけど、あくまで皆さんの試験はほとんどの問題が、判例に照らして妥当なのはどれかというふうに問われますので、妥当性についてはご意見の分かれるところでしょうけれども、判例はあくまで個々の行為と損害発生との間の因果関係を要求しているというところを押さえておいてもらいたいと思うのです。

また、今の話と、先ほどの「主観的関連共同性」「客観的関連共同性」とは全く別の問題なので、そのあたりを正確に整理願いたいと思います。

ここまでをCHECK

①15歳に加害された者はその親に対して709条に基づき損害賠償請求できる。
②使用者責任の「事業の執行について」の判断には外形標準説が用いられる。
③工作物責任は第１次的に占有者、第２次的に所有者が負う。所有者の責任は無過失責任。
④共同不法行為の要件は、各自がそれぞれ不法行為であり、かつ関連共同性があること。

以上で民法の骨組みについて、すべて終了です。理解が不完全な部分は、納得がいくまで復習しましょう。理論的なレベルとしては、この講座で十分です。あとは細かい知識を補充しましょう。具体的には、過去問をできるだけ多く解いてください。法律系は国家一般職・地方上級試験と国家総合職試験とのレベルの差が少ないので、国家総合職の過去問を解くことも非常に有益です。

さて、これで私の講義は終了です。民法は範囲が広く論点も多いですが、通底しているロジックを読み取ることで、効率的な把握ができることを実感してもらえたのではないかと思っています。ぜひ、皆さんの合格に役立ててください。

キーワード索引

赤く表示してある語句は特に重要なキーワードです。

【せ】

【そ】

【た】

アブダビのシェイク・ザーイド・モスクで思索する郷原先生

公務員試験　まるごと講義生中継シリーズ

郷原豊茂の民法Ⅱ　新・まるごと講義生中継　第２版

(2001年1月19日　初　版　第１刷発行)

2019年３月31日　初　版　第１刷発行
2020年７月25日　第２版　第１刷発行

著　　者　郷　原　豊　茂
発行者　多　田　敏　男
発行所　TAC株式会社　出版事業部
(TAC出版)

〒101-8383
東京都千代田区神田三崎町3-2-18
電 話 03(5276)9492(営業)
FAX 03(5276)9674
https://shuppan.tac-school.co.jp

印　　刷　日新印刷株式会社
製　　本　株式会社常川製本

Printed in Japan　ISBN 978-4-8132-8833-6

N.D.C. 317

落丁・乱丁本はお取り替えいたします。

各種本試験の実施の延期, 中止を理由とした本書の返品はお受けいたしません。返金もいたしかねますので, あらかじめご了承くださいますようお願い申し上げます。

公務員試験対策書籍のご案内

TAC出版の公務員試験対策書籍は、独学用、およびスクール学習の副教材として、各商品を取り揃えています。学習の各段階に対応していますので、あなたのステップに応じて、合格に向けてご活用ください!

INPUT

『新・まるごと講義生中継』
A5判
TAC公務員講座講師
新谷 一郎 ほか

- ●TACのわかりやすい生講義を誌上で!
- ●初学者の科目導入に最適!
- ●豊富な図表で、理解度アップ!

・郷原豊茂の憲法
・新谷一郎の行政法

『まるごと講義生中継』
A5判
TAC公務員講座講師
渕元 哲 ほか

- ●TACのわかりやすい生講義を誌上で!
- ●初学者の科目導入に最適!

・郷原豊茂の刑法
・渕元哲の政治学
・渕元哲の行政学
・ミクロ経済学
・マクロ経済学
・関野喬のパターンでわかる数的推理
・関野喬のパターンでわかる判断整理
・関野喬のパターンでわかる
　空間把握・資料解釈

INPUT

『過去問攻略Vテキスト』
A5判
TAC公務員講座

- ●TACが総力をあげてまとめた公務員試験対策テキスト

全21点

・専門科目:15点
・教養科目:6点

要点まとめ

『一般知識
出るとこチェック』
四六判

- ●知識のチェックや直前期の暗記に最適!
- ●豊富な図表とチェックテストでスピード学習!

・政治・経済
・思想・文学・芸術
・日本史・世界史
・地理
・数学・物理・化学
・生物・地学

判例対策

『ココで差がつく!
必修判例』A5判
TAC公務員講座

- ● 公務員試験によく出る憲法・行政法・民法の判例のうち、「基本+α」の345選を収載!
- ●関連過去問入りなので、出題イメージが把握できる!
- ●頻出判例がひと目でわかる「出題傾向表」付き!

記述式対策

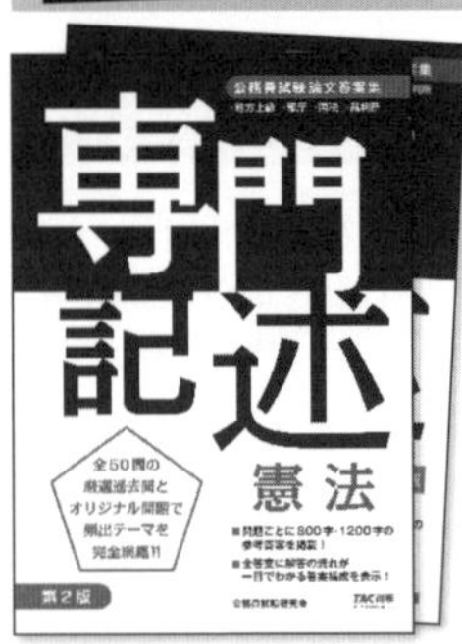

『公務員試験論文答案集
専門記述』A5判
公務員試験研究会

- ● 公務員試験(地方上級ほか)の専門記述を攻略するための問題集
- ● 過去問と新作問題で出題が予想されるテーマを完全網羅!

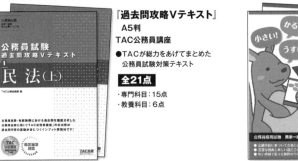

・憲法〈第2版〉
・行政法

書籍の正誤についてのお問合わせ

万一誤りと疑われる箇所がございましたら、以下の方法にてご確認いただきますよう、お願いいたします。

なお、正誤のお問合わせ以外の書籍内容に関する解説・受験指導等は、**一切行っておりません。**
そのようなお問合わせにつきましては、お答えいたしかねますので、あらかじめご了承ください。

1 正誤表の確認方法

TAC出版書籍販売サイト「Cyber Book Store」の
トップページ内「正誤表」コーナーにて、正誤表をご確認ください。

CYBER BOOK STORE TAC出版書籍販売サイト

URL:https://bookstore.tac-school.co.jp/

2 正誤のお問合わせ方法

正誤表がない場合、あるいは該当箇所が掲載されていない場合は、書名、発行年月日、お客様のお名前、ご連絡先を明記の上、下記の方法でお問合わせください。
なお、回答までに1週間前後を要する場合もございます。あらかじめご了承ください。

文書にて問合わせる

●郵送先　〒101-8383 東京都千代田区神田三崎町3-2-18
TAC株式会社 出版事業部 正誤問合わせ係

FAXにて問合わせる

●FAX番号　**03-5276-9674**

e-mailにて問合わせる

●お問合わせ先アドレス　**syuppan-h@tac-school.co.jp**

お電話でのお問合わせは、お受けできません。

各種本試験の実施の延期、中止を理由とした本書の返品はお受けいたしません。返金もいたしかねますので、あらかじめご了承くださいますようお願い申し上げます。

（2020年4月現在）